Julia Malchow
Mut für zwei

PIPER

Zu diesem Buch

»Vergessen Sie das!«, riet der erste deutsche Reiseveranstalter für die Transsibirische Eisenbahn und erklärte mir, dass selbst für das kommende Jahr die Plätze im Zug bereits knapp seien. »Warten Sie doch, bis Ihr Sohn älter ist. Das ist viel zu gefährlich mit Baby, was Sie da vorhaben!«, ermahnte mich Transsib-Spezialist Nummer 2.
Meine Frage nach der genauen Art der Gefahr blieb unbeantwortet, und somit vertagte ich die Suche nach dem perfekten Reiseplaner auf den kommenden Tag. Nachts lag ich im Bett und konnte nicht einschlafen. Wir wollten ja nicht nur zum Spaß aufbrechen. Wir hatten eine Mission. Eine Lösung für unser Leben musste her. Eine Idee für die Zukunft. Die mir zu Hause einfach nicht einfallen mochte. Daher mussten wir los. Raus in die Welt. Auf der Suche nach … Ja, nach was eigentlich?

Julia Malchow ist Gründerin von *mavia soul travel,* einem Reiseveranstalter, der Abenteuerreisen für anspruchsvolle Individualisten anbietet. Seit 2009 ist sie zudem geschäftsführende Gesellschafterin von Geobuch, der renommierten Spezialbuchhandlung für Reise und Geografie in München. Um besondere Urlaubserlebnisse für ihre Kunden aufzuspüren, ist Julia Malchow regelmäßig auf allen fünf Kontinenten unterwegs. »Im Zweifel für die größere Veränderung« ist ihr Motto, und so bricht die moderne Abenteurerin auch privat immer wieder zu spannenden Reisen auf, um neue Ideen für ihr Leben zu Hause zu sammeln. Julia Malchow hat mittlerweile zwei Söhne und lebt mit ihrem Mann und den beiden Kindern in München.

www.juliamalchow.de

Julia Malchow

MUT FÜR ZWEI

Mit der Transsibirischen Eisenbahn in unsere neue Welt

Mit 32 Farbfotos und einer Karte

PIPER
München Berlin Zürich

Mehr über unsere Autoren und Bücher:
www.piper.de

Erweiterte Taschenbuchausgabe
Piper Verlag GmbH, München/Berlin
Februar 2017
© Piper Verlag GmbH, München/Berlin 2013 und 2015
erschienen im Verlagsprogramm Malik
Alle Rechte vorbehalten
Umschlaggestaltung: semper smile München unter
Verwendung eines Entwurfs von Teresa Gessert
Umschlagfotos und Bildteil: Julia Malchow
Karte: Cartomedia, Karlsruhe
Litho: Lorenz & Zeller, Inning am Ammersee
Satz: Satz für Satz, Wangen im Allgäu
Gesetzt aus der Bembo
Druck und Bindung: CPI books GmbH, Leck
Printed in Germany   ISBN 978-3-492-30889-2

INHALT

4. Von Irkutsk nach Ulan-Bator in der Mongolei – Tod und Erwartung

5. Zu dritt durch die Mongolei: Von gewaltiger Leere, familiären Wurzeln und beflügelnder Langsamkeit

6. China: Abgrenzung und Integration – über chinesische Kreativität und die Behauptung der eigenen Identität

VORSPIEL: DIE LETZTEN RUHIGEN TAGE?!?

Ostgrönland, auf dem Inlandeis, im Juli
Vier Monate vor Levis Geburt

Ich halte das Satellitentelefon mit beiden Händen fest umschlungen. Markus wirft das Gewehr über seine rechte Schulter.

Als wir nach fünf sonnigen Tagen und taghellen Nächten im zivilisationslosen Ikertivag am Rande des grönländischen Inlandeises um 16.30 Uhr an der verabredeten Stelle unser letztes aufgewärmtes Trockenessen verspeisen und noch keine Motorengeräusche hören, bleiben wir zunächst entspannt. Als um 17.15 Uhr immer noch kein Ben in Sicht ist, werden wir unsicher. Als sich um 17.30 Uhr der Himmel schwarz färbt und über dem Meer Regen und Sturmwolken aufziehen, zücke ich das Satellitentelefon und wähle Roberts Nummer. Keine Antwort. Meine Unsicherheit wächst. Vielleicht ist er gerade auf der Toilette? Ich wähle erneut. In Tasiilaq, einem 1800-Seelen-Bilderbuchdorf an der Küste Ostgrönlands – rote, blaue und grüne Holzhäuser auf braunen Felsen vor grünblauem Fjord – antwortet niemand. Mann! Ich wähle erneut. Endlich höre ich Roberts Stimme.

Robert Peroni hatte mit seiner Durchquerung des grönländischen Inlandeises ohne Hilfsmittel an der breitesten Stelle 1983 Berühmtheit erlangt und weltweit weitere fünfzig Expeditionen geleitet. Nach der Trennung von seiner Frau war er von Südtirol nach Tasiilaq gezogen. Seitdem steht er den wenigen Touristen, die sich in die gewaltige ostgrönländische Stille aus Eis, Fels und Meer verirren, bei der Planung und Durchführung ihres persönlichen – mal kleineren, mal größeren – Expeditions-traums zur Seite. So auch meinem Mann Markus und mir. Dachte ich zumindest.

»Habt ihr uns vergessen?«, lache ich erleichtert in das Telefon.

»Scheiße, scheiße, scheiße«, dröhnt es mir entgegen. »Warum seid ihr nicht mit der Gruppe, die heute Morgen zum Kajaken da war, zurückgekommen?«

Ich muss mich hinsetzen. »Welche Gruppe? Wir waren auf dem Inlandeis unterwegs, weil wir 16 Uhr mit Ben ausgemacht hatten!«, brülle ich zurück. Ich bin stinksauer.

»Scheiße, scheiße, scheiße«, höre ich wieder.

»Überleg dir was, ich rufe in zwei Minuten wieder an«, sage ich und lege auf.

Markus schaut mich halb erwartungsvoll und halb ver-unsichert an.

»Die haben uns vergessen«, sage ich ungläubig. Die schwarzen Wolken sind mittlerweile am Eingang unseres Fjordarms angekommen. Ein kalter starker Wind weht um unsere nun weißen Nasen.

Kurz vor unserem Aufbruch vor fünf Tagen hatte Robert Neuigkeiten von dem vor der Küste kreuzenden Forschungsschiff, der *Alfred Wegener*, zu berichten gehabt. Die Besatzung hatte Eisbären auf einer Eisscholle gesich-tet, die wenige Kilometer von Tasiilaq entfernt in unsere Richtung driftete. Kommentarlos hatte Robert Markus und mich daraufhin in das Schießen mit einer oldshatter-handigen Blechbüchse eingewiesen und uns erklärt, dass Eisbären die Angewohnheit pflegen, ihre Beute mehrere Tage lang zu umkreisen. Uns würde also genügend Zeit bleiben, um per Satellitentelefon das Boot für einen un-blutigen Rückzug zu bestellen.

Nach einem erfolglosen Test des Satellitentelefons hatte Robert gemeint, dass es auch ohne ginge, da Eisbären in der Regel den Kontakt zu Menschen mieden. Entgegen meiner sonstigen Gelassenheit auf Reisen hatte ich auf einem Ersatzgerät bestanden, das beim Wählen der Büronummer auch tatsächlich das Telefon auf Roberts Schreibtisch zum Klingeln gebracht hatte.

Eingemummelt in Skiunterwäsche, wärmendes Fleece und wind- und wasserabweisende Apexhosen und -jacken, hatte uns Ben wenig später in einem Speedboot in weit geschwungenen Kurven vorbei an Eisbergformationen chauffiert, die an riesige Mäuse, senkrecht aus dem Wasser herausspringende Wale oder in Schräglage geratene Hochhäuser erinnerten. Manchmal war das Blau des Meeres komplett verdeckt von riesigen weißen Eispuzzleteilen. Immer wieder hatten wir keine 50 Meter von unserem Boot entfernt Wale ausmachen können. Dann hatte Ben den ruppigen Flug des Bootes über das Eismeer für einige wunderbare stille Momente mit den Riesensäugern unterbrochen. Einmal bildete ich mir ein, dass einer der Wale meinen Blick erwiderte. Bestimmt ein gutes Zeichen, dachte ich, und eine warme Welle wogte durch meinen trotz mehrerer Kleidungsschichten frierenden Körper.

Nach zwei Stunden waren wir in Ikertivaq gelandet, am Rand des grönländischen Inlandeises. Sorgfältig hatten wir unter Bens wachsamen Augen unsere von Robert zusammengestellte Ausrüstung für die bevorstehenden Tage zum wiederholten Mal kontrolliert: Zelt, Schlafsäcke, Isomatten, wetterfester Seesack mit unseren Klamotten, meine Kamera, Lebensmittelkiste mit Gaskocher und Campinggeschirr, zwei Kajaks, zwei Eispickel, Satellitentelefon, Ersatzbatterien, Gewehr, sechs Patronen.

Ben hatte uns geraten, Trinkwasser von den Eisblöcken, die am Ufer anlandeten, zu gewinnen, und sich mit dem

Versprechen verabschiedet, uns in fünf Tagen an derselben Stelle um 16 Uhr wieder einzusammeln. Dann hatte er sich umgedreht, war in sein motorisiertes Hightechboot gesprungen und davongebraust.

Und dann war alles still gewesen.

Zwei Tage lang hatten wir uns durch das weiße Gebirge treiben und von ihm berauschen lassen. Wir hatten Urzeitfelsen erklommen, das wellen- und eisschollendurchzogene Meer bestaunt, waren mit unseren Kajaks viel zu nah an die Gletscherabbruchkante herangepaddelt und einmal nur knapp den herunterkrachenden Eismassen entkommen. Einen ganzen Tag hatten wir vor unserem Zelt verbracht, die Schönheit dieser unwirklichen und lebensfreien Landschaft bestaunend. Eine karge, schroffe Form der Schönheit, die mit einer großen Selbstverständlichkeit einhergeht.

Vor fünf Tagen hat uns die Stille vor dieser Kulisse beflügelt. Jetzt wirkt die Landschaft gleichgültig und unheimlich: vor uns das weiße Meer des Inlandeises, hinter uns urzeitlich anmutende steil ansteigende Felsen in allen erdenklichen Braun-, Grau- und Orangetönen. Rechts schiebt sich ein Gletscher zwischen die Eismassen und das türkisblaue Fjordwasser. Geräuschvoll brechen im Zehnminutentakt haushohe Eiswände von der Gletscherkante in den Fjord und zaubern kleine Tsunamis auf den danach wieder entspannt dahindösenden Fjordarm. Sonst nichts. Keine Vögel, keine Tiere. Keine Pflanzen. Kein Boot. Kein Ben. Nichts. Einzig schwarzlila Wolken, ein zunehmend unangenehm kalt wehender Wind und näher rückender Regen. Meine Beine zittern. Nicht aus Angst vor den Eisbären, die irgendwo da draußen unterwegs sind. Und auch nicht wegen der Tatsache, dass wir bis auf zwei Müsliriegel unsere Vorräte komplett aufgegessen haben. Es ist auch nicht die Angst vor dem aufziehenden

Sturm oder die Ungewissheit, wann durch Zufall jemand im Kajak vorbeikommt. Es sitzt tiefer.

»Wie würden wir uns wohl fühlen, wenn wir nicht auf dem Satellitentelefon bestanden hätte?«, frage ich Markus und versuche ein Lächeln.

»Das haben wir nur wegen Levi mitgenommen«, antwortet der.

120 Minuten später steigen wir in peitschendem Regen in Bens Zodiak, 95 Minuten und einige gebrochene Geschwindigkeitsrekorde sowie spektakuläre Eisbergausweichmanöver und Sprünge über meterhohe Wellen danach sehen wir die bunten Holzhäuser Tasiilaqs am Horizont auftauchen.

Bens Gesicht entspannt sich, und ich brülle Markus gegen den Sturm und das aus allen Richtungen auf uns herabprasselnde Meeres- und Regenwasser ins Ohr: »Ob wir jemals wieder so reisen werden?«

Eine halbe Stunde später sitze ich mit einer Tasse Tee in der Hand und den Füßen auf der glühenden Heizung unseres Zimmers im Hotel *Angmagssalik* und beobachte, wie Blitze den gewitterverhangenen Himmel durchzucken.

»In vier Monaten sind wir zu dritt«, sage ich in die Dunkelheit und streichle über meinen runder werdenden Bauch.

Und in mir macht sich eine Mischung aus Euphorie und Planlosigkeit breit, wie sie nicht ansatzweise mit dem Gefühlsmix der letzten Tage und Stunden vergleichbar ist.

Die Reisevorbereitungen:
Am besten vergessen Sie das wieder!

»Vergessen Sie das!«, riet der erste deutsche Reiseveranstalter für die Transsibirische Eisenbahn und erklärte mir, dass selbst für das kommende Jahr die Plätze im Zug bereits knapp seien. »Allein für das Besorgen der Visa für Russland, die Mongolei und China benötigen Sie mindestens sechs Wochen«, wollte mich der zweite deutsche Spezialist für Transsibreisen entmutigen.

»Wir besorgen Ihnen nur die Zugtickets, wenn Sie die komplette Reise von uns organisieren lassen und dabei aus unseren vorgefertigten Bausteinen auswählen. Wir haben da für die Mongolei zum Beispiel drei tolle Gruppenbausteine mit deutschsprachiger Reiseleiterin«, versuchte mich der dritte deutsche Transsibanbieter zu erpressen. Keine individuelle Reiseplanung möglich? Zwangskauf? Nicht mit mir!

Irgendwie scheinen Reiseveranstalter, die in stark planwirtschaftlich geprägten Ländern arbeiten, den Gedanken an Kundenorientierung und individuelle Reiseverläufe nur allzu gerne an den Nagel zu hängen. Je höher der Standardisierungsgrad, desto größer die Marge für den Veranstalter. Und desto weniger nervige Kundenextrawünsche. Und desto schneller und einfacher der Reiseverkauf. Desto weniger qualifizierte und somit billigere Mitarbeiter sind notwendig.

Aber ich wollte meine Wünsche nicht möglichst leicht

und billig abwickeln lassen. Ich suchte eine Reise nach meinem Geschmack. Aber hatte ich wirklich eine Wahl? Es war Anfang August. Ich wollte mindestens zwei Monate unterwegs sein. Allerspätestens Anfang Oktober, mit weniger Glück schon Mitte September, fallen die Temperaturen in der Mongolei auf 20 bis 40 Grad minus. Planmäßig würden wir in unserer fünften Reisewoche in der Mongolei ankommen. Drei Wochen wollte ich in der Mongolei verbringen – je eine Woche für die meines Wissens beeindruckendsten mongolischen Landschaften: Grassteppe, Sandsteppe und Wüste. Spätestens um den 20. September herum sollten wir in der Mongolei ankommen, um hoffentlich einen verspäteten Wintereinbruch und somit nachts erträgliche Temperaturen zu erleben. Was wiederum hieß, dass wir spätestens um den 18. August unsere Reise antreten sollten: Mir blieben demnach knapp zwei Wochen für die Vorbereitung unserer Reise. Und das auch nur für den Fall, dass ich bis morgen jemanden finden würde, der willens war, diese Herausforderung anzunehmen.

Laut Expertenschätzung benötigte man also allein für die Besorgung der Visa für Russland, die Mongolei und China sechs Wochen. Na toll.

Außerdem wollte ich trotz Zeitnot nicht bei touristischen Massenanbietern buchen. Diese drücken ihre Reisen von der Stange oft viel zu billig in den Markt, um die Auslastung der eigenen Kapazitäten zu gewährleisten. Kleine und mittelständische Unternehmen aus den jeweiligen Regionen, die liebevolle und authentische Leistungen anbieten und wirklich ihr Land zeigen wollen, haben dagegen kaum eine Chance. Auslastung vor Kundenorientierung. Zumindest bei den Reisenden, die zuerst auf den Preis schauen und in fremden Ländern die scheinbare Sicherheit einer größeren Marke genießen wollen. Und das in einem Käufermarkt, in dem die Macht eigentlich bei den Kunden liegt. Unglaublich. Die Reisenden könnten viel intensivere, weil individuellere Erlebnisse haben. Mehr vom Leben. Und selbst die großen Tourismusunternehmen fahren mit dieser Strategie vielfach Verluste ein und gefährden mittelfristig Arbeitsplätze. Für mich ist diese Form der doppelten Wertvernichtung unverständlich. Das wollte ich auf keinen Fall unterstützen.

Nun holte sie mich ein, die Realität der deutschen Tourismusindustrie. Nie hatte ich mit einem Reiseveranstalter verreisen wollen – außer vielleicht mit meinem eigenen, den ich ursprünglich aus reiner Notwehr gegründet hatte. Doch nun, da ich kurzfristig mit meinem Sohn in die Transsib hüpfen wollte, schien ich keine Wahl zu haben.

Dabei wollte ich mich nicht ärgern, meinen Job mal vergessen. Und überhaupt: Mein Anliegen, in zwei Wochen mit meinem zehn Monate alten Sohn aufzubrechen und mit der Transsibirischen Eisenbahn auf der transmongolischen Route in zwei Monaten bis nach Peking zu reisen, hatte ich bei jedem Gespräch sehr freundlich vorgetragen.

Ich brauchte einen Experten, um die Hürden der russischen Bürokratie sicher und schnell zu umschiffen. Ich hatte keine Zeit, mich um die auf den ersten Blick kompliziert wirkende Buchung der Zugticketteilstrecken, Unterkünfte, Einladungen und Transfers selbst zu kümmern. Geschweige denn, bei den Botschaften der drei Länder persönlich vorstellig zu werden. Außerdem wollte ich nicht auf Standardrouten reisen – umso mehr brauchte ich einen Reiseplanungspartner, der mich verstand und der, wie ich für die Regionen Himalaja, Südamerika und Afrika, ein besonderes Reiseerlebnis vor den einfach und schnell gemachten Profit stellt.

Eigentlich störte mich schon die Tatsache, dass ich nicht einfach zum Bahnhof gehen und in den Zug einsteigen konnte, aussteigen, wo es mir mein Bauchgefühl riet, so lange bleiben, wie es Levi und mir taugte. Einfach schauen, was passierte. Meine Kurzrecherche im Internet und in diversen Transsibreiseführern hatte ergeben, dass ich für Russland eine festgelegte und durchgebuchte Reiseroute sowie Einladungen von den jeweiligen Hotels vorweisen musste, um ein- und herumreisen zu dürfen. Für die Mongolei war diese feste Reiseroute zwar nicht gesetzlich vorgeschrieben, wurde aber stark empfohlen, wenn man vor Ort nicht viel Zeit mit Organisieren verlieren wolle. Denn: Demokratie und freie Marktwirtschaft waren in der Mongolei noch jung und unerfahren. Touristische Unternehmen, die seit Jahrzehnten stark planwirtschaftlich agierten, so hieß es, täten sich schwer, ihr Verhalten plötzlich um 180 Grad zu verändern und auf den Kunden auszurichten. Außerdem sei die touristische Saison im September so gut wie vorbei. Die Gefahr, vor Ort niemanden mehr anzutreffen, der mich unterstützen wolle, sei nicht zu unterschätzen. Da es in der Mongolei kaum Straßen gebe, sei man auf fremde Hilfe beim Entdecken der Vielfalt des Landes angewiesen. Es sei denn, man wolle sich nicht mehr als einige Kilometer von Ulan-Bator entfernen oder mit öffentlichen Verkehrsmitteln reisen. Die fuhren aber langsam, hielten wegen technischer Defekte oft außerplanmäßig und waren meist überfüllt. Nur hinsichtlich der Wahl meiner Reiseroute in China war ich frei. Lediglich eine Hoteladresse für meine erste Station müsste ich in den Visumsantragsformularen angeben.

Ich entschied, spielerisch an die Planerei heranzugehen: Ich war bereit, mich für Russland und die Mongolei vorab auf eine Route festzulegen. Wollte aber alternative Routen recherchieren und dann vor Ort entscheiden, ob ich von dem einmal gebuchten Plan abweichen wollte oder nicht. Auch die generelle Möglichkeit der Planabweichung wollte ich vor Ort austesten: Würden mich russische und sibirische Hotels überhaupt aufnehmen ohne vorherige Anmeldung durch einen Reiseveranstalter? Würde ich vor Ort Menschen finden, die unsere spontanen Reisewünsche erfüllen wollten? Oder drohte Levi und mir im Fall der Planabweichung die russische Sicherungsverwahrung aufgrund frevelhaften Verhaltens? War es ratsam, im Rahmen eines dreiwöchigen Mongoleiaufenthaltes spontane Abweichungen der Reiseroute mit den Menschen vor Ort zu besprechen? Könnte ich mich verständlich machen? Oder träfe ich auf taube Ohren, weil so etwas einfach nicht vorkam? Weil die Mehrzahl der Besucher entweder in vorgefertigten Gruppenprogrammen durch das Land brausten oder allein im eigenen Bus im Rahmen monatelanger Auszeiten?

War es nicht mit dem kleinen Levi ein unverzichtbares Sicherungsnetz, die Route zumindest grob vorab geplant zu haben? Ich hatte keine Ahnung, wie viel Zeit Levi mir unterwegs für organisatorische Kapriolen lassen würde. Und irgendwie fühlte es sich bei unserem abenteuerlichen Vorhaben ganz gut an, dass in den hintersten Ecken dieser Welt jemand auf uns wartete. Und dieser Jemand würde vielleicht einige helfende Hebel in Bewegung setzen, sollten wir zur vereinbarten Zeit nicht am vereinbarten Ort eintreffen? Die Strategie, mich vordergründig und formal zur Abwechslung an die Regeln zu halten und dann vor Ort zu schauen, inwiefern ich daraus ausbrechen möchte und könnte, erschien mir für unsere Mission zweckmäßig.

Hätte ich mit meinem Sohn nach Afrika, in den Himalaja oder nach Südamerika reisen wollen, hätte ich auf mein eigenes Netzwerk an Reisepartnern zurückgreifen können, deren Ziel es ist, selbst die für die meisten Menschen ungewöhnlich klingenden Reisewünsche in die Tat umzusetzen. Noch heute spreche ich mit meinem bhutanischen Partner über die Dame im Rollstuhl, die zum Chomolhari Base Camp trekken wollte. Kurzerhand wurden eine Trage gebaut und ein paar Träger mehr engagiert. Die Dame war so unendlich glücklich und stolz auf dieses Erlebnis, welches ihr die meisten Reiseveranstalter, die sie vorab kontaktiert hatte, hatten ausreden wollen. Viele Reiseunternehmer scheinen nicht zu wissen, dass sie es manchmal mit überlebenswichtigen Kundenwünschen zu tun haben. Mit lebensverändernden Geschichten, die erlebt werden wollen. Müssen.

So. Und nun musste ich ihn also finden, den Planungspartner mit individuellem Anspruch und Interesse am etwas Ungewöhnlichen: Transsib. Mit Baby. Startschuss in zwei Wochen. Ohne Gruppenanschluss.

Warum ich denn unbedingt in zwei Wochen schon los wolle, fragte der nächste Kandidat. »Weil ich mindestens zwei Monate unterwegs sein möchte. Und der Reiseführer behauptet, dass es nach Mitte September in der Mongolei kalt bis bitterkalt wird. Und ich denke, dass es mit Baby in einer Jurte bei zehn bis 20 Grad minus etwas ungemütlich werden könnte«, entgegnete ich mittlerweile routiniert.

»Dann warten Sie doch, bis Ihr Sohn etwas älter ist. Das ist auch bei warmen Temperaturen viel zu gefährlich mit Baby, was Sie da vorhaben!«

Meine Frage nach der genauen Art der Gefahr blieb unbeantwortet, und somit vertagte ich wieder einmal verunsichert und verärgert die Suche nach dem perfekten Reiseplaner für uns auf den kommenden Tag.

Nachts lag ich im Bett und konnte nicht einschlafen. Ein Planungstag war verstrichen. Nichts war gebucht.

Dreizehn Planungstage blieben mir. Dreizehn mal nichts blieb nichts. Was mache ich, wenn ich niemanden finde, der mich bei meinen individuellen Reisevorstellungen unterstützt?, dachte ich. Denn ich wollte ja nicht einfach nur mit der Transsib durch Sibirien und die Mongolei nach Peking. Ich wollte unterwegs so leben, wie es mir Spaß machte und guttat: mal mit Rucksack *on the road* sein, gefolgt von einigen Tagen Relaxen und Genießen in einer kleinen, nach Möglichkeit komfortablen oder auch luxuriösen Unterkunft, mal mit Familienanschluss in das Leben vor Ort eintauchen, um dann mit wechselnden Verkehrsmitteln – statt eines staubigen Linienbusses auch mal mit einem gecharterten Fischkutter – ohne Rücksicht auf andere Gäste und mit einem Fahrplan, der sich nach meinen und Levis Bedürfnissen richtete, weiterzuschippern. Ich wollte Abenteuer, intensives Naturerlebnis, Begegnungen mit Menschen vor Ort, Reduktion auf das Wesentliche kombinieren mit ein bisschen Verwöhnprogramm. Wenn wir durchgefroren aus der Wüste Gobi zurückkommen würden beispielsweise. Oder nach der ersten längeren und, laut Reiseveranstalter, entbehrungsreichen Zugetappe von Sankt Petersburg nach Irkutsk. Auf früheren Reisen ohne Kind hatte ich die Erfahrung gemacht, dass man bei kleinen Verwöhnpausen nicht nur dem Erlebten intensiv nachspüren kann, sondern auch Kräfte und neuen Mut für weitere Abenteuer sammelt. Und Mut brauchte ich laut der Prognosen meiner Freunde, Bekannten und der bisher befragten Transsibexperten für diese Reise. Wobei noch unklar war, wofür genau.

Welche Unterkunft und welche Erlebnisse könnten mich am Baikalsee nach überstandener erster Transsibetappe wieder aufpäppeln? Gab es in Irkutsk ein kleines Boutiquehotel, in dem ich mich vor dem spannenden und vermutlich auch anstrengenden Erlebnis Mongolei noch mal richtig entspannen konnte, mit Levi? Gab es in der Mongolei familiär geführte Jurtencamps, die einen echten Einblick in das Nomadenleben ermöglichten? Und ein komfortables Jurtencamp, in dem Levi und ich uns nach überstandener erster Mama-Sohn-Etappe in Wohlfühlatmosphäre wieder an Markus gewöhnen konnten? Levis Vater, der uns zur Halbzeit unserer Reise in der Mongolei besuchen wollte. Zum Auffüllen der Windel- und Babygläschenvorräte. Und auch so.

Meine recht konkreten Reisewünsche ratterten mir durch den Kopf – und immer wieder hörte ich dazu die Kommentare der bisher kontaktierten Spezialreiseveranstalter: »Zu kurzfristig! Alles schon ausgebucht! Sie müssen aus unseren vorgefertigten Programmen auswählen!« Es war zum Heulen. Vielleicht mache ich die Reise doch erst im nächsten Frühjahr? Warum soll ich mir den Stress antun? Reiseplanung soll doch Spaß machen! Mit dem festen Vorsatz, das Projekt Transsib morgen von meiner Agenda zu streichen, schlief ich erleichtert ein. Aber mein Körper sollte die Entspannung nur kurz genießen dürfen.

Wir wollten ja nicht nur zum Spaß aufbrechen. Wir hatten eine Mission. Eine Lösung fürs Leben musste her. Eine Idee für die Zukunft. Die mir zu Hause, in München, einfach nicht einfallen mochte. Daher musste ich los. Wir. Raus in die Welt. Auf der Suche nach ... Ja, nach was eigentlich?

Transsibirische Eisenbahn mit Baby: Meine Antwort auf die gescheiterte »Mission Mutterschaf«

Kinder waren in meiner Lebensplanung eigentlich nicht vorgesehen. So sehr nicht, dass ich nicht einmal den Gedanken an ein mögliches Leben mit Kindern zuließ. Kinder halten einen vom eigentlichen Leben ab. Von der Verwirklichung der eigenen Träume. Vom Reisen. Von allem halt, was Spaß macht. Dachte ich.

Doch gerade das Reisen brauche ich wie andere Menschen ihren regelmäßigen Sonntagabendkrimi. Neue Ideen, Antworten auf wichtige Fragen und vieles mehr finde ich nur in der Bewegung, auf Reisen, in der Abgeschiedenheit faszinierender Natur. Wenn ich meine Gedanken fokussieren muss. Auf die Umgebung. Auf den nächsten Schritt. Auf das Wesentliche. All das ist, so dachte ich, durch ein Kind in Gefahr.

Mit Mitte dreißig fing ich an, diese Glaubenssätze zu hinterfragen. Zum Glück. Denn ich stellte überrascht fest, dass ich dem Gedanken an ein Kind eigentlich recht positiv und aufgeregt gegenüberstand. Es tauchte jedoch eine weitere Hürde auf: Ich hatte es nicht. Dieses Gefühl. Dieses drängende klare starke Gefühl, von dem alle, wirklich alle Frauen berichten, die ich kenne. Bei mir hingegen: nichts. Gar nichts. Ich hatte es einfach nicht: dieses Gefühl, unbedingt Mutter werden zu müssen.

Und nun? Mein Leben war auch ohne Kind schön. Ich war nicht auf der Suche nach einem neuen Sinn des Lebens. Also wartete ich, dass sich dieser innere Drang nach einem Kind vielleicht doch noch einstellen würde. Denn ohne kann ich unmöglich eine Mutter werden. Zumindest keine gute, richtige Mutter. So dachte ich, und das quälte mich sehr.

Nach zwei Jahren des erfolglosen Wartens traf ich eine Entscheidung: Ich kann auch ohne dieses Gefühl, unbedingt Mutter werden zu müssen, weil mein Leben sonst keinen Sinn macht, Mutter werden. Auch eine gute. Es muss nicht falsch sein oder gegen meine Natur, nur weil mir ebendieses Gefühl fehlt. Diese Entscheidung war eine enorme Erleichterung.

Dann ging ich verschiedene Phasen meines Lebens durch und stellte fest, dass es die besten, spannendsten und aufregendsten Wendungen genommen hatte, wenn ich immer dann, wenn ich mich nicht entscheiden konnte – und das kam charakterbedingt leider des Öfteren vor –, für die jeweils größere Veränderung entschieden hatte.

Und plötzlich war alles klar und leicht: Eins plus eins macht drei!

Dann kam Levi, und ich war im Rausch der Glückshormone. Und jeder Tag war zu kurz. Und die Nächte auch. Neben den hilflosen Versuchen, die Zeit zu dehnen, stellte sich mir eine neue unerwartete Hürde in den Weg: Es fiel mir schwer, Levi loszulassen. Ihn bei Markus allein zu lassen. Oder bei der Nanny. Mein Kopf sagte Ja, mein Herz zerriss es. Mir, die es theoretisch immer selbstverständlich fand, dass Väter Erziehungsurlaub nehmen oder Eltern ihre Kinder mit einer Kita oder Babysittern teilen.

Ich befürchtete, zu einem dieser Mutterschafe zu werden, die sich 100-prozentig um ihre Kinder kümmern. Die sich auf dem Spielplatz über Zahnungsbeschwerden und die neuesten Trends in der frühkindlichen Förderung austauschen. Eine der Mütter, die selbst im Umgang mit Erwachsenen immer weniger in der Lage sind, die hohe sanfte Babystimme und den leicht senilen Blick abzulegen oder überhaupt Themen jenseits des wichtigsten Menschen in ihrem neuen Leben zu finden. Und fest davon überzeugt sind, damit das Beste und einzig Richtige zu tun. Ich doch nicht. Oder?

Wäre es denn so schlimm, ein Mutterschaf zu sein? *Mäh? Mäh!*

Also probierte ich es aus: Nur die wichtigsten joblichen Termine, das hieß, jeden zweiten Tag drei Stunden ins Büro, ansonsten: Levi wickeln, Levi füttern, einkaufen, mit Kinderwagen spazieren gehen, mit Babyjogger joggen gehen, mit Kinderwagen ins Café zum Lesen, aus dem Café flüchten, wenn Levi auf Dauer zu laut wird, Freundinnen mit Kinderwagen zum Mittagessen treffen, mit Levi in der Babytrage durch den Zoo spazieren, mit Levi schwimmen, mit Levi tanzen, mit Levi auf dem Sofa liegen und schmusen, Levi zum Greifen animieren, Levi zum Lachen bringen, Levi trösten, Levis Wäsche waschen, Levis Spielzeug aufräumen, wenn Levi schläft, schnell duschen und E-Mails checken, mit Levi zum Arzt gehen, Levi Levi Levi. Ich war selbst überrascht, als wie anstrengend ich diesen Selbstversuch empfand. Meine früheren Überstunden im Büro waren nichts dagegen. Also: Es machte viel Spaß. Aber dieser Teil in mir, der Ideen hatte, der Reisekonzepte entwickeln wollte, der den Menschen in meinem Reisebuchladen die Welt mit allen Sinnen spüren lassen wollte, der überall Ansatzpunkte für Verbesserungen im Dienstleistungsgewerbe sah, der wollte einfach nicht ausgebremst werden. Und auch die permanente Fremdbestimmung durch Levi fiel mir nicht leicht. Es musste doch auch mal wieder nach meinen Vorstellungen laufen.

Ich hielt Levi bei unseren Wanderungen entlang der Isar Vorträge über eine kooperative Mutter-Kind-Beziehung und was diesbezüglich meine Erwartungen an ihn seien. Er hörte aufmerksam zu, machte an manchen Stellen undefinierbare Geräusche und ansonsten weiter wie bisher.

An einem ganz normalen Dienstag – ich hatte gerade meine drei Stunden Job erledigt – balancierte ich mit Levi auf dem Arm und auf im sandigen Untergrund versinkenden Absätzen zu seinem ersten öffentlichen Spielplatzbesuch. Ich freute mich auf ein wenig Austausch mit anderen Eltern und vielleicht eine kleine Bekanntschaft für Levi.

Kaum hatte ich Levi in den Sandkasten gesetzt und die Förmchen, Eimer, Schaufeln und Siebe vor ihm ausgebreitet, waren sie auch schon wieder weg. Entführt von den Dreijährigen. Levi blieb entspannt und buddelte, da niemand sein Spielzeug zurückbrachte, mit den Händen im Sand. Fast liebevoll versuchte ich den obligatorischen Milchfleck von der linken Schulter meines schwarzen Kleides zu wischen, als aus dem Nichts ein Vierjähriger auf uns zugelaufen kam, kurz vor uns abbremste, Levi mit Schwung eine Eimerladung Sand ins Gesicht schüttete und wieder verschwand. Levi fiel um, weinte und blutete aus einer kleinen Wunde an der Stirn. Ich wischte den Sand aus seinen Augen, Ohren und dem zahnlosen Mund heraus, stillte das Blut mit der Innenseite meines rechten Mantelärmels und schaute mich um. Der »Täter« war zu seiner Mutter gelaufen, keine drei Meter von uns entfernt. Und die sagte nichts. Weder zu ihrem Sohn. Noch zu uns. Meinen Vortrag, wie wichtig es sei, unseren Kindern beizubringen, eben nicht wegzusehen und Schwächere zu schützen, hatte ich schnell im Kopf durchstrukturiert. Da ich mich jedoch auf unbekanntem Terrain bewegte – schließlich war ich zum ersten Mal seit dreißig Jahren auf einem Spielplatz –, entschied ich, zunächst zu beobachten und Informationen zu sammeln.

Mein Forschungsinteresse in Sachen Spielplatzinteraktion war geweckt: Die Mutter vermied weiterhin jeden Augenkontakt zu mir. Wie zu allen anderen Erwachsenen. Dafür sprach sie für alle gut verständlich mit ihrem Sohn: »Toll hast du den Sand in deinen Eimer geschaufelt. Super, Maximilian.« Und: »Komm bitte her zum Händeputzen! Die sind bäh!« Von den anderen Erziehungsberechtigten bemerkte ich den einen oder anderen Seitenblick auf uns verletzte Neuankömmlinge. Meine Versuche, einigen direkt ins Gesicht zu lachen, scheiterten. Sobald der Augenkontakt drohte, drehten die so Bedrängten den Kopf.

Ein kleines Mädchen baute sich vor uns auf, streichelte Levis Arm und fragte mich, ob ihm sein Kopf jetzt wehtue. Ich lächelte es an und sagte: »Ein bisschen, aber wenn du ihn noch ein paarmal streichelst, vergisst er es bestimmt ganz schnell.« Sie setzte sich neben Levi, und beide buddelten in trauter Zweisamkeit im Sand. Die Mutter setzte sich neben ihre Tochter auf den Sandkastenrand und fragte: »Hast du auch Hallo gesagt?« Ich sagte »Hallo« zu der Mutter, die entgegnete nichts. Levi griff Sand mit seinen Händen, hob die Hände hoch, ließ unter fröhlichem Gequieke den Sand wieder aus seinen Händen rieseln und schaute mich zahnlos strahlend an. Ich strahlte zurück, nahm auch Sand in meine Hände und machte es ihm nach. Fühlte sich ein bisschen an wie am Meer. Schön.

Das kleine Mädchen griff dann auch mit beiden Händen in den Sand und streute ihn freudestrahlend ihrer Mutter über die Hose. Die sagte: »Ich möchte das nicht, Lara. Bitte lass das!« Lara kicherte, griff erneut in den Sand und schleuderte der Mutter den Sand auf die Jacke. »Wenn du das noch einmal machst, müssen wir nach Hause«, sagte die Mutter in scharfem Ton und mit erhobenem Zeigefinger. Lara maulte leise vor sich hin und begann eine Sandburg zu bauen. Als diese fertig war, griff sie mit beiden Händen in die Burg, schleuderte der Mutter den

Sand sowohl auf die Hose als auch auf die Jacke und lachte. Die Mutter packt Lara, klemmte sie unter den Arm wie eine Aktentasche und sagte: »So, Fräulein, wir gehen jetzt.« Levi und ich schauten der strampelnden und heulenden Lara hinterher.

Mit Levi auf dem Arm drehte ich eine Runde vorbei an einer verwaisten Rutsche. Sobald ich Levi auf den unteren Meter gesetzt hatte und ihn mit beiden Händen festhaltend ein wenig rutschen ließ, wollten auf einmal alle Spielplatzkinder auch rutschen. Um weitere Handgreiflichkeiten zu vermeiden, zogen wir also weiter zur Babyschaukel. Zwei Meter vor der Schaukel – unser Ziel war für alle klar erkennbar – stürmte ein Vierjähriger an uns vorbei, rempelte mich dabei an und quetschte sich in die Babysitzschaukel, statt sich auf die daneben hängende normale Schaukel zu setzen. Auf meine freundliche Bitte, doch die andere Schaukel zu nehmen, er sei doch schon ein Großer und dann könnten wir alle schaukeln, antwortete eine erwachsene Stimme aus dem Hintergrund, dass wir ja auch ein bisschen warten könnten.

»Klar«, sage ich, »können wir. Aber es ist nicht nötig.«

»Das versteht mein Sohn noch nicht«, sagte die Stimme, und der Sohn grinste dazu. Also steuerten Levi und ich um einige Erfahrungen reicher wieder den Sandkasten an. In der Ecke, die ich Levi aus unserer Wickeltasche gebaut hatte, saß nun ein dreijähriger Junge. Sein Vater saß daneben und tippte mit großem Enthusiasmus etwas in sein Mobiltelefon.

Eine Gruppe von Fünfjährigen, die schon eine ganze Weile über den Spielplatz jagten, entschlossen sich, den Sandkasten zum Zentrum ihrer wilden Verfolgungsjagd zu machen und die enge Trasse zwischen Levi und dem Sandkastenrand zur Erfolg versprechenden Fluchtroute. Dabei war einer der Verfolger darauf aus, möglichst unauffällig, aber doch zielgenau Levis Hände zu treffen. Ich stoppte den Flüchtigen und erklärte, dass es nicht gut sei, anderen Kindern auf die Hände zu treten, und dass insbesondere große Kinder auf kleine Kinder aufpassen sollten. Der Treter sagte, der Kleine hätte versucht, ihm ein Bein zu stellen, und suchte mit den Augen nach seiner Mutter, die just in dem Moment das dringende Bedürfnis nach einem Cappuccino verspürte, uns den Rücken zukehrte und mit einem Baby in Levis Alter in der Babytrage den Spielplatz Richtung gegenüberliegendes Café verließ.

Also schlenderten wir zum Klettergerüst. Ein älterer Junge hing wie ein trauriger Kartoffelsack in einem professionellen Klettergurt, ein ernst dreinblickender Vater in perfekter Outdoormontur sicherte das Kerlchen und schimpfte: »Jetzt konzentrier dich mal, Quirin. Gestern ging das doch viel besser. Ich denke, du willst im Sommer mit mir in die Berge? So wird das nichts!« Quirin heulte dazu: »Ich will auf die Wippe, mit Katja!« und hangelte sich mit weißer Nasenspitze weiter nach oben zur sicheren Plattform.

In Gedanken versunken, kramte ich mein Mittagessen, einen Müsliriegel, aus der Jackentasche. Sofort war ich von drei Kindern umringt, die auch ein Stück haben wollten. Komischerweise hörte ich diesmal keine Stimmen aus dem Hintergrund. War mir neu, dass im Münchner Glockenbachviertel Kinder Hunger leiden. Und dennoch hatte ich keine Lust zu teilen. Also sagte ich: »Nein, ich möchte nicht teilen. Ich habe riesigen Hunger.« Nach intensiver Diskussion mit einem besonders hartnäckigen blondbezopften Mädchen, die zu eskalieren drohte, als ich das letzte Stück Müsliriegel in meinen Mund steckte, packte ich Levi in seinen Kinderwagen, sammelte die verbliebene Hälfte seines Spielzeugs zusammen und verließ den Spielplatz.

War das ein Blick in die Zukunft unserer Gesellschaft? Oder einfach stinknormaler Alltag in Deutschland, dem ich in den letzten Jahren erfolgreich aus dem Weg gegangen war, auf Flughäfen, in Hotels und den Straßen der Metropolen dieser Welt?

Mäh?

An jenem Abend erklärte ich meine Mission Mutterschaf offiziell für gescheitert. Nach sechs Wochen konnte ich nicht mehr. Weniger, weil Levi überraschenderweise manchmal schrie, ich mitlitt und es trotzdem irgendwann nicht mehr aushalten konnte. Mich dafür hasste, dass mir bei 24 Stunden Levizeit pro Tag das Weinen meines Sohnes nicht nur an die Nieren, sondern auch auf die Nerven ging. Ich brauchte Pausen. War das in Ordnung?

Vor allem scheiterte die Mission Schaf, weil ich zwischen den Herden der anderen Mutter- und Vaterschafe niemanden gefunden hatte, mit dem ich mich identifizieren konnte. Niemanden mit leuchtenden Augen. Also: Es gab sie bestimmt. Aber ich hatte sie nicht gefunden. Keine Herde, der ich mich hätte anschließen wollen.

Und jetzt? Wo waren die Vorbilder? Die uns Orientierung und Mut geben könnten in dieser Phase des Umbruchs? Immerhin fand ich zahlreiche Freunde und Bekannte, die sich über klassische Mutter- und Vaterschafe und deren Geblöke lustig machten. Dann musste es doch auch Eltern geben, die irgendwie anders waren? Aber vielleicht war das so wie mit den Deutschen und dem Urlaub: Fast jeder Deutsche, den ich im Urlaub getroffen hatte, regte sich darüber auf, dass in Deutschland alle so verschlossen und grimmig seien. Wenn all jene Deutschen sich in Deutschland offen und fröhlich benehmen würden …!?

»Solange Ihr Baby noch nicht rumkrabbeln möchte und am liebsten auf dem Schoß seiner Mutter sitzt, steht, auf und ab wippt, ist so eine Reise wunderbar. Das mit dem Krabbeln könnte nur wegen des Drecks gefährlich sein, der aus den Toiletten in den Gang und in die Abteile getreten wird.«

Der Tag ging besser los, als der gestrige zu Ende gegangen war. War das endlich die Richtige? Die Planerin für Levi und mein erstes Mutter-Sohn-Reiseabenteuer? Auf der Suche nach unserer ganz persönlichen Familienidentität? Vergessen waren die Zweifel der letzten Nacht: Aufgeben war einfach nicht mein Ding!

Meine präzisen Vorstellungen hinsichtlich der Route konterte die ebenfalls abenteuererfahrene Dame mit zwei interessanten Gegenentwürfen, die neben der Tatsache, dass sie zu 90 Prozent nicht mit meinen Vorstellungen übereinstimmten, auch meine Vorgabe, nicht mehr als zwei Stunden Autofahrt pro Tag und das maximal alle vier Tage, mit dem Vorschlag von fast täglichen ausgedehnten Roadtrips ignorierte.

Also schrieb ich in meiner aufsteigenden Verzweiflung darüber, die Reise endgültig gedanklich abblasen zu müssen, denn organisiert war ja noch nichts, eine E-Mail an einen russischen Spezialisten für Sibirien und Transsibreisen. Sechs Stunden später erhielt ich eine Antwort: Ein komplettes Erste-Klasse-Abteil könnte er mir im Zug *Rossija*, dem Vorzeigezug Russlands, anbieten. Und weil ich ja geschrieben hätte, dass unsere Reise in Sankt Petersburg beginnen würde, könnte ich dort auch in den ehemaligen *Baikalexpress* steigen. Dann würde ich mir den Flug nach oder das Umsteigen in Moskau sparen. Bestimmt angenehmer mit Baby? Hier gäbe es aber nur noch in der zweiten Klasse ein ganzes Abteil – also vier Plätze – für mich und meinen Sohn. Und *yes*, meine Vorstellungen für die Zeit am Baikalsee könnten sie umsetzen. Kein Problem. Und dass ich die Mongolei über eine Empfehlung meines nepalesischen Geschäftspartners organisieren möchte, sei auch kein Problem. Sie würden mir trotzdem den Zug bis Peking buchen. »*P.S. May be difficult travel with young son? He can sick. Are you really want to journey with young son?*«

Sechs Tage, mehrere Diskussionsschleifen mit dem russischen Chef des Unternehmens und zwei seiner Mitarbeiterinnen sowie eine dreitägige russische Funkstille später stand die komplette Reiseroute genau nach meinen Vorstellungen. Jetzt fehlte mir nur noch das Okay aus der Mongolei. Und ein Hotel in Peking. Und die internationalen Flüge. Ich vertröstete meine neuen russischen Freunde, da die Reisepuzzleteile ja ineinandergreifen sollten: Die Abfahrt im sibirischen Irkutsk nach zwei Wochen Baikalsee, fünf Tagen Transsib und einer Woche Petersburg musste zur Ankunft in der Mongolei passen. Meine Mongoleipläne mit dem Zug von Ulan-Bator nach Peking harmonieren.

Und dann das: Acht Tage vor unserer geplanten Abreise äußerte die bis dahin optimistisch agierende Mongolin Bedenken hinsichtlich der für Anfang Oktober geplanten Reise in die Wüste Gobi: Da seien wahrscheinlich alle Jurtencamps geschlossen. Manchmal falle dann der erste Schnee. Ob wir nicht früher kommen könnten? Oder nächstes Jahr? Da der Startschuss fast schon gefallen war und keinen Raum für zeitraubende Diskussionen mit Reiseveranstaltern oder gar eine Änderung der Reiseroute ließ, recherchierte ich auf die Schnelle drei weitere

Mongoleiexperten – einen Engländer, einen in der Mongolei ansässigen Schweden und einen Holländer – und beauftragte alle gleichzeitig mit meinem Anliegen. Aufgrund der jüngst gemachten Erfahrungen mit diversen Transsibreiseveranstaltern hoffte ich, dass mindestens zwei der drei mein Vorhaben als zu gefährlich zu den Akten legen und keine Angebote erstellen würden. Zwischendrin besänftigte ich meine drei russischen Freunde, die mir stündlich den kurz bevorstehenden Ausverkauf der nun wirklich allerletzten Zugtickets meldeten – mit der Aussicht auf meine baldige Buchung.

Nun war ich schon vor der Abreise in ein multikulturelles Abenteuer geraten. Die Protagonisten: drei Russen, ein Holländer, ein in der Mongolei lebender Schwede, eine junge Mongolin, ein Engländer, einige Deutsche. Männer und Frauen unterschiedlichen Alters. In zwei Dingen waren sie sich dennoch einig: So kurzfristig eine Transsibreise zu organisieren grenze an Unmöglichkeit. Und: Die Reise mit Baby anzutreten sei mutig bis fahrlässig. Meine Motivation, dieses Risiko einzugehen, unverständlich.

Eigentlich hatte ich mir von der Reise Anregungen und Mut für unser künftiges Leben zu Hause erhofft. Die Situation der Menschen in Russland wie auch in der Mongolei und in China ist durch fundamentale Umbrüche gekennzeichnet: Russlands Bevölkerung versucht sich aus der Allmacht der Oligarchen zu befreien und kämpft neben politischer Freiheit um aus unserer Perspektive so selbstverständliche Dinge wie freies Unternehmertum im kleinen und mittelständischen Bereich. Die junge Demokratie Mongolei kämpft mit harten Wintern und Rohstoffreichtum. Die harten Winter entzogen den Nomaden, die immerhin noch 50 Prozent der mongolischen Bevölkerung ausmachte, die Existenzgrundlage – das Vieh erfror oder verhungerte. Die seit Jahrhunderten den extremen Witterungsbedingungen trotzenden Nomaden sind zunehmend gezwungen, in den Städten sesshaft zu werden und sich eine neue Existenzgrundlage zu schaffen. Ein Drittel der Bevölkerung des Landes, das auf der Top-Ten-Liste der rohstoffreichsten Länder geführt wird, lebt in bitterer Armut. Der theoretische Reichtum lässt Korruption erblühen, die demokratische Strukturen wieder bedroht. China ist zerrissen zwischen mittelalterlich lebender armer Land- und modern orientierter Stadtbevölkerung, der es laut Medienberichten in Abgrenzung zur westlichen Kultur an einem eigenen Selbstverständnis fehle. Staatliche Familienplanung gepaart mit kapitalistischem Leistungsdruck. Uniformitätskultur auf der Suche nach kreativen Ausdrucksformen.

Meine Idee war, dass die politischen und gesellschaftspolitischen Spannungen in den von mir und Levi hoffentlich bald bereisten Regionen auch Nährboden für ein je eigenes spannendes, kreatives, improvisiertes Selbstverständnis berufstätiger Frauen und Mütter wären und mich ein Austausch mit diesen Frauen oder auch nur ein Beobachten oder Erspüren ihrer Lebenssituation bei der Suche nach einem für mich und uns passenden Familienmodell anregen würde. Dabei stellte ich mir vor, dass diese umbrucherprobten Menschen mit mir als einer eher untypischen Vertreterin der Spezies Mutter – einer Unternehmerin, die mit ihrem Baby die transmongolische Route der Transsib bereist – offen und interessiert umgingen und ich im Gespräch mit ihnen Klarheit für mich selbst erlangen würde. Wonach ich suchte, waren Ideen für unser Leben zu Hause. Für unser neues Leben mit Baby. Jenseits der typischen Familienklischees.

Zu Hause hatte ich dazu wenig Anregungen gefunden.

Über die glücklose Suche
nach der emanzipierten Familie in Deutschland

Vor Levis Geburt hatte ich mich umgeschaut, nach den möglichen Richtungen, in die unser Leben sich verändern würde. Könnte. Müsste? Denn in einem waren sich alle einig gewesen: Ein Kind verändert das Leben. Fundamental. Nur hinsichtlich der Richtung dieser Veränderung, und ob sie positiv oder negativ sei, hatten die Massen beharrlich geschwiegen.

Also Feldforschung. Wohin ich auch blickte, in unserem Freundeskreis, im Kollegenumfeld, in Funk und Fernsehen: Nirgendwo konnte ich Familienmodelle ausmachen, die so richtig zu uns passten.

Da waren zum Beispiel Tanja und Frank. Tanja, sehr erfolgreich in einem Konzern, war von der Geburtsklinik in den Flieger in die USA zu einem wichtigen Meeting gehüpft, natürlich nicht ohne vorher noch 50 Liter Muttermilch für das Baby abzupumpen und im Kühlschrank zu deponieren. Frank hingegen, in Sachen Karriere und Finanzen weniger begünstigt als seine Frau, hatte seinen Job zugunsten der Familie gekündigt, blieb zu Hause und kümmerte sich um das Baby. Tanja arbeitete und reiste vor und nach der Geburt viel. Das Baby wurde die meiste Zeit von Frank und einer Kinderfrau aufgezogen. Frank fand schließlich sein außerfamiliäres Glück in Form einer Professur an einer Fachhochschule. »Kaum Arbeit, was fürs Ego und eine sichere Rente für den Fall, dass Tanja mich verlässt«, lachte er zufrieden über sich selbst.

War das nicht das Paradies für die emanzipatorischen Vorstellungen der Alice-Schwarzer-geprägten Frauen? Ich hingegen konnte der einfachen Umkehr des klassischen

Rollenmodells nichts abgewinnen. Und Markus auch nicht. Also weiter.

Martina und Klaus. Martina stammt aus einer Familie, in der Frauen zum Heiraten und Kinderbekommen bestimmt sind. Nachdem sie gegen den Willen ihrer Eltern das Abitur gemacht hatte und studieren wollte, erklärte ihre Mutter, dass sie diese Flausen nicht unterstützen würde. Also machte Martina sich dank einer Lehre finanziell unabhängig, engagierte sich, absolvierte im Abendstudium eine Berufsakademie und wurde stellvertretende Abteilungsleiterin. Als ihr mit Mitte dreißig endlich eine Abteilung zur Leitung angeboten wurde, war sie schwanger. Sie informierte ihren Arbeitgeber vor Annahme der Leitungsposition über ihre baldige Mutterschaft und ihre Intention, zwei bis drei Monate nach der Geburt wieder Vollzeit zu arbeiten, in der Hoffnung, man möge gemeinsam eine Lösung für die Zeit kurz vor und nach der Geburt finden. Das Leitungsangebot verschwand, zu wichtigen Meetings erhielt sie keine Einladungen mehr, Informationen wurden an ihr vorbeigelotst, Entscheidungen ohne ihre Expertise gefällt. Von männlichen wie weiblichen Kollegen und den Vorgesetzten wurde sie geschnitten. Als sie nach der Geburt wieder arbeiten wollte und man ihr eine Halbtagsstelle in einem 70 Kilometer entfernten Ort anbot, für die sie überqualifiziert war, begriff sie, dass sie als Mutter ihrem Arbeitgeber nichts wert war. Sie bekam zwei weitere Kinder und steckte ihre im Übermaß vorhandene Energie fortan in die Organisation des Familienlebens und den Versuch, ein kleines Unternehmen aufzubauen. Nebenbei schob sie Dienst nach Vorschrift bei ihrem Arbeitgeber. Halbtags. Um diesem nicht ihre Rentenansprüche zu schenken und um weiterhin die Mitarbeiterkonditionen des Unternehmens nicht zu verlieren. Den Mutterschutz schöpfte sie voll aus, und ihr Satz: »Warum soll ich früher und mehr arbeiten gehen als nötig und Geld verschenken?«, geäußert bei einem gemeinsamen Frühstück mit anderen Exkolleginnen mit Anhang, die auch alle in die Halbtagsmutterschaft gemobbt worden waren, traf mich. Der Arbeitgeber ihres Mannes war familienfreundlicher und gestattete einen Homeoffice-Tag pro Woche, wenn Martina krank war, einen Termin hatte oder einfach mal etwas Zeit für sich oder Unterstützung zu Hause brauchte.

Oder Christine und Lennart. Sie Ende zwanzig, mit dem Aufbau ihrer Karriere als diplomierte und preisgekrönte Kreative beschäftigt. Er Mitte dreißig und vielversprechender Marketingmanager. Christine hatte sich Chancen, ein Netzwerk, Kontakte und Kunden in München aufgebaut und folgte dennoch Lennart, ohne zu zögern, in die norddeutsche Provinz, von wo aus ihn der Ruf des Aufstiegs ereilt hatte. Er schob noch mehr Überstunden, sie wurde schwanger. Er bereiste Deutschland, sie die seelischen Tiefen einer Frau, die nie Vollzeitmutter oder Alleinerziehende sein wollte und es nun in Ermangelung familiärer Strukturen oder eines Freundeskreises vor Ort, ohne Kitaplatz und angesichts der permanenten beruflich bedingten Abwesenheit ihres Mannes irgendwie war. »Christine verdient halt weniger als ich«, erzählte Lennart bei einem gemeinsamen Abendessen. »Sonst würde ich unser Kind die ersten Jahre aufziehen!« Meinen Einwand, dass statistisch betrachtet der weibliche Teil eines Paares meistens jünger sei als der männliche und dass jüngere und insbesondere weibliche Arbeitnehmer meistens weniger verdienten als männliche und somit diese Argumentation irgendwie ein Totschlagargument sei, konterte Lennart mit einem vernichtenden »Ich habe die Gesellschaft nicht gemacht, muss aber in ihr überleben« und ging zufrieden zum Kühlschrank, um eine weitere Flasche Wein zu holen. Als Christine sich frisch machte, ergänzte Lennart verschwörerisch: »Bald machen wir eh ein zweites Kind, dann ist Christine die nächsten Jahre beschäftigt.«

Aber fehlende Beschäftigung war nicht so sehr Christines Problem. Nach einem Vollzeitkinderbetreuungstag arbeitete sie nachts an neuen Entwürfen und Businessplänen. Als Lennart nach zwei Jahren genug Geld für einen privaten Kitaplatz verdiente, war sie ausgelaugt, mutlos, traurig und die Beziehung in einer Schieflage. Es folgten Urlaube, Gespräche, gemeinsame Wochenendaktivitäten, ein erneuter Umzug, die zweite Schwangerschaft. Ende offen.

Oder Anja und Jürgen. Anja hatte sich von dem Vater ihres Kindes getrennt und sich bis zur Hochzeit mit Jürgen, einem erfolgreichen Unternehmer, mit Jobs durchgeschlagen. Nach der Geburt des zweiten Kindes fokussierte Anja auf die Mitarbeit in Jürgens Unternehmen. Und auf die Suche nach ihrem eigentlichen Ding. Jürgen hingegen erklärte Markus und mir beim Essen: »Die paar Tausend Euro, die sie woanders verdienen würde, brauchen wir nicht.«

Es war schwer zu sagen, ob die Männer das Problem waren oder die Frauen, die Gesellschaft oder die individuellen Vorstellungen von Karriere. Aber eines war klar: Ich fand einfach keine Frau, die ich mir mit leuchtenden Augen zum Vorbild hätte nehmen können. Markus keinen Mann, der ihm Orientierung zu geben vermochte. Und gemeinsam fanden wir keine Familie, die zu uns gepasst hätte. Wir fanden nur Familienmodelle, bei denen sich einer – egal ob Frau oder Mann – vornehmlich um die Kinder kümmerte und hinsichtlich seiner eigenen Ziele zurücksteckte beziehungsweise die Kinder zeitweise zum primären Lebensinhalt machte, während der andere in der Welt unterwegs war und das Geld verdiente. Unsere Sorge war, dass so die Entfremdung als Paar vorprogrammiert war. Außerdem wollte keiner der eine oder der andere sein. Wir wollten beide beides.

Was ich statt passender Familienvorbilder hingegen zuhauf fand, waren Sprüche wie: »Jetzt wirst auch du endlich sesshaft, Julia.« »Jetzt holt auch dich das normale Leben ein. Willkommen im Klub.« Und dazu dieses Grinsen. Panik kroch in mir hoch.

Den einzigen Hinweis lieferte ausgerechnet ein Werbespruch: »Ich habe mich für Doppelfreude statt Doppelbelastung entschieden.« Dazu eine Frau mit Babybauch in fröhlicher Zweisamkeit mit ihrem Partner. Klingt gut, aber geht das vielleicht ein bisschen konkreter?

Da ich Unternehmerin und somit bei der Wahl meiner Arbeitszeit und meines Arbeitsortes grundsätzlich frei bin, sollte es doch ein Leichtes sein, meinen und unseren neuen Alltag zu organisieren, dachte ich. Mein Ehrgeiz war geweckt, das perfekte Lebensmodell für uns drei dann halt ohne Vorbilder am Reißbrett zu entwerfen. Und so entwarf ich: Babysitteranzeigen, Babysitterstundenpläne, Stundenpläne für Markus und mich: Levizeit, Arbeitszeit, Zeit für Freunde und Hobbys, Zeit zu zweit, Zeit Zeit Zeit. Auf dem Papier schien die Zeit unendlich und ließ sich perfekt in unterschiedlich große Kuchenstücke schneiden. Alles nur eine Frage der Organisation, machte ich mir selbst Mut. Aber Zeitmanagement war noch nie meine Stärke. Ich bin da eher der intuitive Typ. Und so scheiterten die Optimierungsversuche schon bald am Praxistest.

Zum einen fehlten mir, die es gewohnt war, Geschäftsmodelle zu entwickeln und dann Mitarbeiter und Kunden bei der Umsetzung dieser Pläne zu coachen, in diesem speziellen Fall wichtige Mitarbeiter. Ich hatte nur eine

Nanny, aber die war erst krank und entschied dann, der Liebe wegen München wieder zu verlassen. Außerdem war Levi kein Unternehmen wie mein Reiseveranstalter, meine Agentur für Dienstleistungsentwicklung oder auch mein Reisebuchladen in München. Er hatte rund um die Uhr geöffnet. Und er war ein Freigeist, so wie ich. Er war nicht bereit, sich an Zeitpläne zu halten. Er schlief, wenn ich nach Plan Levizeit hatte, und ich war enttäuscht. Er war wach, wenn ich nach Plan arbeiten wollte, was mich nervte. Schnell lernte ich zu akzeptieren, dass mit Levi das Unvorhergesehene die Regel ersetzt. Planabweichungen waren mit ihm tägliches Brot. Und auch mir machte ein Leben nach Stundenplan keinen Spaß. Hatte ich jahrelang fünfzehn Stunden am Tag und mehr gearbeitet – auch an Wochenenden – und mir berufliche Unabhängigkeit und persönlichen Freiraum erkämpft, nur um sie nun wegen meines Kindes wieder an den Nagel hängen zu müssen? Und wer genau wollte mich eigentlich dazu zwingen?

Mit Kind wirst du ein Planungstalent, hatte mir eine befreundete, mit dem zweiten Kind schwangere Architektin bei einem Treffen auf einer Großbaustelle gesagt. Und es schien in Ordnung für sie zu sein, auf die Kaffeepausen zu verzichten, um ihr Arbeitspensum zu schaffen und trotzdem rechtzeitig ihre Tochter in der Kita abholen zu können, während sich ihr Mann auf architektonischer Großwildjagd in China verwirklichte.

Für mich hingegen bedeuten exakt durchgeplante Tage – ohne oder mit Kind – Stress. Im Urlaub im Voraus eine Massage zu buchen stresst mich. Dann lieber keine Massage, wenn sie nicht spontan möglich ist. Daher bin ich für meine Urlaube und auch für die Kunden meines Reiseveranstalters immer auf der Suche nach kleinen Lodges und flexiblen Geschäftspartnern, für die die Ausnahmen der Regelfall sind. Bei denen es kein »Nein, das geht nun wirklich nicht« oder »Das hätten Sie doch bei Ihrer Anreise sagen können« gibt. Und genauso wollte ich jetzt mit Levi leben. Und vor allem: Ich wollte meinen Sohn nicht früher als nötig in einen Stundenplan hineinpressen. Mein Leben und unser gemeinsames Leben brauchten Freiraum. Und so landeten mit der Zeit die gesammelten Pläne im Papierkorb.

Planung ersetzt den Zufall durch den Irrtum, hatte ich an der Universität bei meinem Professor für Strategische Unternehmensführung gelernt. Klang gut. War bewiesen. Und jetzt? Was musste ich lernen, damit mein Leben mit Levi so funktionierte, wie es mir, uns, guttat?

Also: Es lief schon halbwegs rund. Halbrund halt. Die Zeit mit Levi war zwischen Markus, mir, der neuen Nanny und unserer Familienzeit aufgeteilt. Wir beide konnten unseren Jobs nachgehen, wir gingen als Paar abends aus (Nanny sei Dank) und verreisten das eine oder andere Wochenende zu dritt. Trotzdem fühlte ich mich wie eine Maschine, die den Tag abwickelt. Fremdgesteuert. Als ginge es auf einmal darum, etwas zu schaffen. Aber was? Und wer hatte die Messlatte aufgelegt?

Und dann kam dieser Donnerstag: Der Wecker klingelte. Es war 6.30 Uhr. Markus hatte vor einer halben Stunde das Haus verlassen. Schnell duschen und anziehen, bevor Levi aufwacht. Dann Levi waschen, wickeln, anziehen, dabei ein bisschen massieren, singen und lachen. Es wurde acht. Levi bekam seine Flasche, weinte, rülpste, spuckte etwas warme Milch über mein schwarzes Businesskostüm – ich wusste doch, dass ich es erst hätte anziehen sollen, wenn die Nanny um 10.30 Uhr kam –, wir schmusten, tanzten, sangen, bis Levi wieder einschlief. Um 9.30 Uhr: Umziehen, Nanny reinlassen, losfahren ins Büro. Markus übernahm Levi um 16 Uhr, spielte und schmuste mit ihm bis sieben und brachte ihn dann ins Bett, kurz bevor unsere Nanny wieder kam.

Um 20 Uhr saß ich im Restaurant an der Bar und nippte an meinem Aperitif, Markus kam lachend um 20.30 Uhr hereingestürmt. Wir redeten über Levi. Aßen. Redeten über anderes. Wurden müde. Um 23.30 Uhr fiel unsere Haustür hinter der Nanny ins Schloss. Markus kramte seine Unterlagen für den kommenden Tag zusammen. Ich saß an der Küchenbar, trank ein Glas Wasser und atmete tief aus. Geschafft, traf mich der Gedanke nach diesem doch so perfekten Tag völlig unvorbereitet. Ich stand auf, suchte in meiner Jobtasche nach meinem iPhone, um den Plan für morgen anzuschauen und diesen Gedanken loszuwerden. Wann muss ich morgen aufstehen, wann darf ich mit Levi spielen, welche Termine stehen an – aber meine Hände fanden es nicht. Stattdessen förderte ich einen Schnuller zutage und fing an zu weinen. Dabei wollte ich doch jeden Tag intensiv genießen.

»Das Schlimmste ist, dass ich nicht weiß, was ich ändern möchte«, schluchzte ich einem irritierten und erschöpften Markus entgegen. War das die berüchtigte post-post-natale Verwirrung?

Zu allem Überfluss standen auch noch Geschäftsreisen bei mir an. Und obwohl Markus mir versicherte, dass er es gemeinsam mit der Nanny schon schaffen würde, hatte ich ein schlechtes Gewissen. Warum eigentlich?

Wer oder was trieb mich so an? Und weg von meinem Lebensgefühl? Denn: Vom Zelebrieren und Genießen, vom Gefühl, mit meinem, unserem, Leben im Einklang zu sein, war ich meilenweit entfernt. Ich sehnte mich nach der mir doch so eigenen Lockerheit. »Jammern auf hohem Niveau«, sagten die einen. Die anderen nickten verständnisvoll und sagten mitleidig: »So ist das nun mal mit Baby.«

Das muss auch anders gehen, dachte ich. Es muss doch möglich sein, mein über die Jahre lieb gewonnenes Lebensgefühl zu behalten. Meinen Job, meine Reisen, meine Freunde, meinen Sport, meine Ideen, meine Pläne. Mal einfach rumhängen und lesen, entspannt sein, die Dinge laufen lassen. All das muss doch auch mit Levi möglich sein. All das tut Levi doch auch gut.

Oder war es doch so, wie viele gut gemeinte Ratschläge mich glauben machen wollten: »Ein Kind braucht in den ersten ein, zwei Lebensjahren als primäre Bezugsperson die Mutter! Ein Kind braucht täglich gleichbleibende Abläufe in gleichbleibender Umgebung!«

Entsetzt stellte ich fest, dass es mir mit Kind schwerer fiel als ohne, mich von den Erwartungen und gut gemeinten Ratschlägen anderer abzukoppeln. Warum war das so? Und wessen Stimmen hörte ich da eigentlich? Ich hatte das Gefühl, komplett zu scheitern.

Irgendwann fand ich meine Unsicherheit, mein Gefühl der Zerrissenheit zwischen meinen Anforderungen, Mutter sein zu wollen und trotzdem als Mensch zu überleben, sowie meine nicht von Erfolg gekrönte Suche nach dem perfekten Lebensmodell für uns drei ermüdend. Das hieß nicht, dass ich die Suche einstellte. Die Art der Suche musste sich ändern.

Als sich Babysitterin Nummer zwei kurzfristig entschloss, Deutschland den Rücken zu kehren, war mir klar, was zu tun war: Ich musste weg! Reisen. So wie ich es immer mache, wenn ich mir über etwas klar werden möchte.

Reisen ermöglichen mir einen ganz anderen Zugang zu mir selbst. Einen Zugang zu meinem Unterbewusstsein, zu meinem Kern vielleicht. Auf jeden Fall zu dem, was wichtig ist. Zu dem, was ich gerade brauche. Und was nicht. Natürlich nicht irgendwelche Reisen. Meine

Abenteuer in Patagonien, Tansania, Kenia, Tibet, Nepal, Bhutan, Mustang, von der Atacama ins bolivianische Hochland und zum Salar de Uyuni, ins Hochland Islands und natürlich nach Grönland fielen mir ein. Grönland mit Babybauch. Jede Reise war mit einem wichtigen Thema, einer Auseinandersetzung mit mir selbst verknüpft. Mein Leben wäre nicht das, was es ist, ohne diese Reisen.

Und jetzt brauchte ich mein Leben zurück.

Aber geht das auch mit Baby? Oder ist das eine unzumutbare Strapaze für meinen kleinen Sohn? Oder für mich? Und da war er wieder, dieser nervige Ratgebertext: »Reisen sind für Babys mit dem Verlust der Orientierung, des sicheren Zuhauses und mit sehr viel Stress verbunden und daher kritisch zu beurteilen.«

Warum soll etwas, was für mich zu den schönsten, wichtigsten, inspirierendsten Dingen der Welt gehört, für meinen Sohn etwas Furchtbares sein? Was sagt Markus dazu? Kann ich ihm seinen Sohn für eine derartige Reise entziehen? Oder will er mit? Halten Levi und ich es ohne Markus aus? Funktioniert mein Prinzip Reise nur allein oder auch mit Levi? Schaffe ich es, die nie Vollzeitmutter sein wollte, für einen längeren Zeitraum allein – ohne Unterstützung, ohne Pause – die Verantwortung für Levi zu übernehmen? Und dabei auch noch etwas für mich zu tun, für uns?

Und am allerwichtigsten: Wohin sollte diese lebenswichtige Reise denn überhaupt führen?

Malaria, zu große Höhenlagen, zu lange Autofahrten, terrorgefährdete Regionen – all das wollte ich Levi nicht zumuten. Und somit schieden viele Regionen, in denen ich ein weitverzweigtes Netzwerk an Geschäftspartnern besitze und mich selbst gut auskenne – Patagonien, Ostafrika, Himalaja – aus. Nachdenklich saß ich meinem

Sohn gegenüber, als dieser eine Lokomotive aus seiner Spielkiste kramte und mir hinhielt. Ich zog die Lok mit einigen schnellen Rückwärtsbewegungen auf, ließ sie los, und sie zischte davon. Entgegen meinen bisherigen Erfahrungen mit Levi und der Lok – sobald die Lok loszischte, brach Levi in erschrockenes Weinen aus – lachte er laut auf und klatschte in die Hände. Wir spielten noch gefühlte hundert Jahre mit der Lokomotive, und irgendwann zwischen dem 97. und 98. Jahr wusste ich es: Mit dem Zug in eine andere Welt rattern, in ein neues Leben. Einfach einsteigen, aus dem Fenster schauen und abwarten, was passiert.

Da ich noch nie eine wirklich lange Zugreise unternommen hatte, fiel die Entscheidung leicht: Die Transsibirische Eisenbahn! Der mythenumrankte Zug gilt als wirkliches Abenteuer. Kein Hauch von kinderfreundlichem Kluburlaub. Keine Mutter-Kind-Wellness-Reise. Kein Spaziergang. Genau richtig für Levi und mich und unsere Mission: Mit der Transsibirischen Eisenbahn auf der Suche nach unserer Welt für zu Hause – jenseits der typischen Familienklischees.

So weit der Plan.

Reiseverbot für Frauen mit Baby?

Schon in der Phase der Vorbereitung fand ich nicht nur wenig bis keine Unterstützung, sondern überwiegend Menschen, die mich mit meinem dringlichen Bedürfnis, mit meinem Sohn möglichst schnell aufzubrechen, nicht wirklich ernst nahmen. Oder wie sollte ich diese Einmischung in meine Privatsphäre sonst interpretieren:

Meine Reisevorstellungen als zu gefährlich zu bewerten, ohne Angabe von konkreten Gefahren. Meinen durch knallharte Fakten vorgegebenen zeitlichen Reisevorbereitungshorizont als viel zu kurzfristig zu bewerten, ohne es wenigstens zu probieren? Wenn meine Mitarbeiter mit einem Kunden so umspringen würden, so geschäftsverhindernd, wäre ich wütend, würde sie zur Seite nehmen und an ihrer Kundenorientierung arbeiten: Wenn ein Kundenwunsch in deinen Ohren ungewöhnlich klingt, liegt das vielleicht auch an deinen begrenzten Vorstellungsmöglichkeiten?

Die Stolpersteine der ersten Planungstage ließen mich wiederholt an den Erfolgschancen meiner Mission zweifeln. Erneut wollte ich den Plan verwerfen: Wenn mir nicht nur von nationaler, sondern auch von internationaler Seite vor allem Zweifel hinsichtlich meines Vorhabens gespiegelt wurden, warum sollte das unterwegs anders sein? Und mich auch unterwegs permanent rechtfertigen zu müssen, darauf hatte ich keine Lust. Neinneinnein.

Somit war das Projekt Transsib wieder beerdigt. Zumindest für drei Tage.

Nach vier Tagen Funkstille – vier Tage vor der ursprünglich geplanten Abreise – trudelten innerhalb weniger Stunden drei Mongoleiangebote bei mir ein: drei verschiedene Reiserouten, drei verschiedene Preise, mit sich widersprechenden Aussagen hinsichtlich der Verfügbarkeit beziehungsweise des Geöffnetseins der Jurtencamps und alternativer Übernachtungsmöglichkeiten bei mongolischen Nomadenfamilien oder in normalen kleinen Zelten im Angebot. Okay.

Als Erstes teilte ich den Russen mit, dass ich buchen wolle, und fragte, in welcher Form ich meine Kreditkartendetails übermitteln solle. PayPal? Zahlen per E-Mail? Fax? Ich solle das Geld überweisen. Erst dann könnten sie verbindlich buchen. Jetzt muss ich die Reise doch noch absagen, schoss es mir durch den Kopf. Überweisen? Das dauert zu lange! Die Russen blieben entspannt. Das klappt schon. *Never ever*, dachte ich und leitete den kompletten Reiseverlauf an meinen Berliner Visabesorgungshelden weiter. »Drei Visa in zehn Tagen – kein Problem, übermitteln Sie mir die Daten«, hatte er meinen verzweifelten Anruf acht Tage zuvor entspannt beantwortet. Eine Herausforderung sei es schon, hatte er lachend hinterhergeschoben, aber er schaffe das. Irgendwann war ich neugierig, womit dieser aus der deutschen Servicewüste so positiv herausragende Mann, den meine Assistentin als Visaspezialisten für Notfälle recherchiert hatte – und letztlich war fast jede meiner Reisen aufgrund des meist kurzfristigen Planungshorizontes ein visumstechnischer Notfall –, eigentlich sein Geld verdiente. Denn dass man von Visagebühren leben kann, war eher unwahrscheinlich. Und siehe da: Er war Transsibspezialist.

Zwei Tage vor der geplanten Abreise brachte ein Kurier am Morgen die Reisepässe mit den drei Stempeln. Als Letztes bestätigte das Hotel in Peking am Nachmittag meine Buchungsanfrage. Zuvor hatte ich erfolgreich gebucht: das Hotel in Sankt Petersburg, ein komplettes Abteil der zweiten Klasse im Zug Nummer 10 von Sankt Petersburg nach Irkutsk, eine Lodge in Listwjanka am Baikalsee, eine Lodge mit Familienanschluss in Bolschije Koty am Baikalsee inklusive des privaten Fischkuttertransfers dorthin, ein Hotel in Irkutsk, den Zug von Irkutsk nach Ulan-Bator, der Hauptstadt der Mongolei, inklusive aller Transfers, eine Jurte nördlich von Ulan-Bator, eine Jurte im Nature Reserve Ikh Nart, eine Jurte in Jalman Meadows inklusive Jeep mit Fahrer und Yakkarttrekking, den Flug von Ulan-Bator in die Wüste Gobi, zwei Jurtencamps in der Gobi und einen weiteren Jeep mit Fahrer und Koch für den Fall, dass eines der Jurten-camps doch schon seine Zelte abgebaut und das Personal in die Winterpause entlassen hätte, den Flug von der Gobi zurück nach Ulan-Bator mit einer weiteren Pufferüber-nachtung in Ulan-Bator, da der Flug aus der Gobi nach Ulan-Bator häufig wegen starker Winde abgesagt oder zumindest stark verspätet sei – »*Do you really want to take this flight with your son? Why don't you take a Jeep, it only takes twelve hours?*« –, den Zug von Ulan-Bator nach Peking sowie die Flüge München – Sankt Petersburg und Peking–München. Trotz gegenteiliger Prognosen der geballten deutschen Transsibwirtschaft war es voll-bracht!

Stolz spielte ich mit Levi das »High Five«-Spiel: Ich halte ihm meine Handfläche entgegen und sage »High Five«, und er klatscht mit seiner kleinen Hand mal mehr, mal weniger treffsicher, aber immer von lautem Gegluckse begleitet dagegen.

Getrübt wurde meine Euphorie durch ein schlechtes Gewissen gegenüber meinen russischen Exfreunden. Ich hatte ihnen das Schlimmste angetan, was ein Kunde einem auf maßgeschneiderte Reisen spezialisierten Rei-severanstalter antun kann: die Reise durchplanen lassen und dann den mit Herzblut erarbeiteten Plan bei einem anderen Anbieter buchen. Gemildert wurde das schlechte Gewissen lediglich durch die Tatsache, dass ich die Haupt-planerei selbst geleistet hatte und die Russen nur die Ver-fügbarkeit und Preise abgefragt hatten.

Hinzu kam ein latentes Stressgefühl in Anbetracht der langen Einkaufsliste: Babygläschen, Milchpulver, Win-deln und Feuchttücher für zwei Monate. Reiseapotheke für Levi, nach einem längeren Gespräch mit seinem Kin-derarzt zusammengestellt, der uns mit den Worten ver-abschiedete: »Toll, mein erster Patient, der auf einem Yak durch die Mongolei geritten sein wird!« Und uns dann ein »Ganz schön mutig, was Sie da vorhaben!« mit auf den Weg gab. Reiseapotheke, Trockenshampoo, Notfallnahrung in Form von Müsliriegeln für mich, neue Karte für das Satellitentelefon, Chips für meine Kamera, Batterien für Kamera und Satellitentelefon, was noch?

Außerdem hatte ich recht diffuse Vorstellungen von der vor uns liegenden Reise: Waren die Züge wirklich so einfach, schmutzig und aufgrund dem Wodka zugetaner Mitreisender laut und gefährlich? Das Essen schlecht und Toiletten und Duschen nicht benutzbar? Innerlich verglich ich die Zugetappen mit Aufenthalten in dubiosen Western Saloons des 19. Jahrhunderts, in denen man schnell mal in tödlich endende Verwicklungen verstrickt werden konnte. War der Baikalsee wirklich ein so raues Pflaster – klimatisch und sozial –, wie die Reiseführer, die deutschen Transsibreiseveranstalter und der wackere Klaus Bednarz mich glauben machten? Dachte ich an den Baikalsee, so sah ich Männer mit wettergegerbter Haut, Zahnlücken und einer Statur, als hätten sie gerade mit einem Rudel Bären gerungen, Frauen mit Kopftüchern und Blümchenschürzenkleidern, schiefe Holzhäuser, durch die der eisige Wind pfiff, sowie Tante-Emma-Läden, die entweder leer gekauft waren oder ungenießbare russische Kopien von Coca-Cola, Heineken und Milka-Schokolade zu horrenden Preisen anboten. Wenn ich mich dabei erwischte, auf ein kleines bisschen Seeromantik mit Fisch und Weißwein am Baikalufer zu hoffen, rief ich mich selbst zur Räson: Baikal ist nun wirklich nicht das kinderfreundliche rau-liebevolle Sylt.

Und neben der unendlichen Weite der Steppe – was erwartete uns eigentlich in der Mongolei? Klimatisch war alles möglich um diese Zeit, von plus 20 bis minus 40 Grad, von milden Spätsommertagen bis hin zu wüsten

Schneestürmen. Ernährten die Mongolen sich tatsächlich ausschließlich von fettem Fleisch und gegorenem Milchtee, vor dem ich schon in Tibet beim bloßen Geruch kapituliert hatte? Und ich probiere wirklich fast alles. Und wie wird Levi sich verhalten? Auf seiner ersten Abenteuerreise. Werde ich die Landschaft mit ihm genießen können? Und er? Wie werden die Menschen auf uns reagieren? Werden wir einsam sein? Oder umringt von uns bestaunenden Augen aus aller Welt?

Einen Tag vor unserer Abreise saß ich zu Hause an der Küchenbar und kam das erste Mal seit zweieinhalb Wochen zum Durchschnaufen. Seit meinem spontanen Entschluss zum Aufbruch hatte sich eine Lawine von Organisationsnotwendigkeiten in Gang gesetzt, die mir ein Nachdenken und Hinterfragen des zu planenden Vorhabens unmöglich gemacht hatte. Bis jetzt. Warum genau mache ich das noch mal?, versuchte ich mich zu konzentrieren. Warum bleibe ich nicht einfach gemütlich zu Hause, wie andere Menschen auch? Mann, Kind, Haus, Auto, Baum, Job. Pferde hatten mich noch nie gereizt. Also startete ich eine als Verabschiedung getarnte Umfrage in meinem Freundeskreis.

»Morgen geht's schon los?«, fragte die eine Freundin ungläubig. »Wow. Wie fühlst du dich?«

»Super«, log ich. »Ich kann es kaum erwarten.«

»Also, ich bewundere ja deinen Mut.«

»Wieso den Mut?«, fragte ich unschuldig, in der Hoffnung, vielleicht einen Grund zu finden, der selbst mich überzeugte, die Reise absagen zu müssen.

»Weißt du denn, was dich erwartet, im Zug, in Sibirien und in der Mongolei?«

»Nein, aber das ist ja immer so«, sprach ich mir selbst Mut zu und wählte die nächste Nummer.

»Ich beneide dich. Einfach so spontan aufbrechen. Mit

Levi. Toll!«, sagte der zu der Nummer gehörende Freund. »Du bist echt mutig.«

»Danke, ich bin auch stolz, alles organisiert bekommen zu haben. Aber jetzt bin ich auch ein bisschen nervös.«

»Kann ich verstehen. Wär ich auch.«

»Wieso?«, fragte ich.

»Na ja, hör mal. Die lange Reise, mit dem kleinen Levi. So ganz allein. Die sprechen doch alle kein Englisch? Ich drücke dir auf jeden Fall die Daumen, dass alles gut geht«, drang eine besorgt mahnende Stimme an mein gespitztes Ohr.

»Danke«, sagte ich leise und legte auf.

»Du machst das also wirklich?«, fragte meine Mutter etwas gequält. »Ach Julia, lass das doch. Was da alles passieren kann.«

»Was soll denn passieren?«, versuchte ich lachend meine Mutter und mich von der Harmlosigkeit und Notwendigkeit meiner Reise für mein weiteres Leben zu überzeugen.

»Krankheit, Unfälle, Überfälle. Meinst du nicht, du mutest dir und Levi zu viel zu?«, beschwor meine Mutter mich weiter. »Entspann dich doch lieber irgendwo am Meer. Mit Markus.«

Jetzt bloß schnell das Gespräch beenden, keine Schwäche zeigen, keinen Raum für weitere ins Gewissen bohrende Fragen lassen. Aber im Sand buddeln, Kitesurfen und Weißwein trinken klang tatsächlich verführerisch.

»Viel Glück!«, wünschte sie mir noch mit brüchiger Stimme, und ich legte mit Tränen in den Augen auf.

»Ich finde es cool, was du wieder vorhast«, sagte die nächste Freundin für meinen Geschmack etwas zu fröhlich. »Abgefahren. Ich kenne niemanden, der so etwas macht.« Die Art, wie sie »so etwas« in die Länge zog, irritierte mich.

»Wie meinst du das?«

»So verrückt. Wer traut sich das schon. Mit Baby. Von Sankt Petersburg nach Peking. Das ist ja als Paar schon eine Abenteuerreise. Aber als Frau. Mit Baby. Echt mutig.«

»Meinst du fahrlässig?«, fragte ich zögerlich.

»Quatsch.« Dann Stille.

»Bist du noch dran?«

»Meine Schwester denkt, du spinnst. Ich finde es okay. Ich möchte auch solche Reisen machen, aber mir fehlt zurzeit der Partner dafür. Der mich im Zweifel beschützen kann. Pass auf euch auf!«

Meine Hände umklammerten das Telefon. Meine Füße liefen um den Küchenblock. Ich dachte an das intensive Gefühl vergangener Reisen, das mich so oft genährt hatte. An das Kribbeln vor jeder Abreise. An den trotz gegenteiliger Prognosen erfolgreich absolvierten Organisationsmarathon der letzten Wochen. An Levi.

Und jetzt sitze ich hier. Es ist ein Uhr nachts, sieben Stunden vor unserem Aufbruch zum Münchner Flughafen. Eingekeilt zwischen einer großen schwarzen aus allen Nähten platzenden Reisetasche, einem prall gefüllten Seesack, einem Kinderwagen, einer Kameratasche, einem Laptop sowie einem auf dem Sofa eingeschlafenen Markus.

»Im Zweifel für die größere Veränderung«, sage ich in die Stille der Wohnung, steige die Treppe hoch und beobachte meinen Sohn, der im Schlaf lächelt und zufriedene Laute von sich gibt.

Guten Morgen, Ural:
Die längste Eisenbahnstrecke der Welt

Ich wache auf, und da ist dieser ohrenbetäubende Lärm. Mein gesamter Körper vibriert. Rhythmisch. Meine Knie sind angewinkelt, und meine Füße stoßen trotzdem an eine beige Plastikwand am Ende meiner Matratze. Meine rechte Hand drückt oberhalb meines Kopfes gegen eine zweite beige Plastikwand. Ein gelber Bibo-Schnuller drückt gegen meine Stirn, und meine Nase registriert einen milchigen Luftzug.

Die erste Nacht in der Transsibirischen Eisenbahn ist vorbei.

Die letzten Stunden habe ich mit Levi auf 55 Zentimeter Breite und 180 Zentimeter Länge verbracht. Wir haben zwar ein vier Quadratmeter großes Zweite-Klasse-Abteil für uns allein – und somit vier optionale Schlafstätten, zwei Bänke unten, zwei ausklappbare Pritschen darüber. Alle jedoch ohne Runterfallschutz. Meine Rolle für die kommenden fünf Nächte ist definiert: Ich bin das Gitter zum fehlenden Babybett.

Ich hebe meinen Kopf, um aus dem Fenster zu schauen, schlage mit selbigem gegen die Kante des Tischchens, das unterhalb des Fensters zwischen den zwei unteren Bänken angebracht ist, zucke vor Schmerz unkontrolliert zusammen, drehe dabei meine linke Hüfte entscheidende Zentimeter zu weit nach links, strample mit den Füßen gegen die Schwerkraft und spüre, wie das rhythmische

Rattern meinem Körper den entscheidenden Schubs in die falsche Richtung gibt: Mit einem Plumps lande ich auf dem im persischen Stil ausgelegten Boden: Guten Morgen, Ural!

Der blau-golden gemusterte kleine Vorleger, auf dem ich sitze, erinnert mich an meine romantischen Vorstellungen von Transsibirischer Eisenbahn und an unsere Mission. Die Zeitschrift *La France* hatte 1901 zur Fertigstellung der 9288 Kilometer langen transsibirischen Eisenbahnroute gejubelt, dass die Geschichte neben der Entdeckung Amerikas und dem Bau des Sueskanals kein weiteres Ereignis kenne, das so große direkte und indirekte Konsequenzen auf die Welt haben würde. Im 21. Jahrhundert hoffe vermutlich nur ich auf erste Impulse für ein neues Leben.

Ich reibe mir die Knie. Laut Mobiltelefon ist es fünf Uhr morgens.

Vor sechzehn Stunden waren wir nach einer Woche in Sankt Petersburg im mit großen Rundbögen und schnörkeligem Stahl verzierten Moskauer Bahnhof in den Zug Nummer 10 eingestiegen, der uns in fünf Tagen und vier Nächten nach Irkutsk bringen würde – wenn nichts dazwischenkam. Der Taxifahrer hatte in dem Meer aus kyrillischen Schriftzeichen Bahnsteig, Zug und Waggon für uns gefunden sowie der blonden jungen Frau vor dem Waggon mit einer Liste in der Hand, auf der auch ich unsere beiden Namen ausmachen konnte – was nicht schwer war, da es die einzigen mit lateinischen Buchstaben geschriebenen Namen waren –, zu verstehen gegeben, dass wir zwar nur zwei Personen, genau genommen anderthalb waren, aber dennoch vier Betten reserviert hätten. Nach einigem Hin und Her, das ich zwar nicht verstanden, aber mit meinem schönsten und zuversichtlichsten Lächeln begleitet hatte, durfte ich mit Levi, im Maxi-Cosi an meinem rechten Arm baumelnd, die zwei hohen eisernen Stufen erklimmen und stand zum ersten Mal in der Transsibirischen Eisenbahn. Eingerahmt von Markus, mit unserer Reisetasche im Arm, und vom Taxifahrer, mit Kinderwagen und Seesack in seinen Händen und Schweiß auf der Stirn.

Entgegen allen Ankündigungen in Transsibreiseführern, dass nicht mitreisenden Begleitpersonen der Zutritt zum Zug strengstens verboten sei, durften sowohl Markus, der uns nach sechs Mutter-Sohn-Tagen in Sankt Petersburg für zwei Tage besucht hatte, als auch der Taxifahrer mit Levi und mir einsteigen. Auch wurde das Gepäck – entgegen der Expertenmeinung – nicht gewogen und war somit nicht auf 36 Kilogramm begrenzt. Alles war einfacher und freundlicher als erwartet. Vielleicht waren die Sankt Petersburger Verhältnisse entspannter als die in Moskau, von wo aus die meisten Reisenden ihr Abenteuer Transsib starteten?

Die hellblonde Schaffnerin zeigte auf Levi und runzelte die Stirn. »Warum?«, meinte ich in ihrem erstaunten Gesicht lesen zu können. Ich lachte ihr eine Zuversicht entgegen, die ich unterwegs zu finden hoffte, und der Taxifahrer fand scheinbar die richtigen Worte.

Zu dritt verstauten wir das Gepäck in Levis und meinem neuen Nest aus Plastik und Metall – den Kinderwagen, den ich im Zug sicher nicht brauchen würde, in den Stauraum über der Abteiltür, die Tasche mit unseren Kleidern unter einer Sitzbank, den Seesack mit Levis Essen, meinen Teebeuteln, Windeln und Spielzeug für die Tage in der Transsib immer griffbereit auf eine Pritsche – und verabschiedeten uns vom Taxifahrer.

Mein Blick traf meinen Blick im Spiegel auf der Innenseite der Abteiltür, und da wusste ich, dass es ernst wurde:

Ich saß tatsächlich im Zug. Mit Levi. Ich sah Aufregung in meinem Gesicht. Und ein bisschen Angst. Ein Satz lag mir auf der Zunge: »Ich will nicht!« Aber ich ließ ihn nicht über meine Lippen entkommen. Also bahnte er sich einen Weg über die Augen, die feucht wurden. Levi gähnte und schlief ein. Ich lief wie ein eingepferchter Tiger im Abteil auf und ab. Irgendwann stieg Markus aus.

Nächster planmäßiger Halt war Perm. In 38 Stunden.

Auch im 21. Jahrhundert ist die Transsib noch die längste durchgehende Eisenbahnstrecke der Welt.

Ein Rettungsreifen im Wodkameer

Das mit roten Vorhängen versehene Fenster umrahmt eine schmierige grau-rosa Morgendämmerung. Und Birken.

Vorsichtig öffne ich die Abteiltür und spähe auf den Gang hinaus. Niemand zu sehen. Mit meiner Thermostasse hüpfe ich auf Socken zum kohlebefeuerten meterhohen Samowar, der am vorderen Ende meines Waggons Nummer 7 rund um die Uhr kochend heißes Wasser für maximal 36 Reisende und zwei Schaffnerinnen bereithält, lasse einen Viertelliter einlaufen und eile zurück zu unserem Abteil mit den Plätzen 21, 22, 23 und 24, in dem Levi immer noch schlummert. Das Thermometer oberhalb der Waggontür zeigt kuschelige 26 Grad. Die Uhr darunter 7.12 Uhr. Dass es sinnvoll ist, sich die Bettennummern einzuprägen, hatte ich gestern Nacht gemerkt, als ich von einem Blitztoilettenbesuch zurückkehrte und mich erst an zwei falschen Abteiltüren versuchte. Die erste Tür war verschlossen, und ich kämpfte gegen die Sorge, dass sich jemand mit Levi in unserem Abteil eingeschlossen hatte, um unser Gepäck in Ruhe zu inspizieren oder um Levi zu stehlen. Vor Ersterem wird in den konsultierten Reiseführern ausgiebig gewarnt mit der Empfehlung, doch immer beim Verlassen des Abteils die Tür von der Waggonschaffnerin abschließen zu lassen. Mit Levi im Inneren und wenn man bedenkt, dass die Schaffnerin ja auch mal schlafen muss, nicht wirklich praktikabel. Die zweite Tür ließ sich öffnen. Statt des schlummernden Levi blickte ich in das erst erboste und dann lächelnde Gesicht des jungen Mannes, der neben uns wohnte. Hinter der dritten Tür fand ich endlich unser kleines Nest und meinen schlafenden Sohn.

Ich verbrenne mir den Mund am Tee und stelle fest, dass ich keine Vorstellungen davon habe, was mich und uns die nächsten fünf Tage erwartet. Dass ich keinen Plan habe, was ich die nächsten fünf Stunden, geschweige denn die nächsten fünf Tage mit Levi in diesem Zug anstellen soll. Lesen, Musik hören, aus dem Fenster schauen, all das wird nur bedingt mit Levi funktionieren. Und der wacht bald auf. Und dann?

Eine Stunde später sitzen Levi und ich im Zugrestaurant. Ich bin überwältigt von der zwölfseitigen russisch-englischen Auswahl an Speisen und Getränken. Die Reiseführer hatten vor der eher spärlichen Verpflegung im Zug gewarnt. Ich rechne also mit einer eingeschränkten Verfügbarkeit und bilde im Kopf eine Favoritenliste von fünf Gerichten. Zwei Kellnerinnen herrschen über den Restaurantwagen: eine ältere, offensichtlich weisungsbefugte, schwer Beschäftigte und eine jüngere, gelangweilte, grimmig dreinblickende mit Zeitlupensyndrom und ohne erkennbare Aufgabe. Ohne mit der Wimper zu zucken, nimmt die Ältere unsere Bestellung auf.

Außer mir sitzt noch eine Frau um die 45 vor einer Wasserflasche und einem randvollen Glas an einem der

Vierertische aus beigem Plastik, die sich rechts und links vom Gang wie in einem altmodischen Klassenzimmer aufreihen. Am vorderen Waggonende eine Bar mit Kasse, am hinteren Ende eine Ausstellung an Süßwaren und Getränkedosen, die man zum Verzehr im eigenen Abteil erwerben kann: Snickers, Cola, Wasser, Gummibärchen, Fünfminutenterrine, Bier. Zwei Männer sitzen am hintersten Tisch und spielen Karten. Levi und ich haben in der Mitte des Waggons Platz genommen, in Fahrtrichtung, und beobachten die vorbeiratternden Birken.

Als unser Frühstück in Form von dampfenden Rühreiern, Brot und Orangensaft vor uns steht und ich zum vierten Mal versuche, die ältere Kellnerin dazu zu überreden, Levis Frühstücksbrei in der Mikrowelle aufzuwärmen, setzt sich die 45-jährige Frau zu uns und möchte die Sache in die Hand nehmen. Aufwärmen, tippe ich in die Übersetzungs-App meines iPhones. Sie nickt, spricht mit der jüngeren Kellnerin, und Sekunden später ergießt sich ein großer Schwall eiskalten Wassers in Levis Teller. Selbst für meinen rechten Oberschenkel reicht der Schwall. Erwartungsfroh schaut mich Ina aus Nowosibirsk unter schweren halb geschlossenen Augenlidern an. Ihre Schwester lebt in den USA, und im Juni haben beide sich in der Dominikanischen Republik getroffen, schließe ich aus Inas Ausführungen auf Russisch, Englisch und Zeichensprachlerisch. Mit zitternder Hand hält sie Levi einen Löffel kalten Wasserbrei vor die Nase. Dieser widmet sich lieber den rosa Plastikblumen, die – so weiß ich aus Peter Flemings Reiseerzählung *Mit mir allein** – schon 1933 dort gestanden haben, dem Serviettenspender und dem jetzt ihm gehörenden Rührei. Ina schwenkt um auf 100 Pro-

---

* Peter Fleming: *Mit mir allein. Eine Reise nach China*, Berlin 1936.

zent Russisch – zumindest interpretiere ich es so. Ihre Worte werden lauter, ihre Armbewegungen immer ausladender. Viel zu spät kommt mir der Gedanke, dass ihr Glas und die dazugehörige etikettfreie Flasche nicht Wasser, sondern Wodka enthalten könnten. Hilfe suchend blicke ich mich um.

Ina nimmt meine Hand. Tränen stehen in ihren Augen. Die Kartenspieler haben mittlerweile ihre Hemden ausgezogen, Schweiß perlt auf ihren Köpfen, die im Unterschied zu ihren Rücken nur spärlich behaart sind. Ihre Hälse zieren dicke Ketten mit Kruzifix – eines gelb, das andere silberfarben und beide mit glitzernden Steinchen verziert. Ihre weißen Bäuche drücken gegen das Plastiktischchen. Gestenreich wirft der eine seine Karten auf den Tisch, flucht und greift nach dem Plastikbecher vor sich, den ich bis vor wenigen Sekunden noch als Wasserbecher identifiziert hätte – immerhin ist es noch früh am Morgen –, nimmt einen Viertelliterschluck, lacht und winkt mir begleitet von einem Schwall russischer Worte zu. Alarmstufe rot.

In Sankt Petersburg hatte ich schon bemerkt, dass mich viele Menschen – vermutlich aufgrund meiner hohen Wangenknochen und grünen Augen – für eine Russin hielten. Da mir nichts Besseres einfällt, als dämlich zu grinsen, setzt sich der silberne Kartenspieler an unseren Tisch, neben Ina. Er: mindestens 190 Zentimeter groß und fleischige 120 Kilo schwer, mit gerötetem Gesicht, in hellgrauen Dreiviertelhosen, braunen Slippern. Sie: 155 Zentimeter klein, geschätzte 45 Kilo leicht, schwarze Leggings, ein mit mir unbekannten Comicfiguren verziertes T-Shirt, grüne Plastikcrocs, halblange weißblonde Haare mit sehr dunklem Ansatz über bleichem Gesicht mit schwarzen Augenringen. Ein Traumpaar.

Plötzlich ist auch die ältere Kellnerin wieder da, zeigt

auf Levi und fragt: »*Baikal?*« Das hintere »a« verschmilzt dabei mit dem »l« zu einem osteuropäischen Singsang. Klingt ein bisschen nach Rheinländern, die Karl sagen: de Kall. »*Da*«, sage ich, eines der wenigen russischen Worte, das ich kenne, und strahle, dankbar für den Rettungsreifen im Wodkameer, das sich immer bedrohlicher vor mir aufschaukelt. Levi studiert die letzte der Servietten aus dem Spender. Die anderen sieben liegen als zerrissenes Häufchen in der Mitte unseres Tisches. Die Kellnerin reißt die Augen auf, ruft »*Baikal!*«, zeigt auf Levi, lässt die Mundwinkel fallen, schüttelt dazu ihren braun belockten Kopf, reckt die Arme gen Waggondecke und verschwindet vor sich hin schimpfend in einem Kabuff, in dem ich die Restaurantküche vermute.

Sechs schweigende Augenpaare sind auf uns gerichtet. Ich lache dagegen an, werfe ein wenig Serviettenkonfetti auf Levi und rufe leise: »*Baikaallll!*« Begeistert lacht Levi dazu.

Nun steht auch der Goldkettenträger auf, sackt zurück auf die Bank, versucht es erneut und baut sich neben unserem Tisch auf, legt mir seine rechte Hand auf die linke Schulter, lacht ein Lachen, das den Zug fast aus den Gleisen springen lässt, und hält mir ein volles Glas, welches ich nun eindeutig als Wodka identifiziere, unter die Nase und ruft: »*Baikal!*« Ich erhebe mein Orangensaftglas, erwidere seinen Ruf, versuche dabei, den A-l-Singsang möglichst russisch auszusprechen, und stoße mit den dreien an. Levi hält mit beiden Händen seine Milchflasche umschlungen und schiebt sie in die Mitte des Tisches, begleitet von einem lauten Dadadaaaat. Unsere neuen russischen Freunde schenken sich noch eine Runde ein. Drei gut gefüllte Wodkagläser und eine halb leere Milchflasche treffen sich über acht zerrissenen Papierservietten. Zwei fleischige Pranken tätscheln liebevoll

Levis Schultern und winken uns nach, als wir ein kleines bisschen wehmütig Richtung Waggon Nummer 7 entkommen.

Ein Fußball für die Völkerverständigung

Nur ein vor sich hin dösender, mit türkisfarbenem Teppich und mittelbraunem Holzfurnier dekorierter Erste-Klasse-Waggon trennt den als Zugrestaurant getarnten Wodkasaloon von unserer quadratisch-praktischen Wohnbox. Acht der neun Abteiltüren stehen offen, nichts deutet auf Reisende hin. Da ich mit Levi gerne erster Klasse gebucht hätte, die laut Aussage aller dazu befragter möglicher Erfüllungsgehilfen jedoch ausgebucht war, bleibe ich irritiert vor der letzten offenen Tür stehen. Die Bänke sind statt mit rotbraunem Plastik mit türkisfarbenem Stoff bezogen, und anstelle der oberen Pritschen prangt ein Fernseher an der Wand. Ich verschwinde mit Levi in die Erste-Klasse-Toilette, kann keinen Unterschied zu der in der zweiten Klasse feststellen und öffne gedankenversunken die Verbindungstür zu Waggon 7. Fröhliches Geschnatter, Kinderlachen und Musik schlagen uns entgegen. Es wirkt heller und dichter als in der ersten Klasse. Nicht so plüschig. Irgendwie reisemäßiger.

Eine große blonde Frau in schwarzer Jogginghose sitzt auf einem der ausklappbaren Hocker im Gang und schaut leicht entrückt aus dem Fenster. Eine vierköpfige Familie mit zwei Söhnen im Teenageralter spielt in ihrem offenen Abteil Karten – die Männer in blauen Trainingsanzügen, die Frau in einem roten Modell. Ein Mobiltelefon baumelt an einer der zwei Steckdosen im Gang, und die blonde Schaffnerin arbeitet sich mit einer Mülltüte bewaffnet und einem Lächeln im Gesicht von Abteil zu Abteil. Sie hat ihre Begrüßungsuniform – schwarzer Rock mit weißer Bluse – abgelegt und trägt jetzt ein hellblaugraues Arbeitskleid. Ein kleines Mädchen in pinken Plastiksandalen und türkisfarbenem Kleid stolpert über meine Füße, und ich beschließe, die Umbuchung in die erste Klasse gar nicht erst in Angriff zu nehmen.

In unserem Abteil lasse ich die Tür offen und blase vor Levis erstaunten Augen eine formlose blau-bunte Plastikmasse zu einer Weltkugel von 30 Zentimetern Durchmesser auf. Olga hat die Mülltüte irgendwo verstaut und entert mit einem Staubsauger unser Abteil, wirft Levi, der sich aus Respekt vor dem dröhnenden blauen Monster in die hinterste Ecke unserer Bettbank verkrümelt hat, mit einem spitzbübischen Lächeln den Weltenschwimmball zu und entschwindet Richtung Nachbarabteil.

Und Levi hinterher. Krabbelnd. Die Weltkugel mit seinen Händen vor sich her dribbelnd. Begleitet von lautem Glucksen. Einige kurze Momente sitze ich allein in unserem Abteil. Höre Levis hohes Quieken, gedämpft durch den Staubsaugerlärm, das Rattern und die Abteilwand. Ich schließe meine Augen und versuche, all meine positive Energie zu sammeln, die ich bestimmt gleich brauchen werde, um gegen die von Levis Ballspiel genervten Mitreisenden anzulächeln.

Als ich meine Augen wieder öffne, sehe ich Levis Füße und einen türkisen Rockzipfel am rechten Rand meines Blickfelds verschwinden. Das dreijährige Mädchen mit den pinken Plastiksandalen entpuppt sich als Fußballkönigin. Auf dem frisch gesaugten Gangboden dribbelt sie laut lachend mit Levis Weltkugel Richtung Samowar. Am Ende des Teppichs angekommen, vollzieht sie eine geschickte 180-Grad-Drehung und schießt dem ihr immer noch in voller Geschwindigkeit in die ursprüngliche Richtung hinterherkrabbelnden Levi den Ball in sein bis dahin glückliches Gesicht. Sofort läuft die ältere Dame unseres Nachbarabteils zum Ort des Geschehens und schimpft auf das Mädchen ein. Diese senkt den Kopf, verschränkt die Arme vor der Brust, zieht eine Schnute und blitzt Levi aus Augenschlitzen an. Die alte Dame kramt ein Taschentuch aus ihrer Hosentasche und putzt Levis Hände. Ich kämpfe gegen mein aufsteigendes schlechtes Gewissen an, dass ich Levi auf diesem sicher nicht keimfreien Boden krabbeln lasse, nehme den Ball, frage die Dame: »Okay?« und werfe ihn dem Mädchen zu. Diese schaltet sofort wieder um auf Lächeln und dribbelt mit Levi an ihren Fersen den 25 Meter langen Gang Richtung Toiletten.

Die Dame entpuppt sich als Ritas Oma und ist gemeinsam mit ihrer dreijährigen Enkelin und deren Vater auf dem Weg nach Irkutsk. Nach Hause. Als Levi und Rita zum vierten Mal bei uns vorbeistürmen, mustert die Oma die roten Punkte in Levis Gesicht – Souvenirs in Form von Mückenstichen an unsere Nächte im Hotel *Europa* in Sankt Petersburg. In leisem, ernstem Ton spricht sie mit Rita, die daraufhin wieder in ihre regungslose Schmollhaltung verfällt: Gesicht geneigt, angelehnt an die Zugwand, blitzende Augenschlitze und Schnute. Ich zeige auf Levis Stiche und sage: »Okay.« Die Oma schaut mich ernst an. Ich hebe den Zeigefinger meiner rechten Hand, lasse ihn durch die Luft fliegen und versuche möglichst echte Mückengeräusche zustande zu bringen. Omas Miene hellt sich nicht auf. Auch nicht, als mein Zeigefinger auf Levis Gesicht landet und ihn sticht. Rita, die meinen Finger genau beobachtet hat, sagt etwas zur Oma, woraufhin sich deren Blick ein wenig aufhellt. »*Da*«, sage ich, weil ich überzeugt davon bin, dass Rita mich richtig verstanden hat. Nur um sicherzugehen, tippe ich »Nicht

Masern, Mückenstiche« in die Übersetzungs-App meines iPhones, und die Dame strahlt.

Mittlerweile recken sich sieben Köpfe aus vier Abteilen und kommentieren fröhlich lachend das laute Treiben vor ihren Türen. Ich setze mich neben die blonde Frau auf einen Hocker im Zuggang und klatsche mit den anderen, wenn Levi mal den Ball von Rita stibitzt, oder rufe begeistert, wenn Rita bei der Wende ein geschickter Lupfer über Levi gelingt. Wie heißt er? Wie alt ist er?, verstehe ich die auf Russisch gestellten Fragen hoffentlich richtig. Auf meine zehn Monate symbolisierende Geste ernte ich erstaunte Gesichter. Wo wir herkommen, fragt Ritas Vater, der sich zu mir und der blonden Frau stellt und dessen Gesicht ich von gestern Nacht schon kenne. Er trägt Surfershorts, ein weißes T-Shirt und Badelatschen, wie die meisten der Mitreisenden. Ich greife mir den Weltenfußball und zeige auf München. »*Germani*«, sagt Ritas Vater mit großen Augen. Dann zeigt er auf Irkutsk, misst mit Zeigefinger und Daumen seiner rechten Hand den Abstand zwischen München und Irkutsk – gute 20 Zentimeter – und lacht. Seine Frau, Ritas Mutter, war weinend am Bahnhof von Sankt Petersburg zurückgeblieben. Wegen ihrer Arbeit. Auf einem Schiff, wenn ich die Umrisse, die Sergei in die Luft malt, richtig deute. Dann nimmt er einen imaginären Löffel in die Hand und beginnt zu essen. Aha, denke ich. Auf einem Boot, auf dem man essen kann – also Kellnerin auf einem Kreuzfahrtschiff oder Köchin auf einer Fähre durch die Ostsee, oder Kapitänin auf einem Restaurantschiff wie der *Volga Volga*, mit der Levi und ich in Sankt Petersburg über die Newa geschippert sind, den Fluss, der durch Sankt Petersburg fließt und die vielen kleinen Kanäle speist, die Peter der Große hat anlegen lassen, um ein zweites und besseres Venedig zu bauen.

Auf der *Volga Volga* hatten Levi und ich Elena kennengelernt, eine Reise- und Eventunternehmerin aus Sankt
Petersburg, die gerade die Hochzeit eines französischen
Millionärs mit einem russischen Model organisiert hatte
und sich zur Feier des erfolgreichen Festes mit der *Volga
Volga* selbst belohnte. Da die Newa mir täglich Lust auf
das Meer machte, fragte ich Elena nach ihrer Empfehlung
für die nahen Ostseestrände. Ohne nachzudenken, empfahl sie den Strand von Repino. Dort gebe es das *Makarel*,
ein Strandbudenrestaurant, das uns sicher gefallen würde.
Ihre Augen lachten dabei verschwörerisch. War ich so
leicht zu durchschauen? Oder stand dort im wehenden
Wind und mit dem Winterpalast im Hintergrund eine
Seelenverwandte?

Als Markus, Levi und ich drei Tage später ein Taxi bestiegen und voller Vorfreude »Repino« sagten, vertiefte
sich der Fahrer für zehn Minuten in einen Straßenatlas.
Nach 40 Minuten Fahrt, während der das Wetter achtmal
wechselte – Sonne, Regen, Wolken, Sonne, Regenguss,
Wolken, Wolkenbruch, Sonne –, normales Sankt Petersburger Wetter also, saßen wir mit den Füßen im Sand
und Blick auf eine Bucht so groß wie der Bodensee vor
blau-türkisem Wasser. Kein Wind. Keine Wellen. Am gegenüberliegenden Ufer meinte ich eine Kuppelkathe-
drale erspähen zu können, die mich sofort aufforderte, sie
doch beim nächsten Russlandbesuch von Nahem anzuschauen.

Wir aßen Fisch, Tintenfisch und Garnelen – einfach
gegrillt, aber beste Zutaten, so wie ich es am liebsten
mag. Wir tranken Weißwein und bauten Sandburgen, als
Elena auftauchte und uns Peter, ihren Lebensgefährten,

vorstellte. Peter ist Manager in einem Energiekonzern und investiert ansonsten in interessante Geschäftsideen. Zum Beispiel in Elenas Touristikunternehmen. Elena hat aus erster Ehe einen 29-jährigen Sohn. Der arbeite derzeit in China und fühle sich einsam. Elena und Peter reisen viel gemeinsam. Lachend stellten wir fest, dass wir vier nicht nur zahlreiche Orte in Südamerika, Asien oder Europa gleichermaßen gut kannten, sondern auch von denselben Strandbuden, Restaurants und Ecken zum Einfach-nur-Rumhängen schwärmten. Peter und Elena lieben Brasilien besonders und planten, in diesem Jahr in der Normandie zu überwintern. Beide waren noch nicht mit der Transsibirischen Eisenbahn gereist und hatten es auch nicht vor. Sie reisten generell nur aus beruflichen Gründen durch Russland und nur mit dem Flugzeug. »Mutig«, sagten beide, als ich erklärte, dass Markus uns nicht weiter begleiten, sondern uns erst wieder in der Mongolei besuchen würde.

»Du reist sicher in diesem Luxuszug, wie heißt der doch gleich?«, hatte Peter gefragt.

»*Zarengold*«, sagte Elena.

»Ja«, log ich, weil ich Angst davor hatte, dass Peter mir mit Horrorgeschichten aus der normalen, nicht für touristische Zwecke gebauten Transsib mein Vorhaben, kurz bevor es richtig losging, madig machen könnte.

Die beiden nahmen uns in ihrem Jeep mit zurück nach Sankt Petersburg und luden uns zu einer Sundowner-Fahrt auf ihr kleines Holzboot ein. Sie zeigten uns die Insel Neuholland in der Nähe des Mariinskitheaters. Roman Abramowitsch hatte die Insel gekauft, erfuhren wir. Und Sir Norman Foster baut sie für ihn in ein Shopping-Erlebniscenter um.

Das Abendlicht tauchte das Venedig Russlands in einen goldenen Farbtopf. Levi schnarchte zufrieden im Maxi-

Cosi. Irgendwann zwischen Plaudern, Staunen und Schweigen checkte ich zum wiederholten Mal Levis Atem und seine Körpertemperatur, und mir wurde kalt. Ich konnte das Blut in meinen Ohren rauschen hören. Die Haare in seinem Nacken waren nass. Seine Stirn fühlte sich heiß an. Levis Haut schimmerte gelblich. Gelbsucht, schoss es mir sofort durch den Kopf. Ich setzte mich hin. Gelbsucht hat doch was mit mangelnder Hygiene zu tun? Sofort fielen mir die zahlreichen Male ein, die ich ihn im Hotelbad hatte herumkrabbeln lassen. Sich an der Toilette in den Stand zu ziehen war sein Lieblingssport. Bei geschlossener Toilette natürlich. Meistens. Wenn er Gelbsucht hat, blase ich die Reise ab, dachte ich. Alle weiteren Reisen. Nie wieder Abenteuer. Der arme kleine Kerl. Mein schlechtes Gewissen drohte mich zu verschlingen, also verabschiedeten wir uns von Elena und Peter und eilten ins Hotel.

Der bedrohliche große Bruder des Glücksgefühls, ein Kind zu bekommen beziehungsweise eines zu haben, war mitgereist: die Angst, dem Kind könnte etwas fehlen. Mit der Freude über den positiven Schwangerschaftstest zog auch die Sorge ein, das Baby möge doch bitte die ersten zwölf Wochen überstehen. Gefolgt von der Angst, bei den diversen Schwangerschaftsuntersuchungen könnten Fehlbildungen festgestellt werden, bei der Geburt könnte etwas mit der Sauerstoffversorgung schiefgehen, bis hin zu den derzeit aktuellen Sorgen: Warum atmet er so seltsam? Warum brüllt er wie am Spieß? Plötzlicher Kindstod? Dabei bin ich eigentlich kein ängstlicher Mensch. Und vor Levi hatte ich nie dazu geneigt, mir die schlimmsten Dinge auszumalen. Warum dann jetzt? Über Levis schlafenden Kopf hinweg diskutierte ich mit Markus, ob ich Levi zu viel zumutete.

Das Internet wusste, dass Gelbsucht eine Inkubationszeit von zwei bis vier Wochen hat – und somit nichts mit unserer Reise zu tun haben konnte. Das Internet wusste auch, dass Gelbsucht meistens unproblematisch verläuft und mit Ruhe und viel trinken in der Regel hinreichend therapiert sei. Puh.

Wir nahmen Levi aus dem Maxi-Cosi, legten ihn ins Bett, und innerhalb weniger Minuten war seine Stirn wieder wohltemperiert. Es wurde dunkel, und die Gelbsucht verschwand von Levis zunehmend rosig schimmernder Babyhaut. Erleichtert tranken wir Tee auf unserer Terrasse. Aber ein Stück der Unruhe blieb in meinem Hinterkopf: Wie belastbar ist meine Suche nach unserem Lebensmodell? Wie leicht kann etwas passieren, das mich unser Vorhaben abbrechen lässt?

Von der Transsib nach Transsibirien

Sergeis Augen strahlen und weinen gleichzeitig, als er von seiner Frau erzählt. Und auch ich werde wehmütig: Mit einem Boot, am besten einem Frachter oder einem Fischerboot, über die Meere schippern – das möchte ich unbedingt mal machen. Liegt vielleicht an meinen Seefahrergenen – soweit mein Stammbaum mütterlicherseits zurückzuverfolgen ist, waren die Männer ausnahmslos Kapitäne auf den Weltmeeren. Und auch Levi hatte an Bord des Newakreuzers seine Hände an der Reling verkrallt und gebannt auf die Wellen und vorbeifahrenden Schiffe geschaut. Minutenlang. Mit angespanntem Körper und vorgereckter Nase. Vielleicht hat er ja das Fernsuchtgen von mir geerbt, mein kleiner Sohn?

Jetzt zupft er an meinem Hosenbein, anscheinend

braucht er eine Pause. Und so schließe ich die Abteiltür hinter uns, gebe Levi sein Mittagessen – im Wasserbad der Thermostasse aufgewärmte Biopute auf Reis von Hipp –, lese ihm aus einem Bilderbuch vor und betrachte wenig später das entspannte Gesicht meines schlafenden Sohnes. Der ganze Zug ist eine große Babywiege. Es gibt nichts zu tun, außer zu dösen. Ich schaue aus dem Fenster und sehe Birken. Aber diesmal habe ich den Eindruck, dass nicht der Zug an den Birken vorbeirast, sondern die Birken am Zug. Der Zug ist nicht länger reines Vehikel, kein bloßes Verkehrsmittel. Er fühlt sich auf einmal an wie ein eigener Ort. Wie Transsibirien. Wir fahren nicht daran vorbei, sondern sind mittendrin. Transsibirien ist warm und laut. Das gleichmäßige Rattern wie ein entspannter Herzschlag. Es schüttelt mich durch. Sanft, aber permanent. Rhythmisch. So müssen sich Babys im Bauch der Mutter fühlen, denke ich und schlafe ein.

Als ich aufwache, habe ich Lust auf Bewegung. Da der erste Stopp noch in weiter Ferne liegt und der Zug lang ist, schnalle ich mir Levi in der Babytrage vor den Bauch und laufe in entgegengesetzter Richtung zum Zugsrestaurant. Nach der erfolgreichen Durchquerung von zwei weiteren Zweite-Klasse-Waggons stehen wir inmitten eines Dritte-Klasse-Wagens, einer Art Großraumschlafwagen: keine Abteile, achtzig Betten. Die Augen der verantwortlichen Waggonschaffnerin blitzen mich an, und ihre Geste ist eindeutig: Wir müssen zurück.

Alle Bewohner dieses Waggons sehen russisch aus. Und auch alle Reisende, an denen ich mit Levi vorbeigewandert bin, haben Russisch gesprochen. Niemanden also, den ich nach dem Grund für den eingeschränkten Aktionsradius fragen könnte. Und auch der Reiseführer hatte mich nicht darauf vorbereitet. Levi zeigt mit seinem Finger in die verbotene Richtung und sagt: »Da!« Mit einem imaginären Besen wedelt die Waggonschaffnerin uns endgültig aus ihrem Verantwortungsbereich. Levi fängt an zu weinen, und ich weiß nicht, wie ich ihm erklären soll, dass wir nicht weiter dürfen. Also erfinde ich etwas und sage mit ernster Miene: »Wir dürfen nur bis zum Restaurant laufen, weil sonst zu viele Menschen an unserem Abteil vorbeilaufen würden, und dann könntest du nicht mehr ungestört mit Rita Ball spielen.« Irgendeinen Grund wird es schon geben.

Zurück in der legalen Welt begrüßt die brünette Sonia mich mit einem Lächeln und Levi mit einem Kniff in seine linke Wange. Ritas Oma bietet uns Weintrauben an, und selbst die Mutter der zwei Teenager blickt kurz von ihrem Buch auf und winkt.

Olga kommt zu mir und sagt: »Es ist besser, wenn du hierbleibst!«

»Okay«, sage ich und versuche ihr zu erklären, dass es mit Levi guttut, ein bisschen zu laufen.

Nach zehn Minuten steht Olga wieder vor mir und sagt: »Jetzt ist es doch in Ordnung, wenn du im Zug herumlaufen möchtest!« Und zwinkert mit ihrem rechten Auge.

Die blonde Mitbewohnerin in Ritas Familienabteil schläft auf einer der oberen Pritschen, und Ritas Augen strahlen: In ihren Händen hält sie einen Ball in Melonendesign. Die nächste Dreiviertelstunde sind Levi und Rita in ihr Fußball-Handball-Spiel vertieft. Ganz selten benötigen sie mich als Schiedsrichterin, Balleinwerferin oder Begrenzungspfosten: Die teppichlosen Vorräume zur Toilette und zum Samowar sind tabu. Unsere Mitbewohner stolpern lachend über das rasende Knäuel, und auch unsere Waggonschaffnerin Olga beweist mit Bravour und einem Dauergrinsen im Gesicht, dass sie ihren Pflichten auch über Kinder hüpfend und scharf geschossenen Bällen ausweichend nachzukommen versteht.

Zum Abendessen teilen Levi und ich uns das Zugrestaurant nur mit dem jungen russischen Paar aus der ersten
Klasse. Nachdem ich genussvoll die zwölfseitige Speise-
karte gelesen habe – von Borschtsch über Wiener Schnit-
zel bis hin zu Fisch wird wirklich für jeden Geschmack
etwas angeboten –, entscheide ich mich für gegrillten
Lachs mit Gemüse. Fünfzehn Minuten später stehen der
Lachs und das Gemüse dampfend vor uns und schmecken wirklich gut. Aufgrund der Warnungen in diversen
Transsibreiseführern habe ich weder mit einer derart großen Auswahl an Speisen noch mit deren tatsächlicher
Verfügbarkeit und Schmackhaftigkeit gerechnet.

»In Perm auf dem Bahnsteig werde ich frische Blinis
kaufen«, interpretiere ich den russischen Satz von Ritas
Oma, der die Worte Perm und Blinis enthält und von
ihren aufgerissenen Augen und einer Hand, die über den
Bauch streicht, begleitet wird. Levi, der auf meiner Hüfte
sitzt und die Oma beobachtet, sagt laut »Mmmhhhhh«
und reißt seine Augen ganz weit dazu auf, so wie wir es
oft gemeinsam beim Vorbereiten seines Essens machen.
Indem ich mit bedauerndem Blick auf meine Uhr zeige,
versuche ich ihr zu verstehen zu geben, dass wir erst um
Mitternacht im Perm halten und ich da vermutlich den
schlafenden Levi zu bewachen habe. Kein Problem, sagt
sie mit einer Handbewegung und zeigt auf sich. Super,
gebe ich mit nach oben gerecktem Daumen zu verstehen
und krame in meiner mit zahlreichen Taschen ausgestatteten Trekkinghose nach Geld. Nach einem Blick darauf
schaut Ritas Oma an die Zugdecke und macht eine aus-
ladende Bewegung mit den Armen. Sie greift nach dem
Geldbündel in meiner Hand, nimmt sich einen 200-Ru-
bel-Schein und deutet einen dicken Bauch an. Scheinbar
kann ich so viel gar nicht essen, wie sie für mein erstes
Gebot hätte kaufen können. Oder selbst mit dem kleine-

ren Schein kann ich mir einen Bauch anessen? Wir werden sehen. Dankbar streiche ich über ihren Unterarm. So etwas mache ich in München selten.

Nachdem Levi zufrieden grunzend eingeschlafen ist, stelle ich mich bei offener Abteiltür noch mal auf den Gang und schaue aus dem Fenster in die sternenbeleuchtete Dunkelheit. Die Birken sind nur noch schemenhaft zu erahnen. Das Rattern der Eisenbahn hallt in meinem Körper wider und lässt meinen Kopf zur Ruhe kommen. Das Leben in der Transsib ist wie Konzentrat. Heute hat der Zug eine Berg- und Talfahrt für mich veranstaltet – obwohl die Landschaft draußen schnurgerade an uns vorbeizog.

Ich mag sie sehr, die Russen

»*Good night*«, sage ich zu Ritas Vater, der in seinem Abteil sitzt. Nur seine Füße und seine Nase ragen auf den Gang heraus. »Gute Nacht«, sagt dieser auf Russisch und: »Perm«, reckt seinen Daumen nach oben und grinst mich an. Der Gedanke, dass er oder seine Mutter mitten in der Nacht auf einem dunklen windigen Bahnsteig von einem müden Mütterchen in Blümchenkleid – zumindest sahen die Verkäuferinnen auf den Bahnsteigen in den Reiseführern immer so aus – für Levi und mich dampfende Blinis einkaufen, fühlt sich an, wie nach einem 1200-Höhenmeter-Trekkingtag müde und durchgefroren in die Berghütte einzutreten, in der ein Kaminfeuer brennt, es nach frischem Germknödel duftet und der Wirt eine heiße Schokolade vor dich hinstellt. Oder ein Bier.

Nach 28 Stunden in der Transsibirischen Eisenbahn bestätigt sich, was ich in Sankt Petersburg schon zu spüren begonnen hatte: Ich fühle mich wohl bei den Russen.

Am Flughafen von Sankt Petersburg deutete es sich bereits an: Nach knappen drei Stunden Flug hatte uns die Lufthansa an einer Flughafenbaracke mit kyrillischen Schriftzeichen ausgekippt, und mein erster Gedanke war: Sind wir irgendwo notgelandet? Das Flughafengebäude erinnerte an eine Schuhschachtel mit Patina und passte so gar nicht zu meinen Vorstellungen über das Drehkreuz einer pulsierenden Metropole. Das Innenleben der Schuhbox war auf den ersten äußeren Eindruck abgestimmt: Ich stand mit Levi, dem Kinderwagen, dem Seesack und einem 35-Liter-Rucksack im ersten Stock, die Einreiseboxen befanden sich im Erdgeschoss. Die Rolltreppen funktionierten nicht, ein Lift war nicht vorhanden, und die Menschenschlangen schlängelten sich in mehreren Schleifen vor jeder Box.

»Das wird Stunden dauern«, dachte ich, als ein junger Mann aufsprang und mir in zwei Gängen unser Handgepäck an der wartenden Menschenmasse vorbeitrug und es direkt unter einem der Beamtenfenster abstellte. Er sprach kurz mit dem Geschäftsmann, der eigentlich an der Reihe war, der nickte, und fünf Minuten später standen Levi und ich unter den Ersten am Gepäckband.

Der Taxifahrer war eigentlich Seemann und nun auf Probe an Land geblieben, um seine Ehe zu retten. Er erzählte von den auf See bestandenen Abenteuern und der furchtbaren Enge an Land. Ich erzählte von meinen Seefahrergenen, der vermutlich daher stammenden Liebe zum Meer und zum Unterwegssein sowie von meinem Urgroßvater, der in Sankt Petersburg gelebt hatte. Als Piotr mich vor dem Hotel *Europa* ablud, fühlte es sich an, wie nach einer langen Reise nach Hause zu kommen. Valentina begrüßte uns wie alte Freunde, schenkte Levi

einen Hotel-*Europa*-Bären und empfahl uns einen kin-
derwagentauglichen Spaziergang entlang des Lebyazhyey-
Kanals bis hin zur Troizki-Brücke mit Blick auf das Fort
Peter und Paul. Sie empfahl uns, in der von Russen viel
besuchten Hotelbar etwas zu trinken, am frühen Abend
mit dem kleinen hölzernen Hotelboot eine Runde durch
die Kanäle zu drehen – um einen schönen ersten Eindruck zu bekommen – und später in der Kaviarbar gegenüber etwas zu essen. Als ich gegen 21 Uhr mit dem
schlafenden Levi im Maxi-Cosi in dem edlen Restaurant
einlief, das ich mit Paaren und einer größeren Gesellschaft teilte, bekam ich einen großen Tisch vor einem
riesigen Spiegel mit Blick auf die Violinisten und die
Sängerin, die unserem Auftaktessen eine feierliche Note
verliehen. Und eine Wodkaverköstigung auf Kosten des
Hauses, die mein Kellner mit der Frage nach meinem
Lieblingswodka einleitete, wobei er mich auf meine Antwort »Grasovka und Belvedere« hin milde anlächelte:
»Jetzt lernen Sie Wodka kennen, meine Dame.«

Als ich mich am nächsten Tag mit Levi in der Babytrage vor dem Bauch auf eine Erkundungswanderung
zwischen Eremitage, Mariinski, Sankt-Isaaks-Kathedrale
und der an Wien erinnernden Kaffeehaustradition begab,
wurden wir mindestens zwölfmal auf Russisch angesprochen. Fünfmal verstand ich, dass ich nach dem Weg
gefragt wurde, aber nicht, wohin, und konnte keine Auskunft geben. Die anderen sieben Male hatte ich keine
Ahnung, was der Fragensteller von mir wollte. Alle waren sie jedoch überrascht, dass ich keine Russin bin. Ob
das an Levi oder an meinem Gesicht lag, konnte ich leider
nicht fragen. So oder so fühlte es sich aufregend und ent-
spannend zugleich an, in den Augen der Passanten zu
dieser Stadt zu gehören. Als ich mich nach dem Besuch
des leider geschlossenen Mariinskitheaters, dem Besteigen

der Kathedrale des heiligen Isaaks und einer ausgedehnten Pause im *W Hotel*, in dem sich die kreative Szene Petersburgs mit einer internationalen Gästeschar mischt, auf dem Rückweg zu unserem Hotel zu weit rechts hielt und immer tiefer in ein zunehmend verfallen wirkendes Viertel eindrang, stieg die Zahl derer, die uns anstarrten und ansprachen, rapide an, sodass ich mich spontan entschloss, der wie eine Rettungsboje aus dem grauen Straßenmeer herausragenden Kneipe einen Besuch abzustatten.

»*Priviet*«, rief ich in die Runde stark geschminkter Frauen mit Röcken, so kurz, dass sie den Namen eigentlich nicht verdienten, und Schuhen von mindestens zwölf Zentimetern Höhe. Sie liefen darin so trittsicher wie ich in meinen Wanderschuhen zur Meilerhütte. Sie teilten sich den Laden mit angegrauten Männern in Arbeiterkleidung. An einigen wenigen Tischen saßen junge Paare, die ich für Studenten hielt, was mich beruhigte. Ich bestellte einen Tee für mich und bekam noch ein Glas Milch für Levi dazu. Das Ambiente erinnerte an Sankt Pauli, und ich fragte mich, ob ich hier in einem Etablissement gelandet war. Ich fand es abschließend nicht heraus, dafür aber eine Führerin, die uns, als sie mich meinen Stadtplan studieren sah, mit einer Geste fragte, wohin wir denn wollten. Ich zeigte auf die Auferstehungskirche, auf die ich von unserem Zimmer blickte, sie holte sich eine Jacke, und wir brachen auf. Wir gaben sicher ein lustiges Bild ab: ich in meinen flachen Sneakern und Levi vor dem Bauch und sie in High Heels mit Pomanschette. Wobei ich mich schwertat, mit ihren langen Beinen Schritt zu halten. Fünfzehn Minuten später nahm sie mich zum Abschied in den Arm und verschwand mit einem Anflug von Lächeln in der Menge.

Diese Mischung aus selbstverständlichem menschlichen Miteinander, herzlicher Hilfsbereitschaft und einer Serviceorientierung, deren Natürlichkeit nichts mit der oft ein wenig devot wirkenden asiatischen Beflissenheit oder dem professionell-leeren Lächeln, gepaart mit Standardfloskeln, unserer nordamerikanischen Freunde gemein hatte, beeindruckte mich tief. Die durchweg freundschaftlichen Begegnungen entfachten in mir nach nur drei Tagen in Sankt Petersburg ein zartes Gefühl von Vertrautheit.

Die russische Meisterschimpferin

Auch nach der zweiten Nacht in der Transsib wache ich vor Levi auf und kann mich entspannt in unserem Abteil frisch machen. Für einen Tag, der einen besonderen Höhepunkt bereithält: Nachdem wir planmäßig um Mitternacht Perm und unplanmäßig Jekaterinburg gegen sechs Uhr früh verschlafen haben, steht gegen 19.30 Uhr Omsk auf dem Fahrplan. Ich putze mir also die Zähne, spüle die Zahnpasta mit einem Schluck Samowarwasser herunter, säubere mich mit Feuchttüchern und einem in Samowarwasser eingetauchten Handtuchzipfel, wasche meine Haare unter Zuhilfenahme einer blauen Spraydose Trockenshampoo und lache mir in dem Spiegel, der unterhalb der oberen Pritsche angebracht ist, entgegen. Im Gegensatz zu gestern weiß ich heute, wie Levi und ich den Tag gestalten werden. Und darauf bin ich stolz. Und was sich noch besser anfühlt: Ich bin aufgeregt, aber nicht mehr ängstlich aufgeregt. Ich kann es nicht erwarten, dass Levi aufwacht und er beginnt: unser Tag 3 in der Transsibirischen Eisenbahn.

Der letzte Bissen meines Frühstücks ist noch nicht ge-

schluckt, als uns die ältere Kellnerin aus dem mit Jugend-
lichen in Tarnanzügen randvollen Zugrestaurant wedelt.
Eigentlich wollte ich, wie gestern, mit Levi noch eine
Weile im Zugrestaurant Menschen beobachten, auf eng-
lischsprachige Mitreisende warten oder mit wodkatrinken-
den Russen Karten spielen. Levi beobachtet auch
gerne Menschen. Als er vier Monate alt war, hat mich der
nette Tengelmann-Mitarbeiter hinter der Fischtheke verunsichert gefragt, warum mein Baby ihn so anstarre.

Kaum sind wir aufgestanden, sitzen auch schon vier der
Tarnanzugjungs an unserem Tisch. Vielleicht eine Elite-
ausbildungstruppe des KGB?

Gedankenversunken öffne ich die erste der zwei Türen, die den Restaurantwagen vom Erste-Klasse-Abteil in
Richtung Waggon 7 trennen, stehe im scheppernden
Zwischenraum und blicke nicht mehr ganz so ängstlich
wie gestern auf die vorbeirasenden Gleise. Levis Beine
umschlingen meine Hüfte etwas fester, und seine Hände
krallen sich an meiner Schulter fest. Seinen Kopf schiebt
er neugierig nach vorn, um den Boden zu beobachten.
Ich hüpfe über das nur von zwei schmalen Metallteilen
zusammengehaltene Nichts und drücke den gelb blin-
kenden Knopf auf der gegenüberliegenden Seite.

Und es geschieht nichts.

Ich drücke erneut. Wieder nichts.

Die Tür geht einfach nicht auf. Dafür schließt sich
die erste Tür, und wir sind gefangen in ohrenbetäuben-
dem Rattern und Scheppern. Und einem ungemütlich
verwirbelten Fahrtwind. Levis Klammergriff wird fester,
seine Unterlippe beginnt zu zittern, seine Augen suchen
meinen Blick. Passt schon, lächle ich ihm entgegen, wir
bezwingen das scheppernde Metallmonster! Nach dem
53. Versuch werde auch ich nervös, überlege, ob ich die
KGB-treue oder von Muttergefühlen getriebene Kell-

nerin um Hilfe bitten soll, entscheide mich aufgrund unserer Gläschenaufwärmpleite von gestern dagegen und versuche es ein 54. Mal. Mit einem raumschiffenterprisemäßigen Zischen öffnet sich die Tür, und wir hüpfen hinüber ans sichere Ufer. Statt Jubel, schwenkenden Fahnen oder zumindest einer euphorischen Umarmung begrüßt uns die jüngere Kellnerin mit einem grimmigen Gesicht und einem Schwall tendenziell nicht gut gemeinter Worte. Sie hält eine Zigarette in der einen und einen Schrubber in der anderen Hand. Den neben ihr platzierten Wassereimer haben wir bei unserem lebensrettenden Sprung nicht umgeworfen. Sie will, dass wir zurückgehen, in den Zwischenraum. Nein, schüttle ich den Kopf. Aber sie will uns nicht über den frisch gewischten Boden laufen lassen. Mit einer Hand zupft sie bestimmt an meinem rechten Arm, mit dem ich Levi halte. Mit einer abrupten Drehung nach links schüttle ich ihre Hand ab und stapfe über den jungfräulichen Boden, ohne Spuren zu hinterlassen, aber begleitet von einer Schimpfattacke, die sogar das Rattern des Zuges übertönt. Wie vom Blitz getroffen, bleibe ich stehen, drehe mich um und blicke auf das Namensschild meiner wutverzerrten Gegnerin – Yulia. Auch das noch. Zu mehr Gedanken kommt mein Kopf nicht, denn Yulia brüllt und schimpft wieder los.

Über die Besonderheit des Schimpfens im russischen Kulturkreis – dass es oft vorkommt und manchmal sogar liebevoll gemeint sein kann, und auch, dass Russen oft grimmig dreinschauen und sich die freundlichen Gesichter für Familie und Freunde aufheben sollen – hatte ich gelesen. Nun aber tatsächlich mit einer Meisterin des russischen Schimpfens und Grimmigdreinschauens konfrontiert zu sein bringt mein Blut zum Kochen. Mein Verstand sagt: Sie schimpft sehr laut und meint das bestimmt ganz besonders nett! Der Rest von mir findet das nicht überzeugend, und so brüllt mein Mund zurück. Auf Deutsch. Laut. Und nicht nett.

Immer noch erschrocken über mich selbst sitze ich wenig später im Abteil mit den Plätzen 21, 22, 23 und 24 und esse zur Beruhigung und auf der Suche nach meiner rosaroten Transsibbrille einen Schokoladenriegel.

25 Minuten

Draußen wartet Rita, mit einer gelben Handtasche mit Glasperlengriff in der Armbeuge und Plastikkakerlaken in den Händen. Sie würdigt Levi keines Blickes. Also drücke ich ihm sein *Wer brüllt denn da*-Buch mit echten Tierstimmen in die Hand. Levi bringt die Löwenmutter zum Brüllen, und das Eis ist gebrochen. Fast zwei Stunden lang toben Rita und Levi durch den Gang. Einige der Mitreisenden feuern die beiden an oder schlichten einen aufflackernden Streit, andere bieten ihr Abteil als Halbzeitpausenraum an. Einmal zückt Ritas Oma ein Taschentuch, putzt Levi die Hände, und wir lachen uns an. Als Levi zum ersten Mal mit Rita Sonias Abteil ansteuert, zögert er kurz auf der Schwelle, um dann, ermutigt von Sonias melodiösen russischen Worten und meinem unterstützenden Lachen, auf allen vieren krabbelnd in ihrem Abteil zu verschwinden. Nach einer Stunde haben Rita und Levi allen Reisenden des Waggons Nummer 7 einen ausgiebigen Besuch abgestattet und sind hungrig. Und so lade ich auf Englisch und Zeichensprachlerisch Ritas Familie und Katharina, die junge Frau mit den melancholischen Augen, die in Ritas Abteil wohnt, zu einem Mittagessen mit dem in Perm erstandenen Berg aus Blinis ein. Ich lege das geöffnete Paket mit den noch lauwarmen gerollten Teigtaschen, die aussehen wie eine Mischung aus überdimensionierten Frühlingsrollen und etwas zu klein geratenen handgerollten Pfannkuchen, auf den Tisch. Ritas Oma steuert Käse, Salami und Äpfel bei, Katharina eine Tüte Orangensaft und Sergei Chips. Alle greifen sich zuerst einen Blini. Als ich in meinen hineinbeiße, tropft eine dicke Flüssigkeit heraus: der Saft der Käse-Gemüse-Füllung. Katharina reicht mir eine Serviette und sagt: »Mmmmmmh.« Levi antwortet routiniert. In meinem Mund vermischen sich der lockere Teig mit der samtigen, scharf gewürzten Masse zu einem einfach guten Gefühl. Mit interessiertem Blick folge ich der russischen Unterhaltung, lache, wenn die anderen lachen, und schaue aus dem Fenster, wenn die anderen schweigen. Levi wandert von Schoß zu Schoß, bis ihm die Augen zufallen und wir uns in unser Abteil verabschieden.

Nach unserem Mittagsschlaf, einer zweiten Spielrunde mit Rita und einem ereignislosen Abendessen im Zugrestaurant treffen wir bei unserer Rückkehr Katharina auf ihrem Hocker im Gang an, mit einem Notenblatt auf dem Schoß. Sie spielt mit halb geschlossenen Augen Luftklavier. »Eine Pianistin«, denke ich. Bisher wusste ich von ihr nur, dass sie wie wir in Irkutsk aussteigt. Dass sie Pianistin ist, passt zu ihrer melancholischen Erscheinung, die sich zu entziehen scheint, selbst wenn man sie nicht zu erfassen trachtet.

Ich stelle mich an das unserem Abteil gegenüberliegende Fenster, mit Levi auf der Hüfte, und schaue abwechselnd aus dem Fenster und auf Katharina, bis plötzlich im Rest des Waggons Aktionismus ausbricht: Jacken werden angezogen, Rita bekommt Mütze und Schal übergestülpt, Gepäckstücke werden verstaut und die Badelatschen gegen Strümpfe und Schuhe getauscht. Alle drängen in den Gang, und Olga beginnt, gehüllt in eine neue Uniform mit Abzeichen, Sternchen und Streifen, Krawatte und Schiffchenhut, die Abteile von außen zu verschließen. Die Birken lichten sich im Abendrot und geben den Blick auf Häusersiedlungen frei. Reflexartig ziehe ich, obwohl das Thermometer über der Tür warme 25 Grad plus anzeigt, meine Softshelljacke und eine Mütze an, stopfe Levi in den eigentlich für mögliche Kälteeinbrüche am Baikalsee oder in der Mongolei mitgebrachten Fleeceanzug und schlüpfe, kurz bevor der Zug hält, wieder hinaus auf den Gang. Der Trubel ist so groß, dass ich gar nicht versuche, herauszufinden, wie lange wir in Omsk Aufenthalt haben. Der neben meinem Abteil hängende Fahrplan gibt darüber vermutlich Auskunft – aber in für mich unverständlichen Hieroglyphen. Die mahnende Stimme der Transsibreiseführer kommt mir in den Sinn: Die Züge fahren ohne Vorwarnung einfach ab, und es ist empfehlenswert, sich bei einem Halt in Sichtweite zum Zug aufzuhalten und alle wichtigen Dokumente und etwas Geld mit sich zu führen. Falls man doch die Weiterfahrt verpassen sollte.

Olga schließt auch unser Abteil ab und beeilt sich, zum vorderen Ende unseres Waggons zu gelangen, öffnet die schwere Metalltür und steht freundlich-kompetent lächelnd und mit wachsamen Augen auf dem mit weiß-grauen Kacheln verzierten Bahnsteig von Omsk.

Als ich mit Levi in der Babytrage als Letzte aus unserem Waggon hüpfe, lächelt sie mir zu und sagt: »25 Minuten.« Auf Deutsch.

»Du sprichst Deutsch! Hättest du ja auch früher sagen können!«, lache ich ihr entgegen.

Auf Olgas Gesicht zeichnet sich ein Fragezeichen ab. »Von Schule«, sagt sie. Und: »Nicht gut.«

»Doch«, sage ich, »sehr gut!«, und tauche euphorisiert in das Getümmel vor uns ein, während Olga unseren Waggon Nummer 7 vor unerwünschten Eindringlingen bewacht.

In den weißen Kacheln des Bahnsteigs spiegelt sich das rot-lila Abendlicht und taucht die Kioske mit ihren Fünf-minutenterrinen, Salamiwürsten, Colaflaschen, Schmier-käsen und den kilometerlangen Menschenschlangen in Jogginghosen, bunten Mützen oder Kopftüchern in die pudrig-unwirkliche Atmosphäre einer Rosamunde-Pil-cher-Szene mit einer Prise Nachkriegscharme.

Da ich keinen Hunger verspüre und unsere 25 Minuten Freigang nicht mit Anstehen mit unklarem Ausgang – Kommen wir dran? Gibt es dann noch was? – vertrödeln möchte, schlendern wir auf der Suche nach Blini- oder Apfelverkäuferinnen und anderen nicht-russischen Rei-senden Richtung Bahnhofsgebäude: ein mit Kassetten-fenstern aus Stahl verzierter mintgrün-weißer Prachtbau mit schnörkeligen Balkongeländern und runden Straßen-lampen davor, die rosafarbenes Licht spenden. Ich hatte mich eher auf herben Industriecharme mit viel Patina eingestellt und sehe mich nun überrascht von der Aus-strahlung des Seebads Brighton, gepaart mit dem unwirk-lichen Charme eines Zarenmärchens. Nur der Wind passt nicht zum Ambiente: Er ist rau und sehr kalt.

Suchend blicke ich zurück, um die Entfernung zu un-serem Waggon mit den verbleibenden Minuten abzuglei-chen, als Olgas Blick mich trifft: ernst und konzentriert. Kurz bevor ich mit Levi das Bahnhofsgebäude betrete, drehe ich mich nochmals um und schaue betont unauf-fällig in die Richtung unseres Waggons Nummer 7. Olgas Blick ist auf uns geheftet. Als sie merkt, dass ich es merke, schaut sie weg. Kurz.

So bewacht bewundern wir für eine Minute das mit

einem silbrig glänzenden Kronleuchter von mindestens drei Metern Durchmesser geschmückte Bahnhofsgebäude von Omsk und schlendern, unsere letzten Minuten aufbrauchend, den Zug entlang. Reisende in sportlicher Kluft stehen vor ihren Waggons, Gruppen von neuen Fahrgästen checken in Sonntagsgarderobe bei den Waggonschaffnern ein. Eine Frau mit zerfurchtem Gesicht und geblümtem Kleid mit passendem Kopftuch feilscht mit einer Reisenden um den Preis für Äpfel. Nach einigem Hin und Her wechselt ein prall gefüllter Kartoffelsack den Besitzer. Gleich daneben bietet ein Mann mit gebeugtem Rücken in ausgeblichenen Arbeiterlatzhosen und fast zahnfreiem Mund Blinis an. Offensichtlich gibt es viel über die Blinis zu erzählen, denn eine Teenagerin führt ein intensives Gespräch mit dem Verkäufer, bevor Geld und dampfendes Päckchen den Besitzer wechseln. Und dann sind wir an der Reihe.

Mit vier Fingern gebe ich ihm die gewünschte Menge zu verstehen. Die russische Antwort verstehe ich nicht. Aber da er keine Anstalten macht, meine Blinis einzupacken, zeige ich erneut auf meine vier Finger, dann auf die Blinis und lächle dazu. Jetzt erst scheint der Zahnlose zu bemerken, dass ich kein Russisch verstehe. Er lacht mich breit an, seine eben noch leeren Augen fangen an zu blitzen. Er wickelt seinen kompletten Bestand – sieben Blinis – zu einem festen Paket und drückt sie mir in die Hand. Ich schaue auf die Uhr. Noch fünf Minuten, höre ich Olgas Stimme, ohne dass sie es aussprechen müsste. Ich gebe ihm 200 Rubel, so viel, wie Ritas Oma von mir für die Blinis gestern genommen hat, und werde von einem jammernden Schwall russischer Worte überrollt, die der Zahnlose mit traurigem Blick über mir auskippt. Die ersten Zuschauer finden sich ein.

Da ich möglichst schnell in den Zug zurückwill, ist es

mir egal, ob der Mann das Geschäft seines Lebens mit mir macht oder nicht. Hektisch krame ich in meiner Trekkinghose mit den tausend Taschen nach weiterem Geld. Jetzt bloß nicht das Bündel mit den großen Notfallscheinen erwischen, denke ich, als sich die Teenagermama aus unserem Waggon neben mir aufbaut, meinen Arm sanft, aber bestimmt aus meiner Hosentasche herauszieht und mein zahnloses Gegenüber beschimpft, als hätte er mir ein unmoralisches Angebot gemacht. Dieser verfällt in eine Schmollstarre, mit einem Gesichtsausdruck, der mich an Rita erinnert. Ich versuche, dem armen Mann den doppelten Preis von gestern zuzustecken, was der Teenagermutter nicht entgeht. Mit großen Augen schaut sie mich an, entreißt dem zahnlosen Delinquenten einen der zwei Scheine, drückt ihn mir in die Hand und watschelt Richtung Waggon Nummer 7 davon. Auf halber Strecke dreht sie sich um und gibt mir mit einer energischen Winkbewegung eindeutig zu verstehen: Wo bleibst du denn? Irgendwie scheinen Mütter in Sibirien zusammenzuhalten.

Auf den letzten Metern zurück zu unserem Waggon lacht mir eine fünfköpfige Gruppe junger Männer entgegen. Die fünf suchen das Gespräch mit Levi. »*Malinki, malinki*«, sagen sie; ein Wort, mit dem fast jeder Russe Levi bisher angesprochen hat und das »klein« bedeutet. Mein Bedarf an interkultureller Kommunikation ist jedoch erst einmal gedeckt. Ich möchte zurück in unseren Waggon. In unser Abteil. Unser Nest. Jetzt. Sofort.

Freundlich winke ich den fünf Männern zu, drehe mich um, bleibe kurz bei einer Äpfelverkäuferin stehen, strecke ihr einen 100-Rubel-Schein entgegen, nehme mir fünf Äpfel aus ihrem Korb – verschrumpelt wie große Pflaumen und süß duftend –, frage »*Da?*«, ernte ein Nicken und klettere mit Levi unter Olgas Adleraugen zwei

Minuten vor der planmäßigen Abfahrt zurück in unser Zuhause auf Zeit.

Aus dem bisher verwaisten linken Nachbarabteil tönen Geräusche zu uns herüber: Menschen, die Gepäck hin und her räumen, vermute ich. Wer da wohl eingezogen ist? Und für wie lange es wohl unsere Nachbarn bleiben?

Für heute lasse ich Müdigkeit über Neugier siegen und beginne mit Levis Zubettgehroutine: Ich ziehe ihn aus, wasche ihn mit Feuchttüchern und einem nassen Handtuchzipfel, ziehe ihm den Schlafanzug an, putze seine zweieinhalb Zähne – wie lange putzt man zweieinhalb Zähne? –, erzähle Geschichten aus einem Bilderbuch. Gerade beginne ich, die Höhepunkte unseres sich dem Ende zuneigenden dritten Tages in der Transsibirischen Eisenbahn Revue passieren zu lassen, als ein unbekanntes Rattern und Scheppern an unsere Ohren dringt. Neugierig recke ich meinen Kopf und schaue den Gang hinunter. Auch Levi ist wieder hellwach.

Vor dem Abteil der Teenagermutterfamilie steht ein silberfarbenes Wägelchen. Beladen mit Schokolade, Joghurt, Fünfminutenterrinen, Wasser, Cola und Kaffee. Als die Verkäuferin aus dem Abteil tritt, erstarre ich kurz: Es ist Yulia. Mit Strichlippenmund und der Ausstrahlung einer zu lebenslanger Haft Verurteilten. Levi rudert sich mit seinen Armen aus der Horizontalen auf meinen Schoß und beobachtet nun ebenfalls mit weit aufgerissenen Augen die Szene auf dem Gang. Als Yulia den quietschenden Wagen in Bewegung setzt, zieht Levi den Kopf vor Schreck ins Abteil zurück, um ihn wenige Augenblicke später wieder herauszustrecken. Ich suche und finde Yulias Blick, einen Moment herrscht Stille wie vor einem Duell, bei dem sich die beiden Kontrahenten auf einem staubigen Marktplatz gegenüberstehen: Wer zieht zuerst?

Doch statt einer Pistole zückt Yulia einen Kaffeebecher,

schüttet ihn randvoll und hält ihn mir unter die Nase. Mit dem Anflug eines Lächelns. Ich nehme den Becher, obwohl Kaffee das Letzte ist, was ich so kurz vorm Schlafengehen benötige, kaufe noch einen Joghurt und eine Tafel russische Schokolade und zahle, ebenfalls mit einem dezenten Lächeln. Yulias Gesicht reißt auf wie der Himmel über Barcelona nach einem dieser gefürchteten Nebelsuppentage. Auf ihrer bisher fahlen Haut breitet sich ein von Sommersprossen durchzogener Glanz aus, ihre blauen Augen beginnen zu leuchten, und ich bemerke eine störrische Haarsträhne, die aus dem streng nach hinten gekämmten und zu einem festen Zopf zusammengebundenen Haar heraussteht. Ihre Mundwinkel hüpfen nach oben, und über »*Malinki, malinki*« hinaus verstehe ich nur Bahnhof. Sie zwickt Levi in die Wange, der dies mit einem erfreuten Quieken kommentiert und ihr noch hinterherschaut, als sie schon längst im nächsten Waggon verschwunden ist.

Ich verstehe sie nicht immer, die Russinnen. Aber ich mag sie.

Geht echte Kommunikation nur ohne Worte?

Jetzt sitze ich schon eine ganze Weile in der ratternden Dunkelheit unseres Abteils und beobachte meinen schlafenden Sohn. Auch heute haben wir wieder viel miteinander geredet, obwohl er außer Mama, Papa und Dadadaaat keine Worte zu unseren Gesprächen beitragen konnte. Dennoch höre ich nicht auf, mit ihm zu reden. Natürlich um ihm zu helfen, sprechen zu lernen. Aber auch, weil ich spüre, dass er mich versteht. Auch Levi spricht mit mir. Mit Händen und Füßen. Mit Lachen oder Unmutsäußerungen. Mit Blicken, Gebrabbel und Bewegungen: weggehen zum Beispiel. Oder sich ganz nah an mich kuscheln. Oder mit wachen Augen, die genau beobachten, was ich als Nächstes mache.

Und wir verstehen uns.

Ganz ähnlich funktioniert der Austausch mit unseren russischen Mitreisenden. Ich weiß relativ genau, was Ritas Mutter in Sankt Petersburg macht. Sergei hat es mir auf Russisch und mit seinen Händen erzählt. Und dass er sie vermisst und bewundert. Ich habe es in seinen Augen gesehen. Ich weiß, dass Ina aus Nowosibirsk gerne das Leben ihrer Schwester führen würde und wie dieses Leben aussieht. Sie hat es mir auf Russisch erzählt. Eine Sprache, in der ich mir bisher hier in der Transsib einen Wortschatz von rund zehn Begriffen erarbeitet habe. Optimistisch geschätzt. Ich weiß, dass das Herz Katharinas für die Musik schlägt. Ich habe es gesehen. Und dass sie darauf wartet, dass sich etwas ändert in ihrem Leben. Das habe ich gespürt.

Liegt es an der Transsib, dass mir die Menschen hier schon nach drei Tagen so vertraut erscheinen? Oder daran, dass wir alle Levianisch miteinander sprechen? Und ich mir dadurch selbst näherkomme? Vielleicht hilft mir der Austausch mit einem Gegenüber, mit dem ich keine gelernte Sprache teile, für mich selbst Antworten zu finden?

Oder liegt es daran, dass Levi unser Bindeglied ist? Levi hatte mich am ersten Morgen in der Transsibirischen Eisenbahn dazu gebracht, die Abteiltür zu öffnen und mich auf die Welt vor unserem Nest einzulassen. Levi hatte den ersten Kontakt zu Rita geknüpft. Alle Waggongenossen hatten mich zuerst auf Levi angesprochen. Oder ich hatte Levi aus ihren Abteilen hinausgeholt, und wir waren dabei ins Gespräch gekommen.

Levi merkt, dass unsere Mitreisenden andere Worte benutzen als ich. Dass Gespräche zwischen ihnen und mir anders ablaufen, als er es von zu Hause gewohnt ist. Er beobachtet, wie ich mit Händen und Füßen spreche. Er lacht mit mir, wenn ich mal wieder scheitere mit meinen Kommunikationsversuchen und mich auf freundliches Lachen beschränke. Und es dennoch immer wieder versuche. Weil es sich gut anfühlt. Vielleicht genießt Levi, dass ich nicht nur mit ihm auf seine Art spreche?

Mit dem Wunsch, dass das besondere Verständnis und die intensive Kommunikation, die hier in der Transsib zwischen Levi und mir möglich sind, nicht verkümmern mögen, je mehr Worte Levi lernt, schlafe ich ein.

Nachtgespräch

Es ist stockdunkel. »Luft«, denke ich. Und: »Raus!« Mein iPhone zeigt 1.03 Uhr. Hat es jetzt endlich auf Ortszeit umgestellt? Trotz der guten Netzabdeckung hat es das Umstellen der Zeit bisher verweigert. Oder ist es ein Uhr nachts in München? Und wo sind wir überhaupt?

Gegen halb neun Uhr Münchner Zeit hatte ich mich zu dem tief schlafenden Levi auf die Pritsche gekuschelt.

Meine Augen haben sich an die Dunkelheit gewöhnt, und der Blick aus dem Fenster zeigt die Umrisse von sich im Wind hin und her wiegenden Birken.

Keine Überraschungen also. Gut.

Meine Nase registriert einen neuen Geruch. Süßlich-beißend. Auf keinen Fall lecker. Der war doch gestern noch nicht da? Ich schnüffle an meinen Kleidern, an Levi, unseren Schuhen, an mir: negativ. Also raus. Bei offener

Abteiltür fühle ich mich schon besser. Aber der Geruch nimmt zu. War eigentlich klar, dass vier Garküchen irgendwann Duftspuren hinterlassen. Levi und ich sind die einzigen Restaurantbesucher des Waggons Nummer 7. Unsere Mitreisenden versorgen sich mit am Bahnsteig erworbenen Blinis und Äpfeln und mitgebrachtem Proviant. Sowohl in Ritas Abteil als auch bei der Teenagerfamilie thronen Gaskocher auf dem kleinen Tischchen unter dem Fenster. Bei uns stehen da zwei Babyflaschen, meine Thermostasse, eine Wasserflasche, ein Transsibreiseführer, ein Schnuller und Harry, der blaue Schnullerhase.

Die Uhr oberhalb der Tür zum Toiletteneck zeigt 4.17 Uhr Moskauer Zeit. Die wird unabhängig von der Zeitzone, in der wir uns tatsächlich befinden, im Zug und auf den Bahnsteigen, an denen wir ankommen, angezeigt. Das Zugrestaurant operiert selbstverständlich nach Moskauer Zeit: Das bedeutet bei fünf Stunden Zeitunterschied zwischen Moskau und Irkutsk, dass es, je näher wir dem Baikalsee kommen, im Restaurant erst Frühstück gibt, wenn mir eigentlich schon der Sinn nach Mittagessen steht. Aber gut. Russland ist halt immer noch ein zentralistisch organisierter Staat.

Ich klemme meinen Rucksack zwischen Tischchen und Bank, auf der Levi schlummert, hoffe, dass dieses Provisorium meinen im Zug erstaunlich ruhig schlafenden Sohn vor einem Sturz auf den immer noch sehr sauberen Teppich bewahrt, öffne ein Fenster auf dem Gang, schließe es wegen des Lärms wieder, greife meine Thermostasse und blicke in den Samowar wie in den Schlund eines schnarchenden Drachen. Paul Theroux hatte schon 1965 berichtet, dass die glühenden Kohlen unterhalb des Samowars nicht nur das Wasser zu Trinkwasser kochten, sondern auch die Heizung im jeweiligen Waggon befeuerten. Daran hat sich bis heute nichts geändert: Olga ist somit neben Sicherheit und Sauberkeit auch für die Trinkwasserversorgung und die angenehmen Temperaturen im Waggon zuständig. Für unser gesamtes Wohlbefinden, denke ich und erhöhe gedanklich das Trinkgeld noch mal, als sich die Tür des winzigen Abteils gegenüber dem Samowar öffnet und Olga in Surfershorts und pinkem T-Shirt fragt: »Alles okay?«

Auf dem Klapphocker gegenüber dem Abteil mit den Plätzen 21, 22, 23 und 24 berichtet Olga flüsternd in einem Gemisch aus Russisch und Deutsch, dass sie Waggonschaffnerin sei, um ihr Studium zu finanzieren. An der Universität in Irkutsk. »Bewegungstechnik«, sagt sie und schaut mir ernst in die Augen. Sie ist neunzehn Jahre alt. Wie sie nach dem Studium leben möchte, frage ich. Ihre Augen fokussieren meine. Ihr Blick ist wach, obwohl es mitten in der Nacht ist. »Gute Arbeit. Und reisen. Viel mehr noch sagen. Aber gute Arbeit und Reisen wichtig.« Sie sitzt die ganze Zeit kerzengerade mit viel Körperspannung vor mir und wirkt doch entspannt.

»*Ruski*«, sage ich, um sie zu ermuntern, auf Russisch zu antworten. Aber das will sie nicht. »Guter Plan«, sage ich stattdessen.

»Warum du zum Baikal? Mit Levi?«, fragt Olga und schaut mich weiterhin mit ihren wachen, beruhigenden Augen an, die mich an die Augen der Mongolen aus den Reiseführern erinnern – überhaupt hat ihr Gesicht mongolische Züge: hohe Wangenknochen, volle Lippen, nach oben gebogene Augen, nur hellgrün statt braun.

»Wir fahren noch weiter. In die Mongolei und nach Peking«, sage ich mit fester Stimme, schlage meine Beine übereinander, um sie dann doch wieder parallel nebeneinander zu platzieren. Ich rutsche auf meinem kleinen

Hocker hin und her, um wieder eine bequeme Sitzposition zu finden. Irgendetwas zwickt mich.

»Aber warum?«, fragt Olga.

»Ich muss einfach reisen«, sage ich. »Und um herauszufinden, ob ich mit Levi noch reisen kann. Auf meine Art.«

Olga schaut auf den schlafenden Levi und hebt ihren nach oben gereckten Daumen: »Leeeeevi!«, sagt sie, und ich bin stolz auf meinen Sohn.

»*Daaa*«, sage ich. »Ich bin auf der Suche. Nach einer passenden Welt für Levi, Markus und mich. Für zu Hause. In München. Reisen hilft mir, mich zu spüren. Unabhängig von den Meinungen anderer.« Ich bemerke ein Runzeln auf Olgas Stirn. »Auf Reisen bin ich mutiger als zu Hause«, sage ich, obwohl ich ahne, dass sie mich nur zum Teil versteht. Mein Herz pocht, meine Hände kribbeln, und meine Nase reckt sich etwas nach vorn, Richtung Olga.

»Mutig!«, sagt Olga und zeigt auf mich. Das Stirnrunzeln ist verschwunden. Sie zeigt auf Levi und sagt: »Auch mutig!« und lacht. Wir stehen auf und umarmen uns. »Bis morgen!«, sagt sie, auf eine Art, die morgen die Lösung aller Grübelei verspricht, und zieht sich zurück in ihr kleines Angestelltenabteil gegenüber dem Samowar.

Ich schließe die Abteiltür hinter mir. Das Rattern ist auf einmal lauter. Fast unerträglich laut. Vielleicht liegt das am Streckenabschnitt. Vielleicht ist der renovierungsbedürftig? Levi scheint es nicht zu stören. Er schläft.

Leider. Ich würde jetzt gerne mit ihm kuscheln. Sein zufriedenes Glucksen oder auch die Erfülltheit, mit der er »Mama« sagt, hören.

Levi weiß nicht, warum wir hier sind. Dass das Leben im Zug endlich ist. Ob und wann wir nach München zurückkehren. Er weiß nicht, ob und wann wir Markus wieder treffen. Und auch nicht, wohin wir reisen und warum. Natürlich denkt er nicht so. Denke ich. Er denkt nicht: von Sankt Petersburg mit der Transsibirischen Eisenbahn an den Baikalsee. Weiter durch die Mongolei bis nach Peking und dann zurück nach München. Er denkt nicht an die Vergangenheit. Oder an die Zukunft. Er vertraut mir. Aber darüber hinaus: Wie erlebt er unsere Reise wohl?

Denkt er: Die erste Wohnung war größer? Oder: Hier sind mehr Leute zum Spielen! Oder denkt er ohne Vergleiche: Ich will mit Rita spielen! Und: In diesem Gang kann ich super dribbeln, denn ich verliere den Ball nicht. Oder: Jetzt krabble ich mal bei Olga vorbei!

Transsib, das ist für Levi 24 Stunden mit mir wohnen und schlafen auf engem Raum. Das sind viele neue Menschen, die alle liebevoll mit ihm umgehen, viel Zeit haben und geduldig sind. Anders aussehen und sprechen als die Menschen zu Hause. Transsib bedeutet für Levi Freiraum, denn auf diesem engen Raum lasse ich ihn allein zu den Nachbarn losziehen. Das geht zu Hause nicht. In München findet er hinter jeder Ecke Spielzeug, in der Transsib findet er Menschen, die so »sprechen« wie er.

Er fragt sich nicht: Will ich hier sein? Oder: Das ist ja anders als sonst! Er zuckt auch nicht zurück. Das Neue ist für ihn normal, weil er alles zum ersten Mal erlebt. Er begreift das, was wir erleben, als seine Spielwiese. Als seine tägliche Dosis Lebenserfahrung. Und das ist sicher intensiv. Denn: Die Spielwiese Transsib ist kein plüschiges Kinderzimmer, sondern ein Abenteuerspielplatz.

Tränen kullern über meine Wangen. Olga hat recht: Mein Sohn zu sein erfordert Mut. Und eines ist nach diesen ersten Tagen unserer Reise sicher: Mutig ist er, mein Sohn.

Gerne würde ich jetzt Olga noch einmal in den Arm nehmen. Oder mich von ihr in den Arm nehmen lassen.

An Schlaf ist nicht zu denken. Was mich gleichermaßen fasziniert und beunruhigt, ist, wie stark Levi seine Umgebung über mich wahrnimmt. Wie in dem Moment, als wir kurz zwischen den Waggons gefangen waren: Ein beruhigender Blick von mir, und alles war gut. Levis Welt scheint derzeit fast ausschließlich aus dem zu bestehen, was ich zulasse. Mehr noch: Er nimmt das, was ich zulasse, auch noch über mich wahr, über meine Reaktionen, Bewertungen und Gefühle. Dennoch spüre ich, dass er sich mit jedem Tag auch Freiraum und Unabhängigkeit erkrabbelt. Eine eigene Welt. Eine eigene Weltsicht.

Er hat heute, als ich genervt von Yulia und meiner Reaktion im Abteil geschmollt habe, irgendwann für sich entschieden, dass er nun raus möchte. Auf den Gang. Zu Rita. Und ich habe das zugelassen. Oder heute Nachmittag, als er in Olgas Abteil verschwunden ist und ich ihn nach fünfzehn Minuten besuchen wollte. Er hat mich angeschaut und laut geschimpft. Ob er befürchtete, dass ich ihn aus Olgas Abteil heraustragen würde, oder ob er einfach noch ein bisschen mit ihr allein sein wollte, habe ich nicht verstanden. Auf jeden Fall habe ich seine Unmutsäußerung respektiert und mich draußen auf dem Gang auf einen Hocker gesetzt. Zwei Minuten später zog ein freudestrahlender Levi sich an meinen Beinen in den Stand. Und ich war stolz auf mich. Dass ich es kann: Levi loslassen.

Ein Lächeln huscht über mein Gesicht, und der Zug verfällt in das bekannte beruhigende Hintergrundrattern. Vor wenigen Augenblicken war für mich noch überraschend, wie selbstverständlich Levi mit dem Leben in der Transsib zurechtkommt. Und jetzt habe ich mich erinnert: Reisen ist für mich Leben. Ganz normales Leben. Warum sollte das für Levi anders sein?

Es ist sieben Uhr Moskauer Zeit, und die Morgendämmerung taucht unser transsibirisches Nest in ein zärtliches Licht. Levi schläft noch. Ich öffne die Abteiltür und schaue in blaue Augen. Kein wässriges Blau. Ein Feuerblau. Wenn es das gibt. Weil es funkelt. Diese Augen fordern mich heraus.

»*Priviet*«, Hallo, sagt der blonde leicht gebräunte Besitzer dieses aufwühlenden und gleichzeitig entspannenden Augenpaars. Gefolgt von einem Satz auf Russisch, mit dem er sich als Juri vorstellt. Er streckt mir seine Hand entgegen.

»Julia«, sage ich und hoffe, dass er möglichst lange unser Nachbar bleibt. Ritas Familie rechts, Juri links, was soll da noch passieren? »Irkutsk?«, frage ich.

Erst jetzt merkt Juri, dass ich keine Russin bin. »Krasnojarsk«, antwortet er.

Ich habe keine Ahnung, wann wir in Krasnojarsk einfahren. Dauert hoffentlich noch. Lächelnd schauen wir gemeinsam aus dem Fenster und auf die vorbeiratternden Birken, als Juri mich auf Levianisch fragt, woher ich käme.

»München«, sage ich. Und: »*Germani*«, wobei ich versuche, die Aussprache von Sergei nachzuahmen.

»Erfreut, Sie kennenzulernen«, sagt Juri in fast akzentfreiem Deutsch.

»Wir können uns ruhig duzen«, gebe ich lachend zurück.

Er hat Deutsch in der Schule gelernt und es offensichtlich besser behalten als ich mein Schulfranzösisch. »Ich ziehe in zehn Tagen in die Türkei. Ans Meer«, sagt Juri, »um zu kochen!«, und das Strahlen seiner Augen droht den Zug zu sprengen. Er ist Koch und beginnt sein neues Leben westlich von Side. In einem Ferienhotel.

»Ich liebe das Meer, ich beneide dich!«, sage ich.

»Was machst du dann in diesem Zug?«, fragt Juri, als Levi seinen weichen Ich-bin-jetzt-wach-Singsang anstimmt.

Olga startet ihre morgendliche Mülltütenrunde, sieht mich plaudernd mit Juri und ruft etwas herüber.

»*Da*«, antwortet Juri, und Olga wird hektisch. Sie verstaut die Tüte unter dem Samowar und eilt zu uns.

»Sie möchte dich etwas fragen«, sagt Juri. »Sie fragt, ob ich übersetze, damit sie alles versteht.«

Olga wechselt einige schnelle Sätze mit Juri, dann heften sich ein grünes und ein blaues Augenpaar auf mich, und Juri sagt: »Du fährst zum Baikalsee mit deinem Baby, ja? Und dann über die Mongolei bis nach Peking, ja?«

Ich nicke.

»Warum machst du das? Alleine mit Levi. Wo ist der Vater?«

Olga schimpft leise mit Juri. »Vater nicht gefragt!«, sagt sie grinsend.

Ich starre die beiden an. Meine Hände kribbeln, und mein Magen fühlt sich auf einmal flau an. Vielleicht war der Lachs doch nicht in Ordnung gestern? Levi spielt mit meinen Schnürsenkeln und vermittelt den Eindruck, die nächsten Stunden nichts anderes machen zu wollen. Dem Geruch nach zu urteilen, braucht er auch keine neue Windel. Es gibt also keine Ausreden. Was werden die beiden wohl darüber denken, dass ich mich mit meiner Mission unter sie gemischt habe? Also los:

»Ich reise, wenn ich Antworten suche«, hebe ich an.

Juri lacht, übersetzt und sagt: »Ich hau auch immer ab, wenn es schwierig wird!«

Sergei und Rita strecken die Nasen aus ihrem Abteil.

Levi und Rita eröffnen ihre morgendliche Ballspielrunde. Sergei stellt sich zu uns und fragt Olga, was hier los sei. Olga erklärt die Situation, und dann schaut mich neben dem blauen und dem grünen auch noch ein spöttisch lächelndes braunes Augenpaar an.

»Abhauen bringt nichts«, sage ich. »Die Fragen holen mich immer ein. Also reise ich, um der Routine zu Hause zu entfliehen, eine neue Idee zu finden und die dann mit nach Hause zu bringen. Als Versöhnungsgeschenk sozusagen. Für meine Abwesenheit.«

Juri lächelt, übersetzt und sagt sonst nichts.

»Was ist deine Frage dieses Mal?«, lässt Sergei Juri fragen.

»Viele Menschen sagen, mit einem Kind wird alles anders. Auch die Eltern selbst verändern sich, heißt es immer. Und zwar nicht unbedingt zum Guten. Die Mütter verblöden bei Windeln und Kinderreimen, und die Väter entfernen sich von der Familie. Oder umgekehrt. Das will ich nicht.«

Olga fragt: »Ist denn so bei dir? Du nicht blöd!«

»Nein, noch nicht. Aber ich habe Angst davor.«

Katharina kommt aus dem Toilettenraum und stellt sich zu uns. Sergei spricht kurz mit ihr, dann fragt sie, wovor genau ich Angst hätte.

»Ich habe Angst, mein Leben mit Levi nicht zu finden. Und meine Träume zu verlieren.«

Katharina schaut Juri an.

Juri übersetzt.

Sonia stellt sich mit verschlafenem Gesicht und zerstrubbelten Haaren zu uns.

»Ich träume von Venedig! Ich möchte von der Giudecca aus auf das Markusbecken blicken und in La Fenice ein Klavierkonzert hören. Oder eines geben«, sagt Katharina und lacht auf. Ihre Augen leuchten, ihre Wangen sind leicht gerötet. Dann senkt sie ihre Augen und sagt leise:

»Ich möchte einmal nach Venedig! Das echte Venedig, nicht das Venedig Russlands.«

Sergei erzählt uns, er träume davon, mit seiner Frau und Rita zusammen in Sankt Petersburg zu leben. Und von einem zweiten Kind: einem Sohn. Dann gibt er zu bedenken: »Viel zu teuer. Und keine Arbeit für mich!«

Sonia sagt, sie träume von einem Mann mit ganz viel Geld. »Geld« sagt sie auf Deutsch.

Sergei sagt: »Ich auch!« Und alle lachen.

Marina, die zweite Waggonschaffnerin und Vertreterin von Olga sagt, sie weiß nicht genau, wovon sie träumen soll.

Olga entgegnet, dass sie davon träume, ins All zu fliegen: »Ich habe gelesen, dass das jetzt nicht nur für Astronauten möglich ist. Ich würde gerne diese Weltraumflugzeuge mitentwickeln und die Erde von oben sehen.«

Alle sprechen auf einmal ein paar Worte Deutsch. Und ich schäme mich ein wenig für meine fehlenden Russischkenntnisse. Wo immer es geht, versuche ich meinen Wortschatz, der mit *da, spasibo* und *priviet* fast zu Ende erzählt ist, einzustreuen. Als Sonia mir eine Kekstüte unter die Nase hält, greife ich zu und sage: »*Spasibo!*« Oder muss es *spasiba* heißen? Sagt man als Frau grundsätzlich *spasiba* oder nur, wenn ich mich bei einer Frau bedanke? Und wenn mein Gegenüber ein Mann ist, *spasibo*? Konzentriert versuche ich mich daran zu erinnern, wann wer im Zug »o« oder »a« gesagt hat. Es mag mir einfach nicht einfallen. Ist das jetzt schon die mit 24-stündiger Babybetreuung einhergehende viel zitierte Verblödung? Oder ist mein Hirn mit Transsib und Levi einfach ausgelastet? Egal! Was hat Juri gerade gefragt? Ob ich bisher meine Träume gelebt habe? Vor Levi?

Gut, ich wusste, dass die Reise nicht einfach wird. Aber so schwierig?

»*Work in progress*«, sage ich, lache und fange an, von der Bedeutung des Reisens für mich zu erzählen. Dass ich auch andere Menschen dazu verführen möchte, sich hinauszuwagen, um dem Trott zu entkommen. Den Mühlen, die einem das Feuer aus den Augen stehlen. Und dass ich deswegen nach einer Bhutanreise einen Reiseveranstalter gegründet und nach einer Reise zum Salar de Uyuni eine Reisebuchhandlung übernommen habe. Dass ich in Bhutan zum Chomolhari Base Camp getrekkt bin, als ich gerade erfahren hatte, dass ich schwanger war. Und von Grönland mit Babybauch.

»Und jetzt bin ich hier. Mit euch!«

Wir sprechen noch eine Stunde über Träume, Ziele und das Leben, bis Sonia etwas sagt, das Juri nicht sofort übersetzt. Mit aufgerissenen Augen und in einem leicht harschen Ton spricht er in die Runde. Es gibt ein paar Wortwechsel, offensichtlich ist man sich uneinig, ob die Frage angemessen oder wie sie zu stellen sei.

Dann fragt Juri: »Findest du diese Reise nicht zu gefährlich? Für Levi? Auf der Suche nach deinen Träumen?«

»Ich fand es gefährlicher für uns alle, zu Hause zu bleiben«, antworte ich. »Außerdem möchte ich herausfinden, ob abenteuerliches Reisen mit Levi funktioniert. Ob es ihm guttut, so wie mir. Wenn nicht, breche ich ab.«

»Es scheint ihm gut zu gehen«, sagt Marina und beobachtet Levi, wie er an Ritas pinker Plastiksandale herumdoktert.

»Ich kann Levi den Schlüssel, den ich für mich gefunden habe, nur anbieten. Ob er das, was für mich ein Geschenk ist, annimmt, ist seine Entscheidung.«

»Warum Transsib?«, fragt Juri.

»Unterwegs mit dem eigenen Haus auf Rädern und Chauffeur. Mich treiben lassen können zusammen mit

Levi, nicht selbst das Steuer in der Hand haben müssen. Und: durch Zufall«, antworte ich.

»Warum bist du nicht in Omsk ausgestiegen wie die anderen Touristen?«, lässt Olga mich fragen.

»*Slow travel*«, sage ich und erkläre, dass ich Levi versprochen habe, immer mindestens vier bis fünf Tage an einem Ort zu bleiben. Damit er sich an eine Umgebung und die Menschen gewöhnen kann. Damit es für ihn nicht stressig wird und ich entspannt bleibe. Wir machen kein klassisches Sightseeing, wir wollen was erleben. Uns erleben. Außerdem halte ich die Gegend um den Baikalsee und die Mongolei für spannender als Jekaterinburg, Omsk oder Krasnojarsk. Und ich habe gelernt, dass es wichtig ist, sich auf Reisen zu beschränken. Weniger zu machen, aber das intensiv.

Mittlerweile stehen auch noch die zwei männlichen Waggonschaffner aus dem Nebenwagen bei uns. Als Yulia mit ihrem Wägelchen um die Ecke biegt, gibt sie mir einen Kaffee, Levi und Rita je einen Keks und unterbricht ihre Versorgungstour.

Levi zupft an meinem Bein, Juri hebt ihn hoch und sagt: »Du hast eine sehr mutige Mama.«

Ich schaue aus dem Fenster: Dass die Birken sich lichten, kann ich durch meine schwimmenden Linsen gerade noch erkennen. Außerdem mischen sich bunte Holzhäuschen unter die Birken.

Olga fragt etwas auf Russisch, und alle nicken daraufhin. »Ihr seid mutig!«, erklärt Olga. Sie lächelt mich warm an, Sergei spöttisch-liebevoll, Sonia schwankt zwischen einem neutralen und mahnenden Gesichtsausdruck, Katharina wirkt nachdenklich, und die beiden jungen Waggonschaffner albern herum.

Und ich stehe da, inmitten einer Gruppe von Russen, die ich drei Tage zuvor noch nicht einmal kannte, mit

Levi auf meiner Hüfte und dem sicheren Gefühl, in diesem Moment genau an diesen Ort zu gehören. Und zu diesen Menschen.

Gerade mache ich es mir in der Schönheit des Augenblicks so richtig gemütlich, als der Zug hält und Juri auf den Bahnsteig hüpft.

»Warst du schon mal in der Türkei?«, fragt er und drückt mir einen Zettel mit seiner E-Mail-Adresse in die Hand. »Falls du Hilfe brauchst unterwegs. Ich kenne fast überall jemanden, ein Freund meines Schwagers wohnt am Baikalsee, und die Schwester einer Freundin ist mit einem Mongolen verheiratet.«

»*Spasibo!*«, rufe ich und frage: »Wie ist es am Baikalsee? Kannst du mir was empfehlen?«

»Ich war noch nie da«, antwortet Juri. »Zeitlich und finanziell keine Möglichkeit. Du wirst in ein paar Wochen mehr von meinem Land sehen als ich in vierzig Jahren!« Strahlt, winkt und verschwindet, als der Zug eine Rechtskurve fährt.

Und uns bleibt das Rattern.

Das erste Mal seit unserer Abreise bin ich mir sicher, das Richtige zu tun.

Ein ganz besonderes Nichts

»Nur noch eine Nacht«, seufze ich, während Levi im Abteil versucht, sein Mittagessen zu sich zu nehmen. Ein Drittel landet in seinem Mund, ein Drittel am Rest seines kleinen Körpers und das letzte Drittel an der Fensterscheibe. Der orangefarbene Brei gibt den Birken eine interessante künstlerische Note.

Unsere Tage in der Transsibirischen Eisenbahn gehen definitiv zu schnell vorbei. Mit jedem Tag entfaltet ihr Rattern eine stärkere Kraft. Mit jeder Minute im Zug lasse ich mich mehr ein auf diese besondere Zwischenwelt. Auf diesen Ort, den es nicht gibt.

Gerade kann ich Levi noch abwaschen und umziehen, bevor ihm die Augen zufallen.

Die Transsib ist ideal für Levis und meine gemeinsame Reise: Auf eine Art passiert nichts. Keine Sehenswürdigkeiten, keine zeitlichen Verpflichtungen. Nichts, was uns abhält, bei uns zu sein. Dieses Nichts ist ein ganz besonderes Nichts. Wann kann man schon mal nichts machen. Nichts müssen. Nichts vorhaben.

Draußen rattern die Birken vorbei. Diese herrliche Monotonie vor meinem Fenster fordert mich jeden Tag, jede Stunde aufs Neue auf, mich zu öffnen. Mich auf das Hier und Jetzt einzulassen. Auf die Menschen. Diese wunderbaren Menschen! Das Rattern ist so intensiv, dass mir gar nichts anderes übrig bleibt, als mitzuschwingen.

Yulia scheppert mit ihrem Wagen vorbei, und ich kaufe einen Joghurt.

Mit dem Einstieg in die Transsibirische Eisenbahn habe ich uns von unserem alten Leben abgeschnitten. München ist nicht hier. Wir sind nicht erreichbar. München?

Die Transsib hat mich mit ihrem hartnäckigen Rattern dazu gebracht loszulassen. Mich einzulassen. Auf mich. Und auf Levi. Und auf mich und Levi. Ohne zu wissen, wie wir aussteigen werden. Die Transsib ist ein konsequenter Schnitt mit dem Davor. Ohne eine Garantie auf das Danach. Und gerade deswegen der perfekte Reiseeinstieg für Levi und mich.

Sonia schlendert auf dem Weg zum Samowar an unserem Abteil vorbei und winkt. Levi dreht sich im Schlaf und seufzt. Draußen rattert zur Abwechslung mal ein Fluss vorbei.

Die Transsib ist wie eine Dusche: Sie hat alles weggespült, was störte. Für dieses Gefühl benutze ich gerne noch jahrelang Feuchttücher statt Duschgel zur Körperpflege. Wir sind jetzt bereit für die Reise. Ich fühle mich angenehm leer. Das Leben im Zug hat es geschafft, dass meine Zweifel und meine hoffnungsvolle Suche einem entspannten Nichts gewichen sind. Ich weiß nicht, was kommt. Ich will es noch gar nicht wissen. Denn es fühlt sich gut an.

Vor dem Abteil laufen die 5978 Mitglieder der russischen Jugendgruppe in Tarnanzügen im Stechschritt Richtung Restaurant: Essen fassen. Gruppendynamik in Uniform war mir schon immer unheimlich. Der gewalttätige Klang ihrer stampfenden Füße bringt die Vergangenheit Sibiriens als Strafkolonie in unseren Zug. Bestrafung für Andersdenkende. Abschneiden vom politischen und geistigen Leben des zentralistisch geführten Russlands. Auch deshalb heben die Reiseführer die künstlerische und kulturelle Atmosphäre in Irkutsk als Zentrum Westsibiriens hervor. Die Jugendgruppe läuft unabhängig davon, wer oder was sich ihnen in den Weg stellt, in unverändertem Tempo weiter. Zweimal konnte ich Levi nur knapp vor den alles zermalmenden Füßen retten. Im Gegensatz zu meinen gesamten bisherigen Erfahrungen sehe ich in diesen pickeligen Gesichtern unter kahl geschorenen Köpfen keine Regung von Bedauern oder Mitgefühl. Oder gar Interesse. Zudem höre ich von meinen Mitreisenden keinen einzigen Kommentar zu der Gruppe, auch nicht in Form von genervtem Augenverdrehen oder einer Geste in Richtung »notwendiges Übel«. Alle springen hektisch zur Seite, sobald die stampfende Schallwelle anrollt, und senken teilnahmslos den

Blick, wenn sie durch unser Abteil schwappt. Scheint wirklich eine Elitetruppe zu sein.

Levi wacht auf. Wir kuscheln, bis Rita in unser Abteil hereinschneit und Levi zu einer Partie Handfußball einlädt. Sergei setzt sich zu mir in den Gang, und wir teilen die Tafel Schokolade, die ich gestern von Yulia erstanden habe.

Gemeinsam schauen wir auf die Birken. »Ich mag Birken«, sage ich zu Sergei. Der lacht und sagt: »Hast du russisches Blut in dir?«

Olga arbeitet sich mit dem Staubsauger durch den Gang und die Abteile, um den letzten Staub von Juris Schuhen wegzufegen. Sergei und ich schweigen gemeinsam dazu.

Ein Gedanke trifft mich wie ein Lichtstrahl, der sich durch die Wolkenpracht oberhalb der Birken gekämpft hat: Transsibirien entsteht nur, wenn man einige Zeit am Stück darin verbringt. Wenn man, wie es viele Touristen machen, abends einsteigt und am nächsten Morgen wieder aussteigt, um ein Heimatkundemuseum und einen sicher hübschen Platz zu besichtigen, dann zeigt Transsibirien sich nicht. Transsibirien scheint scheu. So scheu wie die Reisenden, die suchen.

Levi klettert auf meinen Schoß und erinnert mich daran, dass es Zeit wird, zu unserem letzten gemeinsamen Abendessen in Zug Nummer 10 aufzubrechen. Nach Ulan-Bator fahren wir in einem Zug mit dreistelliger Nummer. Je höher die Zahl, desto schlechter der Zug, habe ich im Reiseführer gelesen. *Rossija*, der Vorzeigezug Russlands, hat von Moskau in Richtung Wladiwostok die Nummer 1 und von Wladiwostok nach Moskau die Nummer 2.

Mittlerweile ist es stockdunkel. Levi schläft, und alle Taschen sind gepackt. Bei offener Abteiltür höre ich über Kopfhörer Musik und konzentriere mich aufs Atmen. Ich bin stolz darauf, wie selbstverständlich Levi und ich in der Transsib leben. Alles fließt im Rhythmus des Zuges. Ich spüre mich wieder. Als Mensch. Und als Mutter. Als die Mutter, die in mir steckt. Als die Mutter, die ich bin.

Im nächsten Moment schwebt eine Flasche Krimsekt an meiner geöffneten Abteiltür vorbei. Sie wackelt von rechts nach links. Gehalten von einer Hand mit langen rot lackierten Fingernägeln. Kurz darauf erscheint Sonias Kopf, eingerahmt von ihren kurzen braunen Haaren mit auf halber Stirnhöhe abgeschnittenem Pony, wie ich es bei zahlreichen Frauen in Sankt Petersburg auch gesehen habe, in meinem Türrahmen. Sie lacht und eröffnet die Abschiedsparty. Von Sergei, Marina, Olga, Katharina, Ritas Oma und der Teenagermama, die aus den Vorräten ihres bereits berauscht schlafenden Mannes eine Flasche Wodka stibitzt hat, erhalte ich eine Russischstunde, bei der ich nur erahnen kann, was mich meine Lehrer da sagen lassen.

»Wann muss ich morgen aufstehen, Olga?«, frage ich, da ich in diesem ganzen Chaos aus Moskauzeit, Ortszeit, Münchenzeit, die mein iPhone hartnäckig anzeigt, und dem Wodka den Überblick verloren und keine Ahnung habe, was meine Notiz »Ankunft Irkutsk zwölf Uhr« denn nun genau bedeutet.

»Ich wecke euch, keine Sorge«, sagt Olga und rollt das r, wie es nur Russen können. Ich freue mich jetzt schon darauf, nach zwei Wochen Baikalsee zum zweiten Mal nach Transsibirien einzureisen.

Mit angewinkelten Knien, Füßen, die gegen eine beige Plastikwand drücken, einer rechten Hand über meinem Kopf, die sich gegen eine zweite Plastikwand stemmt, süßlichem Milchgeruch in der Nase und mit einem Rattern im gesamten Körper schlafe ich ein.

Nicht noch einmal Wodka

Die strahlende Sonne täuscht. Ein kalter Wind pfeift uns um die Nasen. Auf dem Bahnsteig von Irkutsk. Es ist sieben Uhr morgens. Noch stehe ich im Zug, an der Türschwelle. Füße drinnen, Nase draußen. Mit seinen Füßen klammert sich Levi an meine linke Hüfte. Mit seinen Händen drückt er sich von mir weg. Um ja nichts zu verpassen. Der Zug endet hier, alle müssen raus. Hinter uns wird es hektisch, vor uns müht sich Sergei mit unserem Gepäck ab: Koffer, Seesack, Kinderwagen. Ich genieße die geschenkten Sekunden in der lieb gewonnenen Transsib. Der Zettel in meiner Hosentasche mit fünf E-Mail-Adressen für alle Fälle und für Fotos von Levi gibt mir Halt.

Diesmal sind draußen auf dem Bahnsteig keine leicht gebeugten alten Männer und Frauen mit zerfurchten Gesichtern in graublauen Arbeiterhosen oder geblümten Schürzenkleidern mit Kopftuch unterwegs, um uns mit den leckeren schrumpeligen sibirischen Äpfeln oder mit Fleisch und Käse gefüllten Teigtaschen zu versorgen. An den Kiosken drängen sich keine Menschenschlangen, um die letzten Fünfminutenterrinen oder Schokolade zu ergattern, bevor der Zug weiterrattert. Auch die schlendernden Menschen, die, außer sich die Füße zu vertreten, nichts vorhaben, bevor es weitergeht, fehlen. Hier ist Endstation. Alle haben es eilig. Wollen nach Hause.

Wir hüpfen auf den Bahnsteig. 20 Grad plus in Sibirien fühlen sich anders an als 20 Grad plus in München, der nördlichsten Stadt Italiens. Der Boden ist fast weiß und blendet mich. Eine Möwe schießt 30 Zentimeter über meinem Kopf vorbei, landet auf einem Lautsprecher und schimpft. Eine Möwe?

Die Zugtüren fallen geräuschvoll in ihre Schlösser, und weg ist sie, die Transsibirische Eisenbahn. Und mit ihr Olga. Die Geborgenheit unserer Familie auf Zeit. Rums. Nach so vielen Tagen ununterbrochenen Zugfahrens kommt das Ende überraschenderweise überraschend. Und vor allem viel zu früh. Herbeigesehnt – wie vor der Reise vermutet – habe ich dieses Ende der ersten Zugetappe wirklich nicht.

Sonia stöckelt beherzt auf 15-Zentimeter-Absätzen und mit Minimini-Minirock – keine 30 Zentimeter, würde Markus sagen und dabei genussvoll lächeln –, einen riesigen Koffer hinter sich her ziehend und eine schwere Tasche tragend, zu ihrem Freund und lächelt uns zu. Ich stehe mit meinen 100 Kilogramm Windeln, Babynahrung, Feuchttüchern und Spielzeug neben Ritas Familie. Sie redet auf mich ein. Ich schaue bedröppelt, ist mir doch eher nach einer Neuauflage der tränen- und wodkareichen russischen Abschiedszeremonie von gestern Abend, als gut organisiert und zuversichtlich zu erklären, dass wir abgeholt werden. Aber ich habe mir ja eh vorgenommen, wenig Alkohol zu trinken. Weil ich einigermaßen fit bleiben will. Muss. Für Levi. Und alle Eventualitäten. Also mit oder ohne Einladung zur zweiten Abschiedsrunde: nicht noch einmal Wodka.

Schade.

Katharina umarmt mich, bevor sie sich in den Menschenstrom Richtung Ausgang einreiht und verschwindet. Levi macht, was er immer macht, wenn er merkt, dass etwas im Busch ist: Er schläft.

Der Bahnsteig hat sich geleert, als ich mich etwas fange: keine an portugiesische Azulejos erinnernden Kacheln am Boden wie in Nowosibirsk. Dafür das gleiche Bonbontürkis, Bibogelb und Weiß an den Bahnhofswänden wie in Omsk. Gepaart mit einer maritimen Atmosphäre. Bilde ich mir das ein, oder höre ich tatsächlich Möwen? Der Entdeckergeist in mir setzt meinen Körper in Bewegung. Er hängt den Seesack über Levis Kinderwagen und lässt uns in entgegengesetzte Richtung des Pfeiles mit dem Schriftzug *Ausgang* laufen. Mit der einen Hand schiebe ich den Kinderwagen samt Levi und Seesack. Mit der anderen Hand ziehe ich die Tasche voller Windeln, Gläschen, Spielzeug, Bodys, Hosen und den paar Trekkingklamotten, die für mich noch Platz hatten. Mit so wenig Gepäck für mich war ich noch nie unterwegs. Ein Kraftakt. Wärmend. Zum Glück fragt niemand, ob er helfen kann.

Und dann sehe ich es: Das Wasser. Die Boote. Und die Möwen.

Der Bahnhof liegt direkt am Ufer der Angara. Eines Flusses, der breiter ist als Isar, Elbe und Rhein zusammen und den ich wider besseres Wissen leicht mit einem Arm oder einer Bucht des Baikalsees hätte verwechseln können. Auf dem Fluss tanzen kleine Wellen. Am gegenüberliegenden Ufer breitet sich die Innenstadt Irkutsks aus.

Auf den ersten Blick ist Irkutsk eine etwas angeschmuddelte Stadt mit herbem Industriecharme. Wären da nicht der strahlende Himmel, die glasklare Luft, das wunderbare Licht und die Möwen. Links endet mein Blick an einer Hochbrücke, von der einige Fußgänger gerade auf den Fluss hinabschauen. Rechts fällt mein Blick auf einen Park mit zum Wasser auslaufenden geschwungenen Treppenstufen aus Beton, auf denen Menschen die Herbstsonne genießen. Dazwischen überall Birken. Das Gras am Ufer ist schon ein wenig braun. Die Angara ist der einzige Fluss, der den Baikalsee verlässt, weiß der Reiseführer. Ich atme tief ein. Levi beobachtet mich. Ich lächle ihn an. Eine neue Etappe unserer Reise fängt gerade an.

So geht Moskau mit Wettbewerb um

»Julia?«, ruft eine leise und doch durchdringende Stimme. »Ich habe euch überall gesucht!« Ein deutlicher Vorwurf schwingt mit in diesem in militärischem Stakkato und auf Deutsch vorgetragenen Satz.

»Der Bahnhof, die Farben, alles ist wie von Zuckerguss überzogen«, lache ich der Stimme entgegen.

»Zuckerguss?«, fragt die Stimme, die einer Frau um die 55 gehört, die in einer hellbraunen Cordhose und einem olivgrünverwaschenen Parka steckt. Ihr fahles Gesicht ist von braunem kurzem Haar umrahmt. Ihre Augen strahlen aus dem Einheitsbloßnichtauffallenbraunbeige heraus: Sie sind hellgrün.

»Wie im Märchen«, sage ich.

»Ich bin Alexandra«, entgegnet die Gestalt im Tarnanzug. »Ich bringe dich zum Baikalsee. 70 Kilometer von hier.«

»Wie hat dir der Zug gefallen?«, fragt Alexandra, und ihre kleinen Augen blitzen dabei. Der Zug, mit dem wir gerade in Irkutsk gelandet sind, hieß bis vor zwei Jahren noch *Baikalexpress*, erklärt sie. Er war im Gegensatz zu allen anderen russischen Zügen strahlend blau. Baikalblau. Unter Reisenden galt der *Baikalexpress* als der beste Zug Russlands. Sogar besser als der *Rossija*, dem von offizieller Seite die Rolle des Vorzeigezuges zugedacht war. Das wurmte Moskau so sehr, dass die Regierung kurzerhand den Baikalzug mit Einheitsgrau übermalen ließ und ihn so entstellt von der Strecke Moskau–Irkutsk auf die Strecke Sankt Petersburg – Irkutsk verbannte. Zu meiner Freude, denn Sankt Petersburg reizte mich viel mehr als Moskau.

Alexandra ist unsere Übersetzerin. Mir war nicht klar, dass bei den von mir organisierten Transfers ein Übersetzer dabei sein würde. Irgendwie vermisse ich sie schon jetzt, die Sprachbarriere, die ich in den letzten Tagen im Zug immer mal wieder verflucht hatte.

Auf unserer Autofahrt nach Irkutsk wird Alexandra nicht müde zu betonen, dass sie an unserer Stelle nicht in das von uns ausgewählte Chalet ziehen würde, sondern in das ihrer Freundin Tara. Zwar ohne Baikalblick, aber mit viel besserem Preis-Leistungs-Verhältnis. Ich will den Blick. Aber auch höflich sein. Also willige ich beim 173. Versuch, mich zu überzeugen, in eine Besichtigung ein.

»Seit Perestroika wurden viele Fabriken und Firmen um Irkutsk herum geschlossen«, wechselt Alexandra triumphierend das Thema. »Das ärgert natürlich die Menschen. Man erzählt sich einen Witz dazu: Die russischen Autos haben zwei Pedale: eins fürs Gas und eins fürs Erdöl.« Sie lacht trocken auf. Irgendwie erinnert sie mich an meine Oma. Dieser nach vorn gestreckte Hals, die Nasenspitze leicht nach oben getragen, die kleinen vorsichtigen und trotzdem funkelnden grünen Augen.

Als wir in Irkutsk im Stau stehen, berichtet sie, dass jedes Jahr im Sommer an genau denselben Stellen die Straßen aufgerissen würden, um zu kontrollieren, inwiefern der Winter die Wasserrohre in Mitleidenschaft gezogen habe, und um diese dann auszubessern. Daher gebe es im Sommer oft kein heißes Wasser. Fast jeder Bewohner Irkutsks, der es sich leisten könne, habe sich für diesen Zweck einen Boiler einbauen lassen. Einen Baustellenüberbrückungsboiler. Ihr Deutsch ist wirklich gut. Sie habe ihrem Sohn einen Boiler zur Hochzeit geschenkt. Ich erzähle, dass in München die Straßen auch ständig an denselben Stellen aufgerissen werden. Unser Fahrer Wladimir fragt, was ich gesagt hätte, Alexandra übersetzt. Wir lachen. Levi schläft. Und dann versuche auch ich, ein bisschen zu dösen.

Mir ist nicht nach Reden. Schon gar nicht nach Small Talk. In mir rattert es. Fast lauter als im Zug. Permanent habe ich es die letzten Tage gefühlt und gehört. Schnell war es vertraut. Fast meditativ. Das Rattern. Da es meinen Körper ununterbrochen vibrieren ließ, konnte sich in mir eine beruhigende Stille ausbreiten. Ich habe Sehnsucht nach der Transsib: Die Zeit im Zug war eine Auszeit von allem. Vom normalen Leben, von Sprache, von gewohnter Kommunikation. Und vor allem von den Zweifeln, dem Gefühl der Hetze und der Unsicherheit. Nicht alles richtig zu machen. Mit Levi. Mit meinem, unserem neuen Leben. Levi nicht gerecht zu werden. Oder meinem Freund Markus. Meinen Freunden, meinem Job. Mir selbst. Im Zug war das alles weg. Dafür war da ganz viel Levi. Und unsere Ersatzfamilie: Rita, Olga, Sonia, Juri, Katharina, Sergei. Dieses Nichtstun und auch Nichtswollen, außer essen, schlafen, spielen, reden und sich dem Rattern hingeben, war einfach. Und schön. Einfach schön.

Plötzlich schleudert eine unsichtbare Kraft meinen Körper in den Gurt und meine Gedanken über Bord. Mit dem Kopf stoße ich an die Autodecke. Entsetzt schaue ich zu Levi. Der schläft unerschrocken in seinem Maxi-Cosi.

Wladimir braust mit unserem japanischen Jeep auf einer

geteerten Bundesstraße durch dichten Birkenwald. Mit 150 Stundenkilometern fahren wir bergab, Richtung Tal, und direkt auf das nächste steil ansteigende Bergstück zu. Wieder oben angekommen, machen der Wagen und mein Magen einen Hüpfer, um dem nächsten Tal entgegenzufallen. Konzentriert schaue ich seitlich aus dem Fenster, um die aufkommende Panik in Schach zu halten. Und da sehe ich, dass sie uns begleitet. Seit dem Bahnsteig. Freundlich glitzernd. Beruhigend. Vorfreude schürend: die Angara.

Mein Magen kribbelt. Ich rutsche auf meinem Sitz hin und her. Kann die kalte Luft auf meiner Haut spüren. Die Birkenblätter reflektieren das silbrige Licht. Wie ein Meer aus Alufolie. Hie und da haben Menschen Lichtungen in den dichten Wald geschlagen und die Stämme zu Holzhäusern gestapelt. Hier leben, in einem Holzhaus, am Fluss, zwischen Birken, lesen, mit Levi spielen, denke ich zufrieden, als Wladimir abrupt nach links ausschert, um einen Konvoi weiß beschleifter Mercedes-, BMW- und Audi-Jeeps zu überholen. Mit unserem rostgrünen japanischen Geländewagen, der seine besten Tage lange hinter sich gelassen hat. Kurz bevor es wieder bergauf geht, hat Wladimir uns an der den Konvoi anführenden Luxuskarosse, einem Maserati mit der Aufschrift *Just married* auf der Heckscheibe, vorbeigekämpft.

Der Birkenwald gibt immer öfter den Blick auf die Angara frei, die wie ein unaufhaltsam auf den Höhepunkt zuspielendes Crescendo an Breite zunimmt. Unter die Baumstammhäuser mischen sich mehr und mehr kleine Zarenmärchenschlösser: pastellfarbene Anwesen mit Türmchen, Fahnen, massiven weißen Toren und ganz viel Zuckerguss.

Einem Paukenschlag gleich öffnet sich die Angara trichterförmig und verschmilzt mit dem Baikalsee zu einem tiefblauen funkelnden Meer. Rechts eingerahmt von weit geschwungenen, hügeligen Birkenbuchten. Entlang des linken Seeufers verläuft die Straße nach Listwjanka, dahinter ragen steil von Birken bedeckte Berge in die Höhe. Die gegenüberliegenden Ufer verschwinden in einem Gemisch aus stahlblauem Himmel und silberglitzerndem See. Aber »See« trifft es nicht wirklich. Dieses Gewässer hat die Ausstrahlung eines Meeres. So erhaben, so gewaltig, so selbstverständlich. Ich kneife die Augen zusammen und glaube in der Ferne die Umrisse schneebedeckter Bergketten auszumachen.

Aussteigen, denke ich. Doch Wladimir drosselt das Tempo nur unwesentlich, schnallt sich aber jetzt, da wir durch Ortschaften rasen, sicherheitshalber an.

Tara begrüßt uns mit Tee, einer Pralinenschachtel und Keksen. Ihr Couchtisch mit der weißen Tischdecke mit Spitzenrand erinnert mich an die Besuche bei meiner Oma in den Siebzigerjahren, wäre da nicht die ein Meter zwanzig hohe schwarze Lautsprecherbox. Den Tee braut Tara auf eine Art, die mir bisher unbekannt war: Sie mischt den Inhalt zweier Kannen: Eine davon ist randvoll mit in kaltem Wasser herumwabernden aufgequollenen Teeblättern, in der anderen befindet sich heißes Wasser. Das von außen als Holzchalet getarnte Gebäude ist im Innern mit rotem Teppich und dunklem Furnierholz ausgestattet. An den Balkonen fehlen zum Teil noch die Geländer, und der See ist nur von der Haustür aus zu sehen.

Wir checken in das gebuchte Baikalchalet gegenüber ein, das Tara zwar nicht gehört, aber von ihr bewirtschaftet wird. Es liegt auf einem Hügel, weit oberhalb des ersten Chalets, und besteht auch innen zu 100 Prozent aus gemütlichem Echtholz – Holzwände, Holzboden, Holzbett, Holzschränke. Von meinem Holzbalkon aus

habe ich ein durch zwei steile Bergflanken dreieckig ge-
rahmtes Blickfenster auf meinen neuen Begleiter: den
Baikalsee.

Duschen wird überbewertet

Nachdem Levi aufgewacht ist, laufen wir los. Vor zum
See: eiskalt, mehr als 1500 Meter tief, glasklar, voller
blau-weißer Fischkutter. Der Baikalsee enthält geschätzte
20 Prozent des kompletten Süßwasservorkommens der
Erde. Der See könnte die gesamte Weltbevölkerung vierzig Jahre lang mit Frischwasser versorgen, lese ich Levi
aus dem Reiseführer vor. Vor jedem zweiten Haus räu-
chert jemand Fisch in einfachen, manchmal verrosteten,
oft zerbeulten Metallkästchen am Straßenrand.

Der Strand besteht aus hellen Kieselsteinen. Menschen
sitzen auf dem Boden oder auf zum Strandkiosk gehörenden Plastikstühlen, trinken Bier, essen Fisch und lachen.
Fischkutter landen, Menschen gehen von Bord, andere
steigen ein und stechen in See zu einer kleinen Rundfahrt. Zwei Männer auf Jetskiern machen Krach und
ziehen die Blicke zweier junger Frauen auf sich, die im
Kiesel sitzen, ihre Schuhe ausgezogen haben und sich eine
Flasche Wodka teilen. Eine schlanke große mit langen
braunen Haaren, Cavalli-Jeans und 15-Zentimeter-Ab-
sätzen. Die andere, etwas dicklich, mit blonden Locken,
in engen Jeans, weißen Fransenstiefeln und Fellweste.
Beide tragen riesige Fliege-Puck-Sonnenbrillen. Eine von
Prada, die andere von Gucci.

Levi und ich setzen uns hinter den Mädels in eine
wandlose Kabine mit Holztisch, zwei Holzbänken rechts

und links und einem kleinen Holzspitzdach. Die Brünette versteckt sich hinter unserem sibirischen Strandkorb, zieht ihr graues T-Shirt aus und streift ein frisches, ebenfalls graues T-Shirt über. Sie fragt mich, was ich davon halte, und ich recke den Daumen nach oben, obwohl ich zwischen den beiden Shirts nicht wirklich einen Unterschied erkennen kann. Dann schält sie sich mit gespielter Anstrengung aus der hautengen Jeans, bindet sich, als die Hose noch auf Kniehöhe steckt, eine Strickjacke als Minirock um, taumelt, hüpft auf einem Bein, lacht und findet ihr Gleichgewicht wieder, indem sie sich mit einem Hechtsprung an eine Holzlatte unseres Strandkorbes rettet. Sie fängt an, mit Levi zu flirten. Die blonde Freundin holt drei Bier, und wir schauen gemeinsam auf den See.

Verdammt mädchenhaft und natürlich für stark geschminkte junge Frauen im Tussenoutfit. Ich denke an meine Wegweiserin aus Sankt Petersburg, von der ich bis heute nicht weiß, ob sie eine Studentin oder eine Prostituierte war. Ist ja eigentlich auch egal.

Ein Boot legt ab, die Mädels springen auf und winken dem Kapitän hinterher. Sie rufen etwas, erst freundlich, dann freundlich fluchend. Von beidem zeigt sich der Kapitän unbeeindruckt: Er kommt nicht zurück. Die beiden holen sich noch ein Bier, ich lehne dankend ab. Das war das letzte Boot für heute, sagen sie und ziehen lachend und hüpfend davon Richtung Hafen von Listwjanka, auf der Suche nach einem Transportmittel nach Irkutsk.

Und als Levi und ich wieder allein in unserem sibirischen Strandkorb sitzen, muss ich plötzlich loslachen. Levi schaut mich an und lacht mit.

»Der Zug hat uns reingelegt«, erkläre ich meinem auf und ab hüpfenden Sohn. »Obwohl wir es hätten wissen müssen.« Levi klatscht in die Hände.

Die letzten Tage im Zug haben wir nach Moskauer Zeit gelebt, die identisch mit der Sankt Petersburger Zeit ist. Die sechs Zeitzonen ignorierend, durch die uns der Ex-*Baikalexpress* ratterte – was leicht war, denn die Uhren im Zug und auf den Bahnsteigen zeigten Moskauer Zeit an –, habe ich weder meine Uhr noch unseren Lebensrhythmus umgestellt. Das Zugrestaurant öffnete und schloss nach Moskauer Zeit. Servierte Frühstück, Mittag- und Abendessen nach Moskauer Zeit. Und auch zwischen unserer Sankt-Petersburg–Irkutsk-Familie gab es ein stilles Übereinkommen darüber, wann aufgestanden, gegessen und ins Bett gegangen wird. Zeitzonen? Gott bewahre.

Und jetzt stehen wir da. Besser: sitzen. Im Strandkorb. Am Baikalsee. Mit der Morgenmüdigkeit noch in den Knochen, ungefrühstückt. Und die Abenddämmerung setzt langsam ein.

»Es gibt Züge in Sibirien, die fahren gestern los«, hatte mich Olga gestern Abend noch lachend auf dieses Dilemma vorbereiten wollen.

»Und was mache ich mit Babys, die heute noch wach sind, obwohl sie gestern schon hätten einschlafen sollen?«, frage ich die imaginäre Olga. Aber sie lächelt nur ihr warmherziges spitzbübisches Lächeln.

Zum Glück mag Levi Omul zum Frühstück. Eine Fischart, die es nur im Baikalsee gibt. Auch die Weintrauben, die ich dazu reiche, schnuckert er weg wie ein Staubsauger. Wir genießen noch eine Stunde den Blick auf den See. Levi sortiert Steine, und ich versuche, das Rattern etwas leiser zu stellen. Dann ist es einfach zu dunkel und zu kalt. Als wir zu unserem Chalet zurücklaufen, merke ich, dass sie mir fehlt. Die Erleichterung. Und die Vorfreude: auf die Dusche. Nach Tagen der provisorischen Körperpflege auf Basis von Feuchttüchern in der Transsib.

Alle haben mich vor unserer Abreise mit schlecht versiecktem Ekel gefragt, wie ich das denn im Zug aushalten wolle. Die Reiseführer und Transsibseiten im Internet sind voller Formulierungen der Art: Und dann genießen Sie erst einmal die erste Dusche. Das Hotel hat tolle Duschen! So können Sie provisorisch auch im Zug duschen! Ich hingegen liebe es, wenn bei Abenteuerreisen erst die Kleidung, dann Haare und ganz zum Schluss auch die Haut Patina bekommen. Eins zu werden mit meinen gut eingelaufenen Wanderstiefeln, den geliebten ausgebeulten atmungsaktiven Hosen und der superleichten wind- und wasserfesten Jacke. Urlaubsgebrauchsspuren. Cowboyfeeling. Freiheit. Das ist mein »Gemütlich auf dem Sofa sitzen«-Gefühl.

Fast widerwillig wasche ich mir also, als Levi seinen Omul-Verdauungs-Schlaf macht, das Gefühl von Transsib vom Körper. In mir rattert es weiter.

Heute keine Tour

Ich sitze auf unserem Balkon und blicke durch den dreieckigen Birkenrahmen der rechts und links aufsteigenden Berge auf den Baikalsee. Das seitlich fehlende Balkongeländer beunruhigt mich. Das russische Bier in meiner Hand – blaue Dose und große Ziffer 3 im kyrillischen Buchstabenmeer – gibt mir Halt.

Die Straße, die vom Baikalsee hinauf zu unserem Holzhaus führt, ist an den Seiten ausgefranst. Ein Mix aus Hexenhäuschen aus dunklem Holz mit blauen Fensterläden, modernen Holzchalets, bei denen ganze Wände nur aus Glas bestehen, und einem grauen Plattenbau verziert die Straßenränder. Vor einem Holzhaus grasen zwei Kühe. Im Garten unter mir stapelt ein junger Mann Holzscheite in einen gemauerten Grill, bewacht von den Augen Taras.

Ich beschließe, einfach auf dem Balkon sitzen zu bleiben und auf den See zu schauen, solange Levi schläft, und danach – ganz im Rhythmus der Transsibirischen Eisenbahn – mit ihm seine gewohnte Spielsession mit dem Weltenball vor dem Abendessen einzuläuten. Ob wir einen adäquaten Ersatz für den Zuggang finden? Und eine zweite Rita? Bevor Levi aufwacht, möchte ich eigentlich auspacken und seine Spieldecke in unserem Zimmer ausbreiten. Sein Stück Heimat für unterwegs. Aber irgendetwas lässt mich nicht von meinem gelben Plastikstuhl aufstehen.

Der Aufbruch aus München fühlt sich in der Rückbetrachtung wie ein Befreiungsschlag an: Nichts und niemand ist mehr da, dem ich es meine recht machen zu müssen. Nur Levi und ich. Mein Kopf ist leer, aber aufrecht.

Und jetzt? Die Ungewissheit fühlt sich im Angesicht der Weite und Wildheit des Baikalsees aufregend an. Der Seewind weht mir sanft ins Gesicht, und ich lehne am Balkongeländer wie Vasco da Gama an der Reling seines Schiffes kurz vor Sichtung der indischen Küste. Trotz aller Fremdheit und obwohl wir erst vor ein paar Stunden angekommen sind, fühle ich mich gut aufgehoben. Das raue und gleichzeitig doch liebevoll oder lieblich wirkende Klima des Baikal passt zu meiner Stimmung. Im Moment liegt der See sonnig und leicht gewellt vor uns und vermittelt dabei eine starke Gelassenheit. Die steilen schneebedeckten Berge im Hintergrund und die wettergegerbten Gesichter der Einheimischen mahnen jedoch, nicht zu vergessen, dass der See auch meterhohe Wellen, Stürme und extreme Wetter- und Temperaturwechsel hervorbringen kann, die das Leben hier entbehrungsreich machen und die Menschen an ihre Grenzen bringen können.

Aber unsere Suche hat ja gerade erst angefangen – und uns etwas aufwühlen und durchpusten zu lassen kann sicher nicht schaden. Wir machen ja nicht Urlaub. Wir reisen. Wir haben eine Mission.

Hier auf meinem Balkon aus sibirischer Lärche scheint der Rest der Welt ganz weit weg. Kaum Geräusche außer den vorbeisurrenden Fliegen und Mücken. Keine Menschen, die mich beim Vorbeigehen sanft rempeln, stehen bleiben und kurz plaudern. Das Zimmer neben unserem, mit dem wir den Balkon teilen, ist unbewohnt. Gerade fange ich an, die ersten Stunden der Zweisamkeit mit Levi und die Stille nach fünf kommunikationsintensiven Tagen in Transsibirien genießen zu können – als Tara uns in dem altbekannten Mix aus Englisch, Russisch und Zeichensprachlerisch zum Grillen einlädt: »Fisch oder Fleisch?« Und nach einem Blick auf den jungen Mann ruft sie noch: »In zwei Stunden fertig!« und lacht.

»Was wollt ihr hier eine ganze Woche lang?« Taras Augen mustern mich neugierig und ein bisschen ängstlich, als sie mir neunzig Minuten später einen frisch gegrillten Omul auf den Teller legt.

»Nichts«, sage ich und lächle sie an. Um sie nicht zu verwirren, schiebe ich hinterher: »Mit Baby geht alles langsamer!«

Tara atmet erleichtert auf und hält mir eine Salatschüssel vor die Nase. »Alle anderen Touristen bleiben nur zwei Tage.«

»Und was machen die hier?«, frage ich zurück.

»Heimatkundemuseum und Bootstour. Manchmal kurze Bootstour zum Port Baikal, manchmal mit Landgang und Zugfahrt auf alter Transsibstrecke um das Südufer des Baikal.«

»Klingt gut«, sage ich und biete Levi seine zweite Portion Omul an diesem Tag an.

»Nicht gut mit Levi. Zugfahrt dauert lange und ist nicht komfortabel. Nur eine Toilette im Zug.«

»Levi trägt noch Windeln«, sage ich, und Tara lacht.

Der Reiseführer hatte mich vor Listwjanka gewarnt: Ausflugsziel Nummer 1 am Baikal, boomende touristisch motivierte Bautätigkeit, von wodkapicknickenden Russen überfüllte Strände. Kurzum ein vom Massentourismus zunehmend vereinnahmtes Fleckchen, das maximal als Durchgangsstation empfehlenswert sei. Irgendetwas hatte mich trotz oder vielleicht wegen aller Warnungen dazu gebracht, eine Woche hierzubleiben.

Mit den wodkapicknickenden Russinnen haben wir uns schon einmal sehr wohlgefühlt. Die Vorstellung, die nächsten Tage am Strand liegend, Fisch und Bier vertilgend, mit Levi über die kleinen Baikalwellen hüpfend zu verbringen und, wenn Levi seine zwei Tagesschlafsessions macht, ein Buch zu lesen, treibt mir ein breites Grinsen ins Gesicht. In diesem Moment setzt sich Anna zu uns. Sie ist Belgierin, um die fünfzig, hat ein dickes Buch unter den Arm geklemmt, trägt geringelte Handschuhe ohne Finger und wirkt leicht angetrunken.

»Anna bleibt auch eine Woche hier, wie ihr«, stellt Tara uns vor und rollt dabei ihre Augen, die unter den schweren Lidern ein wenig müde wirken.

»Und was hast du heute gemacht, Anna?«, frage ich.

»Heute keine Tour«, sagt Anna, und Tara schaut mich mit einem Blick an, der verrät, dass Anna noch keine einzige Tour hier gemacht hat. Sie scheint den sibirischen

Komfort, sich an einem Marktstand geräucherten oder gegrillten Fisch kaufen oder in einer Hafenpinte Wein trinken zu können, der infrastrukturfreien Einsamkeit und Abgeschiedenheit des Baikalsees nördlich von Listwjanka vorzuziehen.

»Warum hast du einen Fischkutter für deine Weiterreise gechartert?«, fragt mich der Grillmeister, der sich als Taras Sohn entpuppt.

»Weil ich das Wasser liebe und eine Route fahren möchte, die keine Fähre anbietet.«

»Das macht sonst kein Tourist hier«, entgegnet Andrei nachdenklich. Und so erfahre ich, dass die Mehrheit der Touristen in organisierten Gruppen die Region besucht. Die Einheimischen profitieren nur vom Tourismus, wenn sie mit den russischen Reiseunternehmen kooperieren, die ihrerseits wieder mit den ausländischen Reiseveranstaltern kooperieren. Die russischen Reiseunternehmen verkaufen ihre standardisierten Touren an die Reiseveranstalter unterschiedlicher Länder, und so kommt es, dass sich im Heimatkundemuseum Deutsche, Franzosen, Engländer und Japaner auf die Füße treten. Die wenigen Individualreisenden seien Backpacker, so Andrei, für die alles möglichst billig sein müsse. Für die Gruppenreisenden übrigens auch, sonst verdiene ja keiner mehr etwas. In Kontakt mit Touristen kämen die Einheimischen jenseits des organisierten Reiseprogramms nicht. Sie hätten auch den Eindruck, dass die Touristen das gar nicht wollten. Vielmehr hätten sie offenbar Angst, übers Ohr gehauen zu werden. Oder vor etwas anderem? Dabei würden die großen Reiseunternehmen die Touristen übers Ohr hauen. Weil es hier viel mehr zu sehen gebe als das Heimatkundemuseum.

»Ich glaube, dass die Menschen Angst davor haben, es nicht hinzubekommen!« Annas Augen blitzen, und ihre

Hände fuchteln in der Luft. Sie steht auf. »Die Menschen haben Angst, sich nicht verständlich machen zu können. Und dass dann jemand über sie lacht. Sie verzichten lieber auf echte Erlebnisse und Begegnungen, statt sich der Gefahr auszusetzen, dass jemand sie nicht versteht. Und dann über sie lachen könnte. Sie wollen sich nicht wie unmündige Kinder fühlen.«

Ich zucke zusammen und fixiere Annas schmales und von tiefen Furchen durchzogenes gebräuntes Gesicht, das scheu und angriffslustig zugleich unter einer ballonartigen grobmaschigen Wollmütze hervorblitzt.

»Dabei sind die Menschen in Sibirien doch so kinderlieb!«, sage ich nachdenklich, aber alle lachen.

Levi hat während des gesamten Barbecues auf meinem Schoß gesessen, die Beine um meine Hüften geschlungen, die Hände in meiner linken Schulter vergraben, mit großen Augen, leicht geöffnetem Mund und vorgereckter Nase. Seit wir die Transsibirische Eisenbahn verlassen haben, sind meine Hüften sein Lieblingsort. Er sucht häufig den Augenkontakt zu mir. Er will sich vergewissern, dass alles in Ordnung ist. Sooft er es braucht, schaue ich ihm in die Augen, lächle, nicke und streichle abwechselnd über seine Arme, Beine, die neugierige Nase oder den immer hungrigen Bauch. Im Laufe des Abends wird sein Griff manchmal lockerer. Sobald ich mich dann bewege oder gar versuche, ihn abzusetzen, packt er wieder zu.

Als der zehnjährige Sohn Andreis mit seinem Fußball den Garten stürmt, wird Levi unruhig. Seine Hände greifen in die Richtung des Balles, seine Beine klammern sich um meine Hüften. Andrei ist alleinerziehender Vater.

»Meine Exfrau lebt jetzt in der Stadt«, erzählt er und schaut dabei auf den See oder ins Nichts, sodass ich mich nicht traue, zu fragen, in welcher Stadt und wie oft sie ihn und den Sohn besucht. Und wie er seinen Sohn und sein sonstiges Leben unter einen Hut bekommt.

Endlich hält Andreis Sohn Levi seinen Fußball unter die Nase, und Andrei geht Holz hacken.

Als ich gegen 23 Uhr mit dem schlafenden Levi auf meinem Arm auf dem Weg in unser Holzzimmer das zu unserem Chalet gehörige Restaurant durchquere, sitzt dort noch ein Englisch sprechendes Paar und eine fünfköpfige deutsche Reisegruppe mit ihrem russischen Gruppenführer. Eine Deutsche hält ein Bündel DIN-A4-Papier in der Hand, in dem sie geräuschvoll hin und her blättert. Ein anderes Gruppenmitglied sagt mit lauter Stimme und in Denkerfalten gelegter Stirn: »Ich weiß genau, dass das Abendessen im Preis inklusive ist. Ich habe mir gemerkt, dass jedes Abendessen im Preis inklusive ist. Also bezahle ich hier keine 220 Rubel extra.« Und die Sitznachbarin ergänzt: »Und auch der Museumseintritt morgen ist laut Reiseverlauf inklusive. Ich zahle die 70 Rubel* nicht extra. Auf gar keinen Fall.« Mit der Faust schlägt sie auf den Tisch. Der Reiseführer sagt mit leiser Stimme, dass in keiner Gruppe bisher der Eintritt zum Museum inklusive gewesen sei und dass er noch mit jeder Gruppe das Abendessen extra gezahlt habe, weil es sehr besonderes Essen sei, und dass er sich bei seinem Chef erkundigen werde.

»Außerdem wollen wir lieber zum Tscherskistein aufsteigen, statt ins Museum zu gehen. Bei dem schönen Wetter. Oder geht beides?«

»Beides geht nicht!«, sagt der Reiseleiter.

»Warum nicht?«, fragt Gruppenmitglied Nummer 4.

»Geht halt nicht, ist so nicht vorgesehen! Um 13 Uhr ist

---

* 70 Rubel entsprechen ungefähr 1,60 Euro.

schon das Mittagessen fertig«, sagt der Reiseleiter und verabschiedet sich bis zum Frühstück um sieben Uhr.

»Wann möchtest du morgen frühstücken?«, fragt Tara flüsternd, die mit den benutzten Tellern in der Hand hinter mir steht.

»Wenn Levi aufwacht, okay?«

»Okay!«

Jetzt erst merke ich, dass das englische Paar mich anstarrt. Selbst als ich ihnen direkt ins Gesicht lächle, verändert sich der starre Ausdruck auf den zwei weißen Gesichtern mit leicht nach unten hängenden Mundwinkeln nicht. »Das muss eine Russin sein, eine Verwandte aus Irkutsk«, höre ich die Frau zu ihrem Mann sagen. »Eine Reisende mit Baby, hier in der Wildnis? Unvorstellbar!«

Kurz überlege ich, welche Antwort passend sein könnte, entscheide mich dann für mein »Ich verstehe leider gar kein Englisch«-Gesicht. Wenig später schlafe ich mit dem festen Vorsatz, mit Levi zum Tscherskistein aufzusteigen, in einem 90 Zentimeter breiten Holzbett, in der gewohnten Funktion des Sicherheitsgitters für meinen quer neben mir liegenden, gleichmäßig atmenden Sohn ein.

Antikreuzfahrt

Vor uns auf dem Tisch steht ein Teller mit Käse und Schinken. Dazu Marmelade, Butter, eine Portion Rührei mit Käse, Brot, ein Apfel, eine Orange, ein Teller voller Lebkuchen, zwei Schälchen Cornflakes und zwei Gläser mit Orangensaft. Verhungern werden wir in Listwjanka nicht.

Unser Tisch im Restaurant des Chalets befindet sich mittig an der Rückseite des Raumes – wir haben alles und jeden im Blick. Rechts von uns sitzen drei Englisch sprechende Paare Mitte dreißig in Trekkingkluft mit ihrem Guide. Links von uns macht das englische Paar von gestern Abend Pläne für den Tag.

»*Good morning*«, hatte ich in den Raum gegrüßt, und alle Gespräche waren verstummt. Seitdem werden wir beobachtet. Da Tara keinen Babystuhl hat, sitzt Levi auf meinem Schoß und verstreut seinen Teil des Frühstücks auf meiner Trekkinghose. Ich ertappe mich dabei, betont entspannt wirken zu wollen. Als mir Ina und unser erstes Frühstück in der Transsib in den Sinn kommen, muss ich lachen, und alles ist wieder gut.

Irgendwann windet sich Levi von meinem Schoß herunter, krabbelt schnurstracks zur offen stehenden Küchentür und zieht sich am Rahmen in den Stand. Bevor ich die ausgestreckten Arme sehe, höre ich das altbekannte russische *Malinki-malinki*-Gurren. Mehrstimmig. Levi flüchtet zu unserem Tisch, macht kehrt und krabbelt zurück zur Küchentür, in der drei lachende Frauen um Levis Gunst gurren: eine Asiatin um die dreißig in orangefarbenem T-Shirt, schwarzen Leggings, roten Socken und Badelatschen, eine dunkelhaarige Frau mittleren Alters in Jeans und ein bleichgesichtiger Teenager in Trainingshosen. Irgendwann lässt Levi sich einfangen und auf dem Arm der Asiatin durch die Küche tragen.

Ich genieße die levifreien Minuten bei einer zweiten Tasse Tee und einem herzhaften Biss in ein unscheinbar aussehendes, aber teuflisch leckeres Lebkuchenbällchen.

Plötzlich schaut Tara aufgeregt aus der Küche heraus und ruft quer durch den Raum: »*Julia, telephone for you. Wladi wants to talk to you. Our boss.*« Acht Augenpaare sind auf mich gerichtet, als ich in der Küche verschwinde und »*Hello?*« in ein elfenbeinfarbenes Telefon mit Wählscheibe frage.

»Hallo Julia, hier ist Wladi. Ich muss schon darüber lächeln, dass du in meinem Chalet wohnst«, sagt eine mir seltsam bekannt vorkommende Stimme auf Englisch mit starkem russischen Akzent. Aber der Groschen fällt nicht.

»Ja, ich fühle mich sehr wohl«, gebe ich zurück und krame in der letzten Windung meines Gehirnes nach einer Person, die zu dem Namen Wladi und dem bisherigen Gesprächsverlauf passt.

»Warum hast du denn nicht über uns gebucht? Billiger hast du es jetzt sicher nicht bekommen. Wir haben gesehen, dass du über verschiedene Agenturen angefragt hast, und mussten darüber lächeln.«

Meine russischen Exfreunde haben mich gefunden. Ich erkläre, dass ich gerne über sie gebucht hätte, aber mir die Überweisung des Geldbetrages in Anbetracht der Kürze der Zeit zu riskant erschien. Und als ich dann vier Tage nichts von ihm gehört hätte, hätte ich kurz entschlossen bei einem deutschen Anbieter per Kreditkarte gebucht.

»Ich musste schon lächeln«, dröhnt es durch die Leitung, diesmal irgendwie bedrohlich. Tara steht hinter mir, schaut besorgt und trocknet eine Kaffeetasse ab.

»Kann ich verstehen. Kennen Sie PayPal?«, gebe ich unschuldig zurück.

»Das nächste Chalet, zu dem du reist, gehört auch mir.«

»Sie besitzen tolle Chalets!«

»Billiger hast du es sicher nicht bekommen. Es sind ja meine Chalets.«

»Mir ging es nicht um den Preis. Ich wollte nur sicher kurzfristig los und hatte Sorge, dass der Zug ausgebucht sein könnte, wenn wir auf die Überweisung gewartet hätten.«

»Preis war dir egal?«

»Ja.«

»Die meisten Touristen wollen möglichst billig.«

»Ich will möglichst schön.«

»Bei mir bekommst du beides«, dröhnt mir ein tiefes Seemannslachen entgegen. »Wenn du Hilfe brauchst mit deinem Baby, lass es mich wissen. Tara hat meine Telefonnummer.«

»Ich auch«, gebe ich lachend zurück und lege gleichermaßen erleichtert und beschwert den Hörer auf, nehme der Asiatin Levi aus dem Arm und gehe hinaus auf die Terrasse mit Baikalblick. Die Sonne scheint, und am Himmel ist kein Wölkchen zu sehen. Levi spielt allein mit seinem Weltenball, und ich spüre dem Telefonat nach.

Mich ärgert es, wenn Kunden sich von meinen Mitarbeitern intensiv beraten lassen und dann woanders buchen. Weil sie meinen, es dort billiger zu bekommen, ohne zu verstehen, dass wir Lodges und Camps aussuchen, die authentisch und liebevoll geführt sind und nicht mit dem Massentourismus im Bett liegen. Ich finde es gut, dass Wladi mich aufgespürt hat, und ich hoffe, dass er meine Gründe geglaubt und verstanden hat. Trotzdem habe ich ein latent schlechtes Gewissen.

Der Gedanke, dass ich nun schon einige russische Seelen habe, die über uns wachen, lässt mich entspannen. Das Restaurant ist mittlerweile leer und die Küchencrew mit Putzen der Gästezimmer beschäftigt.

Levi hat die Terrasse mit Baikalblick zu seinem neuen Zuggang erklärt. Seit zwanzig Minuten spielt er fröhlich quiekend allein mit dem Weltenball. Das Gespräch mit Wladi hat mich Energie gekostet. Vielleicht, weil es mich an die Phase der Reiseplanung erinnert hat? An das alte Zuhause? Wortlose Gedanken sausen in meinem Kopf herum und münden in den Fragen: Werden wir finden, was ich suche? Gibt es ein Familienmodell, das zu mir, zu uns passt? Das uns alle drei leben lässt? Und auch ein Leben zu dritt zulässt?

Gerade noch rechtzeitig erinnere ich mich daran, dass ich immer dann, wenn ich mir den Kopf zu zerbrechen drohe, in die Welt schaue. Aufbreche. Um vom Grübeln ins Tun zu kommen. Also müssen wir los. Am besten aufs Wasser. Das hat in Sankt Petersburg schon gut funktioniert.

Eine knappe Stunde später stehe ich mit Levi in meiner Bauchtrage in der Touristeninformation im Hafen von Listwjanka. Hier soll es Tickets für die verschiedenen Fischerboote geben, die in regelmäßigen Abständen anlanden, Leute abladen, neue Leute aufnehmen und wieder lostuckern. Aber irgendwie will die Dame hinter dem hölzernen Schreibtisch von dem Bootstreiben hinter ihrem Rücken noch nie etwas mitbekommen haben. Also warte ich mit Levi auf das nächste Boot, warte, bis alle Leute ausgestiegen sind, steige ein, setze mich auf eine Bank mit Aussicht und warte erneut. Ein freundlicher Mitarbeiter erklärt, dass das Boot erst in zwei Stunden ablegt, also gehen wir wieder von Bord. Das folgende Boot ist überbucht mit einer japanischen Reisegruppe, die wenige Augenblicke zuvor von drei Reisebussen vor dem Hotel *Mayak* abgeladen wurde, einem gelb-rosafarbenen Turmbau, der laut allgemeiner Reiseführermeinung das beste Haus am Platz mit dem schlechtesten Preis-Leistungs-Verhältnis sein soll. Beim dritten Boot verstehen der Kapitän und ich uns einfach nicht.

Leicht frustriert und vom Hunger getrieben, landen Levi und ich gegen 13 Uhr in einer Hafenkneipe mit Terrasse direkt über dem Wasser. Wir stärken uns mit schmackhaftem Fisch und Gemüse und bemerken beim Verlassen der blassblau gestrichenen Terrasse Anna, die versunken in ihr Buch auf einem der roten Coca-Cola-

Plastikstühle sitzt. Eine halb volle Flasche Rotwein steht auf dem roten Plastiktisch vor ihr. Wir sagen Hallo und gesellen uns zu einer kleinen Gruppe von Russen, die hoffentlich auch auf das nächste Fischerboot wartet. Das Boot kommt, die Gruppe steigt ein, und ich laufe mit Levi hinterher. Die Gruppe geht zum hinteren Teil des Bootes, in dem man draußen sitzen kann, und ich setze mich auf eine freie Bank in ihrer Nähe. Ein Bootsmitarbeiter kommt mit einer Liste zur Gruppe, hakt darauf etwas ab, kommt zu mir und fragt etwas. Ich schaue ratlos. Er fragt die Russen etwas, was ich nicht verstehe. Sie schauen genauso ratlos wie ich. Ich versuche auf Englisch, Deutsch, Spanisch und Zeichensprachlerisch zu erklären, dass ich gerne ein Ticket hätte und wissen wolle, wie lange die Tour dauere. Zwei Stunden, verstehe ich die zum Peacezeichen erhobene Hand hoffentlich richtig. Dann sagt der Mann etwas, das wie »*Tickjetski*« klingt, und deutet auf die Touristeninformation. »*Njet Tickjetski*«, entgegne ich, während ich ebenfalls auf die Touristeninformation zeige, und ziehe ein Bündel Rubel aus meiner Hosentasche: »*How much?*«

Eine Frau der russischen Gruppe redet mit dem Mann, lächelt mich dann an, zieht 500 Rubel aus meinem Bündel und gibt sie dem Bootsbediensteten. Der meckert leise auf Russisch und lacht mich mit zwei fehlenden Schneidezähnen an, woraufhin ich ihm 1000 Rubel gebe und ein Ticket in Form eines Prankenhiebs auf meine rechte Schulter bekomme.

Das Boot legt ab, und erleichtert mache ich mich auf die Suche nach einem Kiosk, um meinen russischen Rettern eine Flasche Wodka und Schokolade zu spendieren, als ich im Inneren des Bootes die deutsche Reisegruppe aus unserem Chalet und ihren russischen Führer ausmache. Ich denke, das ist die Chance, etwas über die uns bevorstehende Tour zu erfahren, als mich mein Ticket-verkäufer am Arm packt und seine Hilfe anbietet. Wofür auch immer. Ich sage »Wodka« und »Schokolade« und zeige auf die Gruppe draußen, woraufhin er erneut mit seiner Zahnlücke angibt. Ich gebe ihm 1000 Rubel und bekomme wenige Momente später eine etikettfreie Fla-sche und zwei Tafeln russischer Schokolade. Kurz zweifle ich, ob ich das Selbstgebraute als Geschenk weiterreichen darf, als der Bootsmann mir seine Pranke erneut auf die Schulter legt, Levi mit der anderen Hand die Nase stupst und mich bittet, kurz hier zu warten. Zumindest verstehe ich ihn so. Also warte ich, während wir den Hafen hinter uns lassen und die Fahrt unruhiger wird. Levi lacht kurz auf, als ich, um eine Welle auszugleichen, nach rechts hüpfe, und die Aufmerksamkeit der Reisegruppe ist uns sicher. Ich winke ihr zu und nehme grinsend den Be-cher, den der Bootsmann mir unter die Nase hält, stoße mit ihm an, verbrenne mir den Rachen und kann nicht verhindern, dass der Bootsmann mit freundlich-senilem Blick beginnt, einen begeistert quiekenden Levi mit Kek-sen zu füttern.

Die deutsche Reisegruppe hat sich mittlerweile auf-gelöst: Zwei Frauen sitzen innen rechts am Fenster, ein Mann innen links, der Reiseleiter ist derzeit nicht zu sehen, und das Paar hat es sich draußen auf unserer Bank bequem gemacht.

»Mir geht der Igor auf die Nerven. Der behandelt uns wie Schulkinder. Wir müssen gehorchen, und er hält seine Monologe«, höre ich die eine Frau am Fenster zur ande-ren sagen.

»Sollen wir heute Abend mal ohne die anderen in ein Restaurant gehen?«, fragt die Sitznachbarin zurück.

»Wohin denn?«

»Weiß nicht.«

»Mal ohne Herbert wär sicher nicht schlecht. Der flirtet immer so blöd mit mir!«, flüstert die eine.

»Aber Julius und Christine sind dann bestimmt sauer.«

»Stimmt auch wieder.«

Irgendwann gehen dem Bootsmann die Kekse aus, und ich geselle mich nach draußen zu den Russen und überreiche die Dankesgaben. Erst meinen sie, dass das doch nicht nötig sei. Als ich zum 148 000. Mal den Wodka und die Schokolade anbiete, greifen sie endlich zu, zaubern kleine Plastikbecher aus ihren Jackentaschen und laden mich zu einem echten russischen Wodkapicknick ein, wobei ich mich mit einem Blick auf Levi auf ein Schokoladengemetzel beschränke. Gemeinsam blicken wir zurück auf Listwjanka, das von birkenvollen Hügelketten erdrückt zu werden droht, und in Fahrtrichtung auf steil emporragende schneegekrönte Felsketten.

»Eigentlich würde ich morgen gerne mal ausschlafen«, höre ich den deutschen Reisegruppen-Mann zu seiner Frau sagen.

»Ich auch!«, antwortet diese mit einem Seufzer.

Nach einigen Minuten des Schweigens sagt die Frau: »Es ist so schön hier draußen, mit dem Wind und den Wellen!«

»Ja, so ruhig!«

Gerade schmiegt die Frau ihren Kopf an die Schulter des Mannes, als Igor, der Reiseleiter, in der Tür erscheint und sagt: »Kommt doch bitte rein zu den anderen. Ich werde über die biologischen Besonderheiten des Baikalsees berichten!«

»Bestimmt interessant«, sagt der Mann und steht auf.

»Ich bleibe lieber noch ein bisschen hier«, erklärt die Frau, erhebt sich nach einem auffordernden Blick Igors dann doch schwerfällig und lässt Levi und mich wieder allein unter Russen.

Irgendwie droht unsere kleine Kreuzfahrt die deutsche Reisegruppe zu sprengen. Vielleicht einte die Zwangsgemeinschaft aber nie mehr als der gemeinsame Reiseverlauf?

Ich denke an Rita und Sergei. An Sonia, Olga und Katharina. Und an Juri. Wir waren nicht zusammen angereist. Wir hatten nicht dasselbe Reiseziel. Und dennoch war da was. Ein Gefühl von Zusammengehörigkeit. Und mehr. Vielleicht bedarf es der Freiwilligkeit, damit sich eine Gruppe finden kann? Oder des Zufalls, dass sich Menschen treffen, die irgendwie zueinanderpassen? Oder einfach einer Programmfreiheit? Eines gewissen Freiraums?

Bei David Foster Wallace* hatte ich gelesen, dass der Zwang zum kollektiven Amüsement auf Kreuzfahrten mit Fortschreiten der Tage an Bord zunehmend zur Belastung werden kann. Zum Gefühl, sich verstecken und abgrenzen zu müssen. Um sich nicht zu verlieren. Während nach Wallace auf hoher See die Menschen mit jedem Tag mehr auseinanderdriften, kam sich meine transsibirische Familie mit jedem geratterten Kilometer näher. Ohne Grenzen zu überschreiten. Eine Antikreuzfahrt.

Ich stopfe Levi in seinen roten Fleeceanzug, ziehe selbst Mütze und Handschuhe an und genieße das rhythmische Tuckern des Fischerbootes. Levi schläft ein, und ich inhaliere den Blick auf Uferstraße, Holzhäuschen und mal gelbe, mal rosafarbene kleine Märchenschlösser, die ihre Existenzberechtigung den schroff aufsteigenden Hügeln abtrotzen, zu unserer Rechten. Zu unserer Linken, auf der anderen Seite der Angara, haben die Hügel mit Ausnahme von Port Baikal die Oberhand behalten: sanft

---

* David Foster Wallace: *Schrecklich amüsant – aber in Zukunft ohne mich*, Hamburg 2002.

geschwungene Buchten voll unberührter Landschaft, so weit das Auge reicht.

In rosiger Abenddämmerung stapfen wir die kleine ausgefranste Uferstichstraße hoch zu unserem Holzchalet. Unser Tisch im Restaurant ist bereits gedeckt. »Heute gibt es Huhn, für dich natürlich püriert«, sagt Tara und zwickt Levi in die Wange. Routiniert stillt dieser zunächst seinen Hunger, um dann eine Runde durch die Küche zu krabbeln und anschließend zu versuchen, sich an den verschiedenen Stühlen des Restaurants in den Stand zu ziehen. Die Küchencrew versammelt sich im Restaurant, um abwechselnd dem immer mal wieder hinplumpsenden Levi aufzuhelfen oder ihn mit russischen Liedern und Tanzeinlagen zum Lachen zu bringen. Mit Erfolg: In Gesellschaft dreht Levi auf. Je mehr Menschen um ihn herumwirbeln, desto besser. Die deutsche Reisegruppe und das Englisch sprechende Paar beobachten das Treiben, schauen aber weg, wenn Levi sich an einem Stuhl in ihrer Nähe hochzieht, und machen keine Anstalten, mit ihm zu kommunizieren. Innerlich muss ich lachen: Bevor ich Kinder hatte, habe ich mich auf Reisen auch oft von fremden Kindern abgewandt. Wollte meine Ruhe. Und habe damit nicht nur viel Spaß, sondern sicher auch echte Begegnungen mit den Eltern verpasst.

»Was machen Sie morgen?«, frage ich die deutsche Reisegruppe.

»Sie sprechen ja Deutsch!«

»Ich komme aus München.«

»Wir haben Sie heute auf dem Boot gesehen! Ohne Reiseleiter.«

»Wir reisen mit der Transsibirischen Eisenbahn von Sankt Petersburg über die Mongolei bis nach Peking. Zu zweit.«

»Wir reisen mit der Transsib nach Wladiwostok. Wir

sind froh um unseren Übersetzer. Die Menschen sprechen hier ja alle kaum Englisch. Sie scheinen gar keine Hilfe zu brauchen?«, fragt die eine Frau aus dem Bootsinneren.

»Bisher sind wir gut klargekommen«, antworte ich und kann Levi gerade noch rechtzeitig davon abhalten, aus dem Restaurant hinauszukrabbeln und sich an der Treppe zu unserem Zimmer zu probieren. Multitasking scheint nicht bei allen Frauen zu funktionieren. Aber ist vielleicht auch gut so, es soll zu seelischen Krankheiten führen, habe ich irgendwo gelesen.

Nach einigen Momenten des Schweigens erzählt mir Julius, dass sie morgen weiterreisen, nach Ulan-Ude.

Als Levi sich am Stuhl der australisches Englisch sprechenden Frau hochzieht und lachend umfällt, hebt diese ihn auf und drückt ihn mir in den Arm. Ich setze meinen Sohn wieder auf den Boden, und er krabbelt zielgerichtet zum Stuhl ihres Mannes.

»*I am sorry, is he bothering you?*«, frage ich den Mann.

»*No, no.*« Er sei nur überrascht, in dieser Wildnis – bei dem Wort »*wilderness*« reißt er die Augen weit auf – eine Mutter mit krabbelndem Baby anzutreffen: »Wir haben auch zwei Söhne. Die sind schon erwachsen. Als die in seinem Alter waren, haben wir Australien nicht verlassen«, sagt der Mann aus Melbourne mit ernster Miene.

»Ja, die meisten Menschen reisen nicht mit ihren kleinen Babys«, sage ich. »Aber bisher habe ich keinen Grund dafür gefunden. Sollte ich einen finden, breche ich die Reise ab«, sage ich, damit der Mann aufhört, mich wie eine verantwortungslose Verrückte anzuschauen, und sich keine Sorgen um Levi macht. Und weil ich es so meine.

»Mir fällt eigentlich auch kein Grund ein«, sagt der Australier nach einer Gedankenpause. »Margret, warum sind wir eigentlich nicht gereist, als die Kinder klein waren?«

»Das macht doch niemand«, antwortet diese. Und an mich gerichtet: »Ist das nicht sehr anstrengend?«

»Bisher weniger anstrengend, als zu Hause alles unter einen Hut zu bekommen«, antworte ich und überrasche mich selbst mit dieser Erkenntnis.

»Sie sind eine mutige Frau«, sagt Margret mit ernster Miene.

Zufrieden stelle ich auf dem Weg in unser Zimmer fest, dass mich das »mutig« nicht mehr verunsichert, sondern bestätigt.

Man muss nur mit der Seele suchen

Übermüdet sitze ich im Dunkeln auf meinem Balkon und friere. Levi hat heute über eine Stunde gebraucht, um einzuschlafen. Da mir der lange Tag in den Knochen steckt, bin ich selbstredend davon ausgegangen, dass er sich ähnlich erschöpft fühlt. War aber nicht so. Levi wollte noch spielen, brabbeln, an meine Nase fassen. Irgendwann hatte ich akzeptiert, dass mein levifreier Abend eine Stunde später als gedacht beginnen würde oder ich ihn auf eine halbe Stunde zusammenstreichen müsste. Kurz darauf entspannte auch er sich und schlief in meine Arme gekuschelt ein.

Es scheint, als hätte Levi klare Vorstellungen von seinem Tag. Er weiß genau, wann er allein oder mit anderen spielen, mit mir kuscheln, von mir durch die Welt getragen werden und seine Neugier befeuern, essen oder schlafen möchte: Wenn er aufwacht, möchte er kuscheln, dann mit mir im Zimmer spielen. Die Welt soll noch ein bisschen draußen bleiben. Auf das Frühstück folgt eine

Spielsession, die andere Menschen einbezieht und in der er unbekanntes Terrain erobert: die Küche, die Terrasse, den Garten. Dann folgen Erschöpfung, Schmusen auf meinem Arm und der erste Mittagsschlaf. Danach geht es richtig los: raus in die Welt, erst auf meinem Arm, dann gerne auch allein, krabbelnd. Mittagessen, bei Mama ein wenig kuscheln, dann zum zweiten Mal schlafen. Danach etwas kontemplativeres Spielen oder auf Mamas Schoß gekuschelt ein Buch anschauen, Steine anfassen und in den Baikalsee schleudern oder die Sonnencreme auf- und wiederzudrehen. Dann Abendessen, im Restaurant noch mal richtig aufdrehen und sich mit den Menschen dort beschäftigen, aufstehen üben oder Krabbeln perfektionieren, bis die Augen schlitzig werden. Dann Körperpflege, Schlafanzug anziehen, Buch anschauen, singen mit Mama, Flasche schnuckern und träumen.

Wird dieser Rhythmus eingehalten, ist alles okay, und er spielt mit, egal was ich im Rahmen seines Flows so veranstalte. Ich habe sogar den Eindruck, dass es ihm Spaß macht zu kooperieren. Er will dazu beizutragen, dass unsere Tage gelingen. Als Levi in der Transsib mit Rita den Gang entlanggejagt ist und die verschiedenen Abteile inspiziert hat, hatte ich sogar den Eindruck, es gefällt ihm, mich zu überraschen: »Ich schaffe das, Mama, lass mich nur machen!«, schienen seine lachenden wachsamen Augen zu sagen. Bisher zeigt sich Levi viel robuster, als ich es ihm zugetraut habe. Für ihn ist alles so selbstverständlich. Vielleicht auch, weil er mir vertraut? Weil er weiß, dass er zu mir flüchten kann, wenn ihm etwas zu viel wird?

Mein Gefühl sagt mir, dass Levi nur dann laut wird, wenn etwas für ihn wirklich nicht stimmt. Wenn er ein Bedürfnis hat, das ich gerade nicht respektiere oder sehe. Oder wenn er Bauchweh hat, zum Beispiel. Der Schlüssel für unser harmonisches Reisen scheint in der Empathie zu liegen, mit der wir uns gegenseitig begegnen. Auch Levi mir. Er beobachtet. Auch mich. Er hat nicht wild gezappelt auf meinem Arm, als wir aus der Transsib ausgestiegen sind und ich mit Schleppen und Orientieren genug zu tun hatte und ein bisschen nervös war. Er brabbelte nicht dazwischen, als ich konzentriert versuchte, der Dame in der Touristeninformation ein Bootsticket abzuschwatzen. Er lebt seinen Freiraum aus, wenn Zeit dazu ist. Und alles, was ich tun muss, ist, dafür zu sorgen, dass es diese Zeiten gibt. Und: meinem Sohn deutlich zu machen, dass ich ihn ernst nehme. Seine Wünsche respektiere. Und dass unser tägliches Tun Sinn macht für mich. Und somit für ihn.

Lächelnd und mit Tränen in den Augen stelle ich mich an das Bett meines kleinen Zwerges und bedanke mich bei ihm für das, was er schon immer war, ist und sein wird: ein gleichberechtigter Mensch und lehrreicher Reisepartner.

Vielleicht ist das auch einer der Schlüssel für unser Leben zu Hause: Empathie statt Regeln. Intuition statt Meinungen und Ratschläge anderer. Achtsamkeit und Glück als oberste Richtschnur. Levis und mein Glück. Und Markus' Glück natürlich auch. Aber der kommt uns erst in der Mongolei besuchen. »Im Alltag versteckt sich Glück. Man muss es nur mit der Seele suchen«, diesen frei nach Goethe zitierten Satz habe ich irgendwo mal gelesen. Vielleicht machen wir diese Reise, um meine Seele freizuschaufeln von dem ganzen Erziehungsmüll unserer Gesellschaft?

Hemingway nannte es in *Schnee auf dem Kilimandscharo* Seelenspeck. Mit dem Gedanken daran, dass Reisen die Seele trainiert und ihr Fett schmelzen lässt, schlafe ich wenige Minuten nach Levi ein.

Levi und ich sitzen auf der Terrasse vor dem Restaurant unseres Chalets und genießen, wie die morgendliche Sonne langsam stärker wird. Levi pflückt Blumen aus Taras Töpfen und hilft beim Geschirrspülen: Tara hat ihm Wasser in eine blaue Plastikwanne gefüllt, und Levi taucht mit wachsender Begeisterung meine Teetasse, die er vom Frühstückstisch stibitzt hat und seitdem mit sich herumschleppt, hinein. Tara setzt sich mit ernster Miene neben ihn und taucht einen mitgebrachten Teller unter. Ich blicke auf den verschlafenen See, als die Asiatin ihren Kopf aus dem Küchenfenster reckt und ruft: »*Julia, telephone!*«

Schon wieder?

Es ist Alexandra. Sie ist heute um 14 Uhr mit einer Gruppe im Heimatkundemuseum und fragt, ob wir uns nicht anschließen wollen. Eigentlich fragt sie nicht, sie fordert uns auf: »Das müsst ihr sehen. Das machen alle!«

Ich bin gerührt, dass Alexandra an uns denkt und relativ sicher, dass weder Levi noch ich besonders viel Spaß an einem Heimatkundemuseumsbesuch haben werden. Hin- und hergerissen zwischen dem Bedürfnis, Alexandra nicht vor den Kopf zu stoßen, und dem Wunsch, Levis und mein Wohlbefinden nicht aus dem Auge zu verlieren, versuche ich, mich diplomatisch aus der Affäre zu ziehen: »Ich steige mit Levi heute zum Tscherskistein auf. Falls wir es zeitlich schaffen, kommen wir auf dem Rückweg vorbei. Danke auf jeden Fall für das Angebot.«

Kurz darauf fällt Levi in seinen ersten Mittagsschlaf. Ich packe unseren Rucksack für den Aufstieg und genieße den Rest der Zeit lesend auf unserem sonnigen Lärchenbalkon.

Gegen zwölf Uhr bitte ich Tara, uns ein Taxi zu rufen.

»Nehmt doch den Lift hoch zum Felsen«, rät diese. Der Aufstieg sei lang und anstrengend mit Levi. Ich bedanke mich für den Tipp und frage, was das Taxi denn ungefähr kosten werde. 1800 Rubel, sagt Tara. Taxen scheinen teuer, denke ich, finde mich aber damit ab, weil ich nun einmal mit Levi auf diesen Felsen möchte, und das möglichst in der wärmenden Mittagssonne. Als der Taxifahrer uns an der Liftstation absetzt und ich ihm zwei 1000-Rubel-Scheine in die Hand drücke, winkt dieser ab, lacht und gibt mir 1820 Rubel zurück. Tara hat offenbar auf Englisch tausend mit hundert verwechselt – kann vorkommen.

Der Taxifahrer fragt, ob er uns wieder abholen soll. Da ich keine Pläne machen möchte, gibt er mir einen Zettel mit seiner Handynummer und entschuldigt sich dafür, dass er nicht warten kann. Ich denke an das Gespräch mit Anna beim Grillen und ihre Thesen, dass die Angst der Menschen vorm Reisen die Angst vor dem eigenen Versagen sei. Die Angst, die Kommunikation mit den Einheimischen nicht hinzubekommen. Und die Angst, übers Ohr gehauen zu werden. Dieser Taxifahrer ist ein kleiner Beweis dafür, dass Ängste vor dem Reisen oft nur im eigenen Kopf bestehen und mit der Realität in der Fremde wenig zu tun haben.

Vielleicht geben die Ängste vor dem Reisen auch einen Hinweis auf die Realität im eigenen Land. Denn: Wie viele Taxifahrer in Deutschland hätten einen Ausländer, der sich beim Bezahlen um eine Null verrechnet, darauf hingewiesen?

Der Lift ist ein sympathisch klapperndes Skiliftfossil: Metallbänke für jeweils vier Personen. Die Schutzbügel, an denen auch die Fußstützen befestigt sind, lassen sich manuell seitlich zuklappen: zwei pro Bank. Sie rasten nicht ein, sondern müssen mit einem Metallstift geschlossen werden. Levis Griff an meiner Schulter wird fester. Sein Blick ist konzentriert. Ich lasse einige Liftbänke an uns vorbeirattern und erkläre Levi mit einem Lächeln auf den Lippen und ruhiger Stimme, dass Liftfahren ganz viel Spaß mache. Er schaut zwischen mir und dem Lift hin und her. Dann streckt er seinen Arm aus, zeigt auf die nächste Liftbank und sagt: »Dadadaaaat!«

»Genau, das ist unsere Bank«, antworte ich, stelle mich in die Spur, setze mich hin, der Liftangestellte verstaut den Rucksack auf den freien Plätzen neben uns, und los geht's mit einem Schwung und dem damit verbundenen Kribbeln im Bauch. »Uiiii«, mache ich, kitzle Levis Bauch, und mein Sohn kichert lauthals. Und wieder einmal haben Neugier und Vertrauen über Angst gesiegt. Ich mache ein Foto, wie Levi seine Nase über den Bügel schiebt, um die Blumenwiese unter uns und den mit jedem Meter größer werdenden Seeausschnitt in Augenschein zu nehmen, und nehme mir fest vor, dieses Foto künftig hervorzuholen, wenn ich aus Angst etwas nicht machen möchte.

»Igor behandelt uns wie Schulkinder«, hatte sich die Teilnehmerin der Gruppenreise über ihren Anführer beschwert. Und auch Anna hatte den Vergleich zum Kindsein herangezogen, als sie über die Ängste beim Reisen sprach: »Sie möchten sich nicht wie ein dummes Kind behandeln lassen, sie möchten sich nicht der Gefahr aussetzen, dass man über sie lacht.« Und auch ich habe in der Wut schon mal zu Markus gesagt, bevor es Levi gab: »So kannst du mit deinem Kind reden, aber nicht mit mir!«

Je mehr ich mit Levi reise, desto klarer wird mir, dass solche Sprüche totaler Blödsinn sind: Ich rede mit Levi wie mit einem gleichberechtigten Menschen. Und so behandle ich ihn auch. Wenn man mal vom Windelnwechseln absieht und vom Füttern. Aber auch hier: Wenn ein erwachsener Mensch krankheitsbedingt Windeln tragen und gefüttert werden muss, ist er noch lang kein Idiot.

Levi zeigt mir jeden Tag, wie neugierig und unvoreingenommen er ist. Mein Eindruck ist, dass der negative Sprachgebrauch im Zusammenhang mit dem Wort »Kind« (dummes Kind, unmündiges Kind) zeigt, wie sehr sich die Erwachsenen von den lebensbejahenden Fähigkeiten der Kinder, von ihrer positiven Art, die Welt als ihre Spielwiese zu sehen, entfernt haben. Oder dass sie einfach eine todtraurige Kindheit hatten. Oder sie leben in einer Gesellschaft, in der Kinder nicht wertgeschätzt werden. Oder alles zusammen?

Nach fünf Minuten Liftfahrt mache ich unter uns die Englisch sprechende Reisegruppe von heute Morgen aus. Ob ich den Abstieg mit Levi zu Fuß schaffen würde, frage ich. Kein Problem, lachen sie zuversichtlich zurück. Wenige Augenblicke später hüpfe ich mit Levi aus dem Lift, greife den Rucksack und stehe auf einer mattgrünen Blumenwiese. Die nächsten sechs Gondeln sind leer, danach kann ich zwei besetzte Gondeln ausmachen, dahinter wieder nur Metallgerüste. Einige Meter folgen wir einem kleinen Trampelpfad, der bestimmt zum Tscherskistein führt, dann bleibe ich stehen und blicke mich um: Hinter mir liegt eine Blumenwiese vor einer hügeligen Birkenlandschaft. Am Horizont zeichnet sich blauschlierig der Baikalsee ab, der sich mit dem mittlerweile von länglichen weißen Wolken durchzogenen diesigen Himmel vermischt. Selbst die Bergketten am gegenüberliegenden Ufer schimmern blau, einige Büsche und Farne sind gelb und rostrot verfärbt. Der Wind ist schwach.

Die Diesigkeit verleiht der Luft eine Konsistenz, die zur Langsamkeit auffordert, also ziehe ich meine Daunenweste aus, setze Levi darauf und mich daneben. Levi nimmt seinen Schnuller aus dem Mund, kuschelt sich an meine Seite und blickt mit mir gemeinsam auf den Baikalsee. Eine russische Familie steigt aus dem Lift, Mutter und Tochter in engen Hosen und hohen Schuhen, der Vater in Jackett und der Sohn mit einem karierten Hemdkragen unter seinem Sweatshirt.

»*Tscherski, Tscherski*«, sagen sie zu mir und deuten auf den Trampelpfad, der in einem Waldstück verschwindet. »*Dada*«, bedanke ich mich und deute auf Levi. Mag ja sein, dass der Blick vom Stein noch mal schöner ist, aber ich finde es gerade hier genau richtig.

Levi betastet die Köpfe der Blumen: erst die weißen, dann die gelben, gefolgt von den lilafarbenen. Ich beobachte, wie er sich konzentriert, um seine Finger genau an das kleine hervorstehende Blütenblatt zu lenken. Sein Mund ist leicht geöffnet, und Speichel tropft heraus: Ob sich ein neuer Zahn ankündigt? Levi rupft die Blüte vom Stängel und hält sie mir vor die Nase. »Danke«, sage ich und freue mich sehr über die Aufmerksamkeit. »Gaga«, antwortet Levi und strahlt.

Irgendwann stehen wir auf. Wir tauchen auf dem Pfad ein in das kleine Wäldchen. Als es uns nach einigen Metern wieder ausspuckt, finde ich mich in Gedanken zurück nach Tibet versetzt: Wir stehen auf einem runden Felsplateau von wenigen Metern Durchmesser und blicken auf ein von bunten Gebetsfahnen umwickeltes Geländer, durch das uns das Powerblau des Baikal entgegenstrahlt. Bei näherem Hinsehen entpuppen sich die Gebetsfahnen als Stofffetzen und Taschentücher. Vermutlich verbindet sie einzig die Intention ihres Spenders mit den tibetischen Gebetsfahnen. Den Blick auf die Ufer der Angara kenne ich von gestern aus dem Boot heraus, aber von hier oben steigert sich die Weite der hinter Port Baikal liegenden Wildnis ins Unermessliche.

Gerade balanciere ich meine Kamera vorbei an Levi, der in der Babytrage vor meinem Bauch baumelt, als ein japanisches Gesicht vor meiner Linse erscheint. Ich bitte den Mann, ein Foto zu machen, und er entpuppt sich in der Horde von Japanern, die mit dem neuesten Kamera-modell um den Hals durch die Welt reisen, als der Ein-zige, der von Fotografieren nun wirklich überhaupt keine Ahnung hat. Auf Levianisch erkläre ich ihm die Grund-lagen, und irgendwann ist unser Erinnerungsfoto im Kas-ten: Levi und ich unterhalb des gesicherten Bereiches im steilen Gelände vor dem Baikalsee. Der Japaner ver-abschiedet sich sichtlich erleichtert und will nicht, dass ich ein Foto von ihm mit seiner Handykamera mache.

»Museum«, sagt der Taxifahrer, sobald er uns die Ser-pentinenstraße zurück zum See kutschiert, und als wir gegen 15.30 Uhr daran vorbeifahren, bin ich mir sicher, für Levi und mich die richtige Entscheidung getroffen zu haben. Drei Stunden lang haben wir die Blicke da oben genossen, und jetzt haben wir Hunger. Am Markt stei-gen wir aus, kaufen neben einem gegrillten Omul zur Abwechslung noch einen geräucherten, legen uns in un-seren sibirischen Strandkorb und vertrödeln den Rest des Tages mit Essen und Steinewerfen. Irgendwann schläft Levi in meinen Armen ein. Eine Stunde lang sitze ich regungslos am See und blicke abwechselnd auf meinen Sohn und das glitzernde Wasser. Der Mann, bei dem ich für den Strandkorb bezahlt habe, fragt, ob ich ein Bier möchte, und empfiehlt eine Wanderung um das Kap herum Richtung Bolschije Koty. Wie schön das klingt: Bolschije Koty. Ich danke ihm und freue mich jetzt schon auf unsere Fischkutterfahrt zu diesem nur mit dem Boot oder zu Fuß erreichbaren Ort.

Beim Abendessen kann ich kaum noch die Augen offen halten. Es ist eine echte Herausforderung, mit dem herumwirbelnden Levi mitzuhalten, und so bin ich dankbar, als er auf Taras Arm in die Küche verschwindet.

Mit leuchtenden Augen und krümelverziertem Mund bekomme ich ihn einige Minuten später wieder. Langsam frage ich mich, warum sibirische Kinder alle so schlank sind. Bei dem Kekskonsum kann man doch nur kugelrund werden? Auf jeden Fall scheinen die Kekse beruhigend zu wirken, denn Levi schläft schon auf der Treppe zu unserem Zimmer mit dem Kopf auf meiner Schulter ein.

Super, endlich habe ich mal einen richtig langen Abend nur für mich. Nur ganz kurz lege ich mich neben meinen leise schnarchenden Sohn. Meine Arme und Beine werden bleischwer. Mein Kopf hat keine Lust, sich von dem geblümten Baumwollkissen zu erheben. Also bleibe ich liegen und zähle die Astlöcher an der Decke.

Obwohl Levi und ich mittlerweile ein eingespieltes Reiseteam sind, bin ich abends oft richtig erschöpft. Ich verstehe das nicht, denn mein Eindruck ist, dass ich in München »mehr« mache als hier. Hier reise ich ja und arbeite nicht. Hier verbringe ich meine Zeit mit Levi und nicht mit Mitarbeitern, Kunden oder Dienstleistern. Warum bin ich dann abends so erschlagen?

Den Tag heute zum Beispiel haben Levi und ich im Wesentlichen mit Rumhängen verbracht: Am Tscherskistein und am Strand. Und wir haben zusammen gespielt. Levi hat sich 500 000-mal an meinen Händen in den Stand gezogen. 750 000-mal habe ich ihn gerade noch davon überzeugen können, den Baikalstrandstein doch lieber zu werfen als zu essen. 500-mal war der Stein schon in seinem Mund, und ich erfand viele verschiedene kreative Möglichkeiten, ihn wieder herauszubefördern, ohne mir von Levis zweieinhalb Zähnen allzu schmerzhaft in die Finger beißen zu lassen. Ansonsten habe ich sechsmal Windeln gewechselt, fünfmal gefüttert und dreimal selbst gegessen. Achtmal habe ich Levi getröstet: Einmal hatte der Wind ihm seine Kapuze vom Kopf geweht, und einmal hatte eine Dogge den krabbelnden Levi wohl mit einem kleinen Hund verwechselt und neugierig an seinem Windelpopo geschnuppert. Dann hatte er zu seiner großen Verärgerung ein Glas Orangensaft umgeworfen, was ein komplettes Umziehen meines Sohnes erforderlich machte. Beim vierten Missgeschick wollten die Cornflakes einfach nicht auf den Löffel, und das ergatterte Messer, das ich ihm wieder abnahm, war Nummer 5. Tröster Nummer 6: Der Keks wollte sich nicht durch die Stuhllehne pressen lassen. Zumindest nicht in einem Stück. Beim siebten Mal war der Schnuller nicht zu finden, zumindest nicht schnell genug. Und Nummer 8: Die Windel war voll, aber Levi wollte sie nicht hergeben. Sich hinlegen und nicht rumkrabbeln können: Neinneinnein.

Beim Abendessen hielt er es nicht wirklich lange auf meinem Schoß aus: Die Treppe zu unserem Zimmer musste 48 391-mal erklommen werden – und Mama musste aus irgendeinem Grund mit gebücktem Rücken danebenstehen. An den Rest des Tages konnte ich mich nicht mehr erinnern, aber so schwer, wie mein Körper sich anfühlte, musste da noch einiges mehr gewesen sein. Denn: Das, was ich da gerade aufgeschrieben habe, reicht doch nicht, um erschöpft zu sein. Oder?

Ich kümmere mich doch nur um Levi. Während wir durch Sibirien reisen.

Hmmmm.

Zahlreiche Bemerkungen kommen mir in den Sinn, die ich, als ich noch nicht Mutter war, über Mütter habe fallen lassen, die erschöpft mit einer Apfelschorle in der Sonne im Sandkasten des Biergartens saßen und sich mit anderen Müttern über den Stress der Kinderbetreuung unterhielten. Damals dachte ich: Ihr sitzt doch nur in der Sonne, was soll das Gejammere.

Jetzt spätschäme ich mich dafür. Jetzt weiß ich: Ein Acht-, Zehn- oder Zwölfstunden-Arbeitstag mit Feierabendbier ist nicht halb so erschöpfend wie 24 Stunden mit einem Baby.

Und es ist nicht die faktische Anstrengung. Levi ist ja nicht anstrengend für mich. Es macht viel Spaß, mit ihm Zeit zu verbringen, ihn zu beobachten. Mit ihm zu spielen, ihm beim Laufenlernen zu helfen. Er ist eine riesige Glücksquelle.

Und ich denke, dass es auch nicht an der Reise liegt. Aber woran liegt es dann? An der permanenten Alarmbereitschaft? Ich scanne die Umgebung: Gibt es Gefahren für Levi oder Spielmöglichkeiten? Isst Levi etwas Unverdauliches? Zieht er einem Hund am Schwanz, der ihn beißen könnte?

Oder an der Art der Interaktion zwischen Levi und mir? Ich möchte immer alles geben. Ich möchte die Tage mit ihm nicht nur irgendwie rumbekommen. Ich möchte nichts mit ihm einfach nur machen, abwickeln oder gut organisieren. Ich möchte alles mit ihm erleben, was möglich ist. Ich mache bei ihm keine halben Sachen. So wie eigentlich nie in meinem Leben. Wenn wir spielen, bin ich 100-prozentig konzentriert und bei ihm. Wenn er weint, leide ich mit. Wenn er vor Freude mit den Füßen strampelt, könnte ich heulen vor Glück.

Das Leben mit Levi schenkt mir eine neue Form der Intensität. Und die scheint ohne Pausen zu erschöpfen.

Bei jedem Job kann ich mal eine Kaffeepause einlegen oder einfach mal fünf Minuten aus dem Fenster schauen.

Bei Levi geht das nicht. Bei ihm kann mein Kopf einfach nicht abschalten. Muss ich das vielleicht lernen?

Ihn kann ich nicht bis morgen liegen lassen, wenn mir nichts mehr einfällt oder ich keine Lust mehr habe. Die Höhen und Tiefen eines Alltags mit Arbeit, Sport, Freunden sind für mich gestaltbar. Levis Höhen und Tiefen brechen völlig unvermittelt über mich herein. Und während mich noch das schlechte Gewissen plagt, irgendetwas falsch gemacht und somit zu seinem Wutausbruch beigetragen zu haben, lacht Levi schon wieder fröhlich in die Welt. Levi gibt den Takt vor, nicht ich.

Und das scheint nicht leicht für mich zu sein: das Ruder aus der Hand zu geben. Muss ich lernen, im Rahmen seines Rhythmus meinen Takt zu finden? Gibt es eine entspannte Koexistenz zwischen ihm und mir, die uns beiden ermöglicht, ein spannendes und entspannendes Leben zu führen: zusammen und auch jeder für sich?

Puh.

Bin ich müde.

Irgendwo habe ich mal gelesen, dass Fremdbestimmung eine der Hauptursachen für Burn-out sei. Vornehmlich leiden daher nicht die erfolgreichen Unternehmer und Manager darunter, sondern eher die Angestellten an der Unternehmensbasis. Je weniger Entscheidungsspielraum, je weniger Freiraum der Job einem lässt, desto höher die Wahrscheinlichkeit, in eine seelische Sackgasse zu geraten.

Bedeutet eine liebevolle Kinderbetreuung automatisch die Aufgabe oder zumindest starke Einschränkung der Selbstbestimmung? Oder gibt es ein Leben, das sowohl mir als auch Levi gerecht wird, ohne total zu erschöpfen?

Levi ist ja kein strenger Chef, der mir keinen Entscheidungsspielraum zubilligt. Er ist einfach da und mehr als bereit, sich von mir inspirieren zu lassen. Muss ich noch kreativer sein?

Oder ist es eine Frage des Kopfes? Der Einstellung?

Ich schaue auf mein iPhone: 21.49 Uhr. Es ist wirklich lange her, dass ich Nachteule mal vor 22 Uhr im Bett war, denke ich und versuche zu schlafen.

Doch ein Gedanke hält mich wach: Ich gehe mit Levi gleichberechtigt um. Die »Ich bin der Chef, und du machst, was ich sage«-Keule zu schwingen wäre vordergründig oft leichter, macht mir aber keinen Spaß. Außerdem würde Levi mit Wutausbrüchen kontern. Was noch weniger Spaß macht und keinem von uns guttut. Und das will ich nicht. Ein Beispiel: Natürlich hätte ich Levi am Strand, als er sich zum wiederholten Mal Steine in den Mund gesteckt hat, sagen können: Steine werden nicht in den Mund gesteckt. Stopp. Habe ich auch einmal gemacht. Aber dann ging es weiter: Natürlich hörte er nicht damit auf. Er lachte, beobachtete mich und steckte sich wieder einen Stein in den Mund. Ich lachte zurück und sagte erneut: Steine nicht essen. Disziplinjunkies hätten dann vermutlich mit fester Stimme und ernstem Gesicht gesagt: Wenn du nicht aufhörst, Steine zu essen, dann müssen wir den Strand verlassen. Oder hätten dem Kind böse schauend den Stein aus der Hand gerissen und »Bäh!« gerufen. Das wollte ich aber nicht. Und Levi auch nicht, denn am Wasser sitzen, Steine werfen und Möwen beobachten macht ja Spaß. Also was tun?

Levi ablenken, davon überzeugen, dass es viel spannendere Dinge gibt, als Steine zu essen. Zum Beispiel?

Hmmmm.

Ja genau, zum Beispiel Steine werfen. Oder aus Reiseführerseiten von Orten, zu denen wir eh nicht reisen, Schiffe bauen und die in See stechen lassen. Oder auf die Möwen zeigen und spannende Geschichten erzählen, wo die Möwen überall hinfliegen und was die dort sehen. Und ihm zeigen, wie viel Spaß es macht, einen Stein wieder auszuspucken. Also steckte ich mir einen Stein in den Mund, lachte, machte den Mund ganz weit auf und sagte »Aaaaaa« wie beim Zahnarzt und ließ den Stein herauskullern. Und lachte dabei. Und Levi machte es mir nach. Und widmete sich dann den Papierschiffchen.

Puh.

Es ist 23.03 Uhr.

Meine Güte, gar nicht so leicht, mich und Levi im selben Leben ernst zu nehmen.

Sibirisches Unternehmertum

Wir haben wirklich Glück, denn die Sonne scheint schon wieder. Erst ab übermorgen kündigt der Wetterbericht einen Temperatursturz auf acht Grad plus und Regen an. Aber was kümmert mich heute übermorgen? Und wie sicher sind schon Wettervorhersagen. Genüsslich knabbere ich an einem kleinen süßen verschrumpelten Apfel. Levi ist vor Minuten schon in der Küche verschwunden. Ich höre das Hoteltelefon klingeln und wenige Augenblicke später den morgendlichen Appell: *»Julia, telephone!«*

Wer das heute wohl ist?

»Wo warst du gestern, wir haben auf dich gewartet!«

Instinktiv halte ich den Hörer 30 Zentimeter von meinem Ohr weg.

Alexandra. Sie ist *not amused*. Offensichtlich hat sie meine höfliche Absage gestern als definitive Zusage missverstanden.

Ich habe keine Lust auf Diskussionen und schiebe alles auf Levi: »Mit Baby dauert alles länger, wir haben es einfach nicht rechtzeitig geschafft. Entschuldige.«

»Die ganze Gruppe hat auf dich gewartet. Vor dem Museum!«

»Tut mir leid, Alexandra.«

»Wann willst du denn jetzt das Museum sehen.«

»Gar nicht, das ist nichts für Levi.«

»Heute Nachmittag bin ich im Freilichtmuseum, 20 Kilometer Richtung Irkutsk. Ich hole dich um 13 Uhr ab, einverstanden?«

»Nein, Alexandra, wir haben andere Pläne, aber danke.«

»Was macht ihr denn?«

»Ums Kap wandern, Richtung Bolschije Koty.«

»So schnell bekomme ich keinen Führer für euch organisiert!«

»Das passt schon, Alexandra. Levi und ich gehen alleine.«

»Da fährst du doch eh mit dem Boot hin.«

»Ja, aber irgendwie zieht es mich heute schon in die Richtung. Ein Vorgeschmack auf echte Abgeschiedenheit. Wildheit der Natur! Keine Menschen!«

»Viel Spaß und eine gute Reise noch!«, sagt Alexandra und legt auf.

Mann, an diesen emotionsfreien Soldatenton kann ich mich wirklich nicht gewöhnen. Ob das daran liegt, dass Alexandra Deutsch in der ehemaligen DDR gelernt hat? Oder daran, dass Alexandras Hauptaufgabe darin besteht, bei den üblicherweise von ihr betreuten Touristengruppen mehr auf das Einhalten des Reiseplanes zu achten als auf das Wohlbefinden jedes Einzelnen? Abmarsch zum Freilichtmuseum in zwölf Minuten. Keine Widerrede, hopp hopp. Wer tut sich so was freiwillig an?

Levi bemerkt die Wolken vor meiner Stirn, und seine Unterlippe fängt an zu zittern. Also schiebe ich meinen Anflug von Genervtsein beiseite, packe Essen und Levis Bekleidung für alle denkbaren Wetterwechsel in meinen

Rucksack, binde mir Levi in der Trage vor den Bauch, hänge die Kamera um den Hals und stapfe los Richtung Kap: vorbei an Holzhäusern und Chalets, an dem Plattenbau und dem Markt. Wir queren eine kleine Brücke, laufen eine weit geschwungene Linkskurve und passieren ein Gebäude, das aussieht wie eine halb verfallene Lagerhalle. Die Straße ist nun nicht mehr geteert und nur auf der linken Seite von alten Holzhäusern gesäumt. Vor jedem zweiten Gartenzaun steht eine Räucherblechbüchse mit Omul auf dem nicht vorhandenen Gehweg. Katzen sitzen mit aufmerksamen Augen davor, greifen aber nicht zu. Einige Katzen humpeln. Vermutlich die, die es mal versucht haben.

Die letzten Häuser liegen hinter uns, als in einer lang geschwungenen Rechtskurve ein junges blondes Paar auftaucht. Eng umschlungen stehen sie auf dem sandigen Weg und küssen sich. Teenager, die den Augen ihrer strengen Eltern entkommen wollen, denke ich, als ein vierjähriger blonder Junge um die Kurve biegt und bei dem Paar stehen bleibt. Die Frau nimmt ihn auf den Arm. Die bekommen aber jung Kinder, denke ich und korrigiere meine anfängliche Altersschätzung von fünfzehn Jahren auf Anfang zwanzig. Kaum ist der Gedanke gedacht, biegt ein neunjähriges strohblondes Mädchen um die Kurve, und bevor ich meine Altersschätzung erneut korrigieren kann, gesellt sich noch ein wirklicher Teenager, ein Mädchen so um die dreizehn, dazu. Sie baut sich lachend vor ihren Eltern auf, hebt eine Hand vor ihr Gesicht und küsst den imaginären Partner. Die Mutter schlägt lachend nach der Tochter, und der Vater läuft dem daraufhin flüchtenden Teenager Haken schlagend hinterher. Die bekommen wirklich früh Kinder hier, denke ich und frage die lachende Menge strohblonder Russen nach dem Weg nach Bolschije Koty.

»Hier ist das Observatorium«, erfahre ich. »Der Weg nach Bolschije Koty beginnt hinter der Brücke rechts«, erklärt die Familie aus Listwjanka in gut verständlichem Englisch.

»Da wohne ich doch, bei Tara.«

»*Dada*«, sagt das Teenagermädchen.

»Ich möchte an der Küste entlanglaufen, nur ein bisschen, ich fahre später mit dem Boot nach Bolschije Koty«, erkläre ich.

Die Familie beratschlagt sich kurz, dann nimmt mich die Neunjährige an der Hand, und gemeinsam laufen wir den Weg zurück bis kurz vor die halb verfallene Halle. Dort zerrt Tania mich unter den neugierigen Blicken Levis links über einen überwucherten alten Hof bis hin zu einer kleinen Birkenlichtung und biegt erneut links ab. Wir laufen einige Meter über wegloses grasiges Gelände, bis aus dem Nichts ein kleiner Trampelpfad sichtbar wird, der sich, so weit meine Augen reichen, die Küste Richtung Norden entlangschlängelt. Ich drehe mich um und präge mir das Bild ein: die Birkenlichtung, die Halle dahinter, links unten am Ufer gelbe Gebäude mit blauen Flachdächern, rechts oberhalb von uns ein dreistöckiger Backsteinbau. Damit ich den Ort wiederfinde, wenn wir zurückkommen. »Mach doch ein Foto«, gestikuliert die Neunjährige und bringt sich in Positur: linke Hand in die Hüfte, mit der rechten Hand die Haare zurechtgewuschelt und dann in die Luft gereckt, rechtes Knie eingeknickt, Hintern rausgestreckt, breites Lachen im Gesicht. Fotomodellhafte Posen einzunehmen scheint den Russinnen in die Wiege gelegt. Oder überlebensnotwendig?

Levi gähnt, und so begleiten mich das Mädchen und ihre Familie ein Stück bis zu ihrer Lieblingsaussichtsstelle. Dort setzen wir uns hin, und Levi fällt in einen tiefen

Schlaf. Ich erfahre, dass der Mann dreißig ist und eigentlich promovierter Literaturwissenschaftler. Da er keinen Job in Irkutsk finden konnte, seien sie vor einigen Jahren nach Listwjanka gezogen. Die Gegend werde wirtschaftlich gefördert, und der Tourismus hier sei ein halbwegs sicheres Geschäft. Er arbeitet auf einem der Touristenboote. Seine Frau, die Chemie studiert hat, arbeitet in einem der Hotels. Früher hätten ihre Eltern ein Ferienhäuschen in Bolschije Koty besessen, aber in den Neunzigern sei ihr Vater gestorben, und aufgrund der schwierigen wirtschaftlichen Lage Russlands besonders Ende des Jahrzehnts habe die Mutter das Angebot eines bessergestellten Russen annehmen müssen und das Haus verkauft. Zunächst habe sie versucht, aus dem Haus eine kleine Pension für Touristen zu machen, aber das sei schwierig gewesen. Und so erfahre ich, dass man damals wie heute zur »Familie der Erfolgreichen« gehören muss, will man unternehmerisch tätig werden oder eigene Ideen umsetzen. Sie selbst habe vor zwei Jahren versucht, als Moskau verkündet hatte, Unternehmertum fördern zu wollen, zusammen mit einer Freundin ein Restaurant zu eröffnen. De facto müssten Menschen, die nicht zur »Familie« gehörten, unendlich viel Papierkram erledigen und für vier Jahre den gesamten Gewinn als Steuer abgeben. Das könne sich niemand leisten. Und somit sei vieles, was der Kreml sage, nur für die Politik und das Ausland bestimmt. Die Menschen hätten nichts davon.

»Und wie geht es euch jetzt?«, frage ich.

»Wir lieben unser Land. Wir lieben den See. Die meisten Menschen sind wunderbar. Wir konzentrieren uns auf unsere Familie. Komm doch heute Abend zum Essen bei uns vorbei. Mein Bruder und seine Kinder sind auch da!«, schlägt die junge Frau vor. »Mein Bruder malt, er zeigt dir gerne seine Bilder. Ich zeige dir Fotos von Bolschije Koty, und du kannst uns erklären, warum du diese Reise machst mit deinem Sohn, ja?«

Mit Sonne im Herzen und Rückenwind stapfe ich mit dem immer noch schlafenden Levi los Richtung Norden. Je weiter ich gehe, desto schneller wird mein Schritt. Der Pfad ist erdig, voller Wurzeln, steigt in Zickzackserpentinen mal mehr, mal weniger steil an und trifft nach einer Stunde auf einen etwas besser sichtbaren Trampelpfad. Unter uns krachen Wellen an das teils steinige, teils felsige, aber immer steil ins Wasser abfallende Ufer des Baikal. Wir laufen vorbei an mit Krüppelbüschen und stacheligen braun-grünen Gräsern überzogenen Wiesen, deren Halme sich sanft im Wind wiegen. Durch Birken und Lärchengruppen, deren teils grüne, teils braun-rote Blätter das Licht der Sonne zu funkelnden Lichtspielen brechen, die meine Nase kitzeln und Levi dazu bringen, seinen Arm auszustrecken, um mit dem Finger die glitzernden Tagessterne zu verfolgen und »Dadadat« zu rufen. Bolschije Koty entwickelt eine Anziehungskraft, die ich körperlich spüre. Ein Kraftort. Bei den Torres del Paine in Patagonien habe ich Ähnliches gespürt, oder in Lo Manthang in Mustang, auf dem Makarot in Tansania, am Jele Dzong in Bhutan entlang des Druk Path, auf dem Reinebryggen auf den Lofoten, aber auch auf der Wiese vor Schloss Elmau in Oberbayern, mit Blick auf den Wetterstein.

»Bolschije Koty, Bolschije Koty«, singe ich Levi vor, und der klatscht dazu in die Hände. Die Luft ist dick von dem angenehm modrigen Geruch herabgefallener Birkenblätter und der harzigen Würze der Lärchen.

So fühlt sich von Menschen unberührte Natur an! Berauscht von diesem Gedanken, tanze ich auf dem schmalen steinigen Pfad und kann gerade noch rechtzeitig vor dem ausgesetzten Stück Weg abbremsen. Ein zwei Meter breites Loch mit ausgefransten Rändern lacht mir entgegen. Rechts davon der felsige Abgrund über tosendem See, links eine geröllige Felsrutsche, die ein Weiterlaufen zu einer Rutschpartie mit ungewissem Ausgang machen würde. Zumindest, wenn man ein Baby mit sich trägt und nicht ganz so beweglich ist. Also setzen wir uns kurz hin, um zu verschnaufen. Dabei fallen mir weiße und graue Wolken am Himmel auf, die immer wilder miteinander tanzen. Auch der Wind weht auf einmal kälter. Der See besitzt eine gräuliche Farbe, und die Wellen krachen noch ein bisschen lauter. Weiter nördlich kämpft sich ein Sonnenstrahl durch das Wolkengemisch und lässt die flatternden Blätter wie Gold schimmern. Da muss Bolschije Koty sein, denke ich sehnsuchtsvoll und füttere den zappelnden Levi. Er will raus aus der Trage, aber die Stelle hier erscheint mir denkbar ungeeignet.

Als ich bei meinen blonden Gastgebern ankomme, finde ich die Frau mit ihren drei Kindern in der Küche und den Mann beim Holzhacken im Garten vor dem Küchenfenster: »Es wird bald kalt«, sagt er entschuldigend.

Ich setze Levi zu dem Vierjährigen auf den Küchenboden und frage die drei eifrig schnibbelnden Frauen nach einem Job für mich. Nachdem ich mehrfach beteuere, dass ich zwar keine Ahnung vom Kochen habe, es aber unbedingt lernen möchte, darf ich helfen: Rote Bete schneiden. Levi lässt sich mit großen Augen das Spielzeug des Vierjährigen vorführen, und ich verfalle mit jeder Minute mehr dem Geruch von seit Stunden in einem schwarzen Emailletopf eindickendem Gemüsefond, brutzelndem Quinoa und Gewürzen, die ich nicht kenne. Die Wände der Wohnküche sind vollgestellt mit Holzregalen, die unter der Flut aus Töpfen, Tellern und Einmachgläsern zusammenzubrechen drohen. An den freien Stellen der mit Holz vertäfelten Wände hängen Bilder: Babykritzeleien, Kinderskizzen, abstrakte Versuche der Teenagertochter und Aquarelle des Künstlerbruders. Draußen wird es dunkel. Kerzen flackern auf grobem Holztisch. Wir schlürfen die dicke Suppe, mit der es der Köchin gelungen ist, den wild-liebevollen Charakter des Baikal einzufangen: intensiv, nahrhaft, speziell, lecker. Levi sitzt auf einem Kissen neben mir und lauscht mit gespitzten Ohren dem lebhaften Gespräch, bis ihm die Augen zufallen. Der Vater schürt das Feuer in einem kleinen gusseisernen Ofen, Levi schlummert trotz des vielen Lachens neben mir auf der Küchenbank, und wir spielen auf besonderen Wunsch der neunjährigen Tania eine Runde »Mensch ärgere dich nicht«.

Als ich gegen Mitternacht bei Vollmond wie auf Watte nach Hause schreite, bin ich mir sicher, ein weiteres Puzzlestück auf dem Weg zu unserem künftigen Leben zu Hause gefunden zu haben. Benennen kann ich es noch nicht. Aber fühlen kann ich es umso intensiver. Es hat etwas mit diesem großen groben Tisch zu tun, um den wir saßen. Und mit der Wohnküche. Dem gemeinsamen Kochen und Spielen. Damit, dass Levi sich selbstverständlich und stolz in eine sich vor seiner Nase formierende Gemeinschaft einfügt. Mitmacht. Es entspannt ihn geradezu, wenn er Teil einer Gruppe ist. Wenn er mal im Mittelpunkt steht und mal auch nicht. Er hat es genossen, einfach dabei zu sein. In dieser Küche war alles und jeder irgendwie richtig. Und gut.

Das Frühstück verlief heute ruhig: Keine Telefonanrufe meines russischen Alter Ego Wladi. Keine Vorschläge von Alexandra Honecker. Nur Levi, das Frühstück, die Küchencrew und ich. Mit einer Tasse Tee und einem Glas Milch sitze ich mit Levi bei immer noch strahlender Sonne auf der lärchenbeplankten Terrasse vor Taras Restaurant. Ich ahne nicht, dass dieser harmlos daherkommende Tag in Kürze unsere gesamte Mission infrage stellen wird.

Eine Schwere, die nicht erdrückt, sondern entspannt, überfällt mich: Heute mal kein Programm, sage ich mit belgischem Akzent zu Levi, der sich im Weltenballspielen ohne Gegner perfektioniert. Irgendwann setzt er sich neben mich, legt seinen Kopf auf meinen Oberschenkel und spielt mit seinen Händen. Die Fliegen surren, ein leichter Seewind weht um unsere Nasen, und eine Katze lässt sich zufrieden schnurrend zu meinen Füßen nieder.

»Was für ein perfekter Tag«, denke ich, als Levis Unterlippe anfängt zu zittern. Sekunden später rollen stumme Krokodilstränen über seine babyspeckigen Wangen. Ich nehme ihn auf den Arm, aber Levi biegt sich mit seinem Rücken von mir weg und hält mir seine kleinen Hände unter die Nase. Und da sehe ich sie: geschätzte dreißig Splitter. Sie stecken in Levis Handflächen, manche auf den ersten Blick ein bis zwei Zentimeter lang, zum Teil oberflächlich, zum Teil tiefer in seine weiche rosige Haut gedrückt. Auch mir schießen Tränen in die Augen, und Levi fängt laut an zu weinen. Also reiße ich mich zusammen, zücke eine Pinzette und mache mich an die Arbeit. Levi dreht und windet sich mit einer Kraft, gegen die unsere täglichen Kämpfe beim Windelnwechseln lächerlich erscheinen. Und selbst die gewinne ich nicht immer. Also schnalle ich ihn im Maxi-Cosi fest, streife mein dickes Seelenfell über und operiere weiter. Die größten drei Splitter schaffe ich, für alles Weitere ist die Pinzette zu stumpf, Levi zu stark und meine Seele zu schwach.

Tara kann weder einen Kinderarzt noch eine Apotheke empfehlen, und so steigen wir fünf Minuten später in Begleitung der asiatischen Küchenhilfe in ein Taxi auf dem Weg zum Krankenhaus von Listwjanka. Levi wimmert tapfer vor sich hin, und ich versuche, ihn mit Küssen und einer kleinen Geschichte zu beruhigen. Zehn Minuten später bleibt das Taxi vor der halb verfallenen Lagerhalle von gestern stehen. »Hospital?«, frage ich die Asiatin. »Dada«, antwortet diese. »Sure?«, frage ich und kann meine Tränen gerade noch zurückhalten. Aber nur, weil ich für Levi stark sein will. Die Asiatin spricht mit dem Taxifahrer und sagt dann: »Da.« Der Taxifahrer verspricht zu warten, und wir laufen über den mit Moos bewachsenen Hof, öffnen eine rostige quietschende Tür und stehen in einem schwach beleuchteten Linoleumflur mit Zeichnungen von Pflanzen und Kräutern aus der Region an den Wänden. Die Luft ist abgestanden, und es riecht nach ökologisch nicht korrektem Putzmittel. Ich fühle mich in einen Kriegsfilm hineinversetzt, Schlüsselszene Notlazarett, kurz bevor der Hauptdarsteller den Heldentod stirbt, und sofort fließen bei Levi wieder die stummen Tränen. Die sechzigjährige Ärztin mit dicker Brille und geflochtenem grauen Zopf bis zum Po gibt sich ernst und winkt uns in ihr Behandlungszimmer – Linoleum, eine ursprünglich mal weiße Metallliege, von der die Farbe abblättert, ein zahnsteinweißer Monitor mit flimmernd grünen Buchstaben auf schwarzem Bildschirm und ein zerbeultes weißes Medizinschränkchen. Sie zückt eine Nadel, durch die eine halb blinde Oma einen Faden fädeln könnte, hätte sie ein Öhr. »Flucht«, melden meine Beine, und mein Hirn versucht krampfhaft, einen Plan B zu entwerfen.

Leider fällt mir auf die Schnelle nichts ein.

Also zwinge ich mich zu bleiben, und lächle Levi an. Der ahnt noch nicht, was ihm bevorsteht, und lächelt seinerseits die alte Dame fröhlich an. Aber nur kurz: Die ersten zwanzig Sekunden erträgt Levi heroisch, dann schaltet er eine Sirene aus Verzweiflung und Schmerz an, die auch mich binnen Sekunden zum Heulen bringt. Blut tropft, Levi windet sich, und erst zwei Splitter sind geschafft. Damit verbleiben immer noch geschätzte 25 in den zwei Händen. Es ist entsetzlich, Levi gegen seinen vollen körperlichen Einsatz auf die Liege zu pressen, also bitte ich um eine Pause, nehme meinen zitternden Sohn auf den Arm, trockne unsere Tränen und suche nach Worten, die einen schnellstmöglichen Rückzug möglich machen. Die Ärztin hat jedoch auch nonverbal begriffen, dass ihre Mission zum Scheitern verurteilt ist, und erklärt mit ruhiger tiefer Stimme, dass die verbleibenden Splitter klein seien und nicht tief säßen und somit von allein herauskommen würden. Zumindest interpretiere ich die Bewegung, mit der ihre rechte über ihre linke Hand streicht, begleitet von einem Lächeln, dahingehend. Und dass *malinki* irgendetwas mit »klein« zu tun hat, habe ich mittlerweile begriffen. »Super«, denke ich und: »Tschüss!« und bleibe dann doch kurz im Raum stehen: Behauptet die Ärztin das nur, um die morschen Krankenhausmauern vor dem Zusammenbruch durch Levis Gebrüll zu bewahren? Oder erträgt sie es einfach nicht mehr: den brüllenden Powerzwerg und die schluchzende Mama? Oder weiß sie, dass sie nicht das geeignete Werkzeug hat? Oder hat sie vielleicht einfach recht?

Egal, ich will raus. Zeit gewinnen. Die Ärztin wickelt

Mullverband um Levis geschundene Hände. Geld möchte sie nicht. Der besorgte Taxifahrer setzt uns mit besten Genesungswünschen an unserem lieb gewonnenen sibirischen Strandkorb ab. Die Asiatin weigert sich standhaft, Trinkgeld für ihren Begleitschutz anzunehmen, und fragt, ob sie noch irgendetwas für uns tun könne.

Am Strand klammert Levi sich an meine Hüften und schluchzt ein wenig. Dann beobachtet er den See, fängt sich und möchte loskrabbeln. Vor zu den Wellen. An seinem Bauch halte ich Levi kurz über dem steinig-sandigen Strand. Er rudert voller Vorfreude mit den Armen und zappelt mit den Beinen, als ein Wort durch mein Gehirn blitzt: Blutvergiftung!

Levis Hände sind übersät mit kleinen Wunden: einige von einer Blutkruste brüchig verschlossen, andere feucht von nässender Wundflüssigkeit.

Macht die Reise noch Sinn, wenn Levi nicht krabbeln darf?

Ich bin kein Freund davon, Levi im Kinderwagen ruhigzustellen und ihn so aufs Schauen zu beschränken. Unsere Reise lebt davon, dass Levi sich frei bewegen kann. In Küchen und Abteile hineinkrabbelt. Am Strand jeden Stein umdreht. Sich schmutzig macht.

Was mache ich, wenn sich im abgeschiedenen Bolschije Koty Levis Hände entzünden? 20 Kilometer nach Listwjanka wandern ist dann sicher keine Lösung. Ob ich auf die Schnelle ein Boot organisiert bekomme? Und dann? Das Krankenhaus von Listwjanka schien mir auch nicht der geeignete Ort für eine Notoperation. Also: Anderthalb Stunden Bootsfahrt plus die Zeit, die es dauert, ein Boot zu organisieren, plus eine Stunde nach Irkutsk, Flug nach Moskau, Flug nach Hause, macht mindestens zehn Stunden.

Ich fühle mich wie eine Kinderquälerin.

Mann, dass derart harmlos daherkommende Splitter das Ende unserer Mission bedeuten können, hätte ich wirklich nicht gedacht. War ich doch naiv, als ich den Entschluss fasste, mit Levi zu dieser Reise aufzubrechen?

Mir wird flau im Magen. Neinneinnein, denke ich. Derart blöde Holzsplitter bringen sie nicht zurück. Die Stimmen. Die Zweifel. Die Unsicherheit.

Um Levi von seinen geliebten Wellen abzulenken, greife ich zum Äußersten und gebe ihm mit zitternder Hand mein iPhone. Sofort drückt er den richtigen Knopf, schiebt nach einigen Versuchen erfolgreich die Entsperrung zur Seite und patscht mit ernster Miene auf den verschiedenen Kacheln herum.

Mantramäßig stelle ich mir dieselbe Frage: Macht die Reise Sinn, wenn Levi nicht krabbeln darf?

»Natürlich nicht!«, sage ich zu Levi, dem überrascht von meiner plötzlichen Ansprache das iPhone aus dem Mund fällt.

Die Frage ist, wie lange es dauert, bis die letzten Splitter aus der Hand draußen und die Wunden verheilt sind. Drei, vier Tage vielleicht?

Ich rufe Alexandra an und frage nach der ärztlichen Versorgung in Bolschije Koty.

»Die haben dort einen Schamanen«, dröhnt es mir entgegen.

»Na super.« Also: Nichts gegen Schamanen, ich würde ein derartiges Ritual gerne mal ausprobieren, aber nicht wenn es um das Wohl meines zehn Monate alten Sohnes geht. Also: zur Not schon. Bei freier Wahl nicht.

Und die habe ich ja noch.

Grübelnd machen wir uns auf den Weg. Wohin, weiß ich nicht. Ich weiß nur, dass ich so einen Grund habe, Levi in die Babytrage zu stopfen. Unterwegs rufe ich Markus an, um von unserem Unfall zu berichten und ihn in meine Ratlosigkeit mit einzubeziehen. Aber unsere Kommunikation ist gestört: Er hört mich. Aber ich höre ihn nicht. Levis Sabber hat die Hörfunktion für unbestimmte Zeit lahmgelegt. Na toll: Markus erfährt alles, und ich bekomme nichts: keinen Trost, keinen Ratschlag, nichts. Mal gespannt, wie lange es dauert, bis der letzte Speicheltropfen durch die schicke Technik durchgetropft ist. Billigteil.

Ich monologisiere: darüber, dass ich plötzlich Angst habe vor Bolschije Koty. Die romantisch-abenteuerliche Abgeschiedenheit hat etwas Bedrohliches bekommen. Eigentlich hat sich Bolschije Koty ja nicht verändert. Ich hatte das Bedrohliche nur nicht gesehen. Oder sehe ich jetzt etwas, das es nicht gibt? Aus Panik? In meinen Reisen ohne Levi hatten Splitter bisher keine große Rolle gespielt. Was vielleicht leichtfertig war, wenn man an Hemingways *Schnee auf dem Kilimandscharo* denkt. Aber gut. Das Telefonat entwickelt sich aufgrund Markus' fehlender Kommentare zum perfekten Selbstgespräch: Ich erinnere mich daran, dass Levis Krabbeln bisher ein Schlüssel zu echten Begegnungen in der Transsib und hier am Baikal war. Und eine wesentliche Möglichkeit für mich, auch mal ein klein wenig Distanz zu Levi zu bekommen auf dieser Reise, bei der wir bisher jede Nacht Nase an Nase verbracht haben. Und dass ein Wechselspiel aus Nähe und Distanz in Beziehungen für mich wichtig ist. Scheinbar selbst in der Beziehung zu Levi. Eine »Wir verbringen jede Minute miteinander«-Beziehung ist ein Gefängnis für mich. Durch seine Krabbelei gibt Levi mir die Chance, mich frei zu fühlen, auch mit ihm. Er gibt mir die Chance, ihn zu vermissen, wenn er in den Küchen dieser Welt verschwindet. Durch seine Krabbelei erinnert er mich daran, dass er sich jeden Tag mehr von mir entfernen wird und ich die Nähe, die er mir schenkt, besser genieße.

»Bist du noch da?«, frage ich leise.

Keine Antwort.

»Schick mir doch eine SMS, wie du die Sache siehst. Ich möchte Levi nicht gefährden.«

Heute relaxen, morgen entscheiden

Eine Deutsche bittet mich auf Englisch, ein Foto von ihr vor der Hafenkulisse zu machen. Da sie so quadratisch, praktisch, gut wirkt mit ihren gebügelten olivgrünen Trekkinghosen und den wachen braunen Knopfaugen hinter ovalgoldenem Brillengestell und irgendwie nach Kindererfahrung aussieht, frage ich sie um Rat.

»Seifenlauge«, sagt sie. »Damit kommt alles raus!«

Wie Seifenlauge? So einfach soll das sein?

Ich glaube ihr kein Wort, beschließe aber, es auszuprobieren. Wir verabschieden uns von der Frau, die wirklich alles gegeben hat, um mich zu beruhigen, und ich stelle fest, dass wir direkt gegenüber dem Hotel *Mayak* stehen, dem besten Haus am Platz.

In brenzligen Situationen helfen eine kleine Auszeit und ein bisschen Verwöhnen, also treten wir ein.

Die Halle ist marmorgefliest. Zu unserer Rechten kann ich am Ende des Ganges artig aufgereihte Holzstühle erkennen und tippe auf Hotelrestaurant. Zu unserer Linken laden beige-braune Cordsofas zum Loungen ein. Wir nehmen Platz und genießen den Blick auf eine meterlange geschwungene Rezeption aus dunklem Holz mit goldenen Beschlägen, in die ein Aquarium mit vielen bunten Fischen und aufgemalter Rifflandschaft eingelassen ist. Darüber prangen fünf Uhren: London, Paris,

Moskau, Peking und Irkutsk. Zwei Männer mittleren Alters in dunklen Anzügen sprechen mit der Rezeptionistin. Ein junger Mann blättert in den ausliegenden Prospekten.

Ich lasse mich tief in die beige Wolke sinken, lege Levi über meine Oberschenkel und bestelle ein Bier auf den Schreck. Eigentlich trinke ich gar kein Bier. Aber vielleicht beschert mir diese Reise ja nicht nur ein neues Leben, sondern auch einen neuen Geschmack, wer weiß. Levi schaukelt seine Hüfte hin und her, und mit einem Satz stehen seine Füße auf dem Boden. Er will los. Ich halte seine Hände fest. Hebe ihn wieder auf meinen Schoß. Er wehrt und windet sich. Sein ausgestreckter Arm deutet auf die Rezeption. Also gehen wir hin, er auf meinem Arm. An meiner Hand gehen ist unter seiner Würde. Allein oder gar nicht.

Ich setze Levi vor den Fischen ab. Er beobachtet mit leuchtenden Augen einen orange-weiß-gestreiften Clownfisch. Nach einigen Minuten der Observation versucht Levi, mit den Händen die Bahnen des Clowns nachzuziehen. Ich schaffe es, seine Aufmerksamkeit auf einen nicht so agilen großen grauen Fisch zu lenken, aber auch der bewegt sich. Der Marmorboden wirkt frisch gewischt, die Feuchttücher stecken in meinem Rucksack, also gut: Ich ziehe mich zurück auf die Wolke und beobachte meinen Sohn, wie er fröhlich quiekend mit den Fischen auf und ab schwimmt. Nach einigen Minuten lösen sich die Verbände, und Levi macht eine Fischpause, um den ergrauten Mull in die Höhe zu halten und sich immer mehr darin zu verwickeln. Mir bleibt, das Schauspiel aus der Ferne zu genießen und alle paar Minuten Levis Hände mit Feuchttüchern zu reinigen. Und danach mit Taschentüchern zu trocknen.

Nach einer Stunde merke ich, wie meine Schultern

von den Ohren Richtung Hüfte sinken. Ich atme tief ein und aus und höre das Piepsen, das den Erhalt einer SMS verkündet. Dieses Piepsen, das oft so normal ist und routiniert mit einem gelangweilten Blick auf das Display gekontert wird, entfaltet hier im *Mayak* die Kraft eines Rettungsreifens: »Heute relaxen, morgen entscheiden! Kuss, M.«

Gerade mache ich ein paar Fotos von Levi dem Baikalbiologen, als sich eine vollschlanke platinbelockte Frau mittleren Alters in pinkem T-Shirt, weißem ausgestelltem Rock über rosigen Beinen, die in weißen Sandalen mit Korkabsatz stecken, vor mir aufbaut: »*Where are you from?*«, beginnt sie das Verhör in Zeitlupensprache mit breitem Liverpoolakzent. *Where – are – you – from*? Kein üblicherweise smalltalkeröffnendes »*Hi, how are you?*« oder »*Lovely weather today*«. Sie reckt mir ihren Kopf entgegen, mit großen Augen und geöffnetem Mund.

»*From Munich*«, sage ich. »*And you?*«

Ihr Unterkiefer klappt nach unten, ihre Augen bekommen etwas latent Feindseliges. »*Munich?!*«, ruft sie. »*You are not Russian? What the hell are you doing here?*« Sie lacht nicht dazu. Sie meint es tatsächlich ernst.

Ich habe weder Lust noch Kraft für ein Streitgespräch, also schaue ich der Dame nur in die Augen.

Blondie verwurstelt noch *brave* und *crazy* und *good luck* irgendwie zu einem Satz, um im Aufzug des *Mayak* zu verschwinden und vermutlich mit Blick auf den Baikal einen Gin Tonic zu trinken.

Eigentlich hatte ich sie ja gar nicht um ihre Meinung gebeten. Aus meiner Zeit vor Levi habe ich keine Erfahrung mit ungebetenen und ungehaltenen Meinungsäußerungen wildfremder Menschen. Bin ich als Mutter eines Babys eigentlich ein Automat, bei dem man Ratschläge und Kritik ungefragt ablassen kann?

Levi hockt mittlerweile auf dem Schoß der Rezeptionistin und zählt mit ihr Spielzeugrobben. Vermutlich für den Hotelshop. Oder ein authentisches Souvenir für eine englische Reisegruppe. Ich frage nach einem Zimmer mit Balkon, gerne auch ein bisschen größer, damit Levi krabbeln kann, und erfahre, dass die Penthousesuite im obersten Stock mit großer Dachterrasse morgen verfügbar ist.

Klingt doch nach einem Plan B, sollten sich die Wolken aus Panik und Sorge am Himmel über Bolschije Koty nicht verziehen.

Unsicher schleppen wir uns zurück in unser Holzchalet. Eigentlich wäre mir heute schon nach einem Bad in der Wanne der Penthousesuite des *Mayak*. Wäre sicher auch gut für Levis Hände. Und perfekt zum Wundenlecken. Die zahlreichen anderen Hotels und Pensionen in Listwjanka sind eher einfache, rustikale Unterkünfte. Die reichen Russen haben eigene, zum Teil opulente Ferienhäuser. Touristen müssen landestypisch einfach wohnen. Die meisten mit Plumpsklo und Holzofen. Was ja in Ordnung ist. Eigentlich.

Bei Tara funktioniere ich die Dusche ohne Stöpsel unter Zuhilfenahme einer Windel zu einer Badewanne für Levi um. Der setzt begeistert das gesamte Bad unter Wasser und merkt fast nicht, wie ich immer mal wieder einen Splitter aus seinen schrumpeligen Händen herausoperiere. Mitten in einer besonders kniffeligen Operation sitzen wir auf einmal in pechschwarzer Dunkelheit. Auch das noch, denke ich, und Panik kriecht heute zum wiederholten Mal meinen Rücken hinauf. Der Blick aus dem Fenster gibt Gewissheit: Der ganze Ort hat keinen Strom. Levi plärrt, ich sehe nicht, warum, und taste nach der Stirnlampe, die mir nachts den Weg zur Toilette leuchtet. Damit ich Levi nicht aufwecke.

Die Lampe hatte ich für das Chomolhari-Trekking in Bhutan gekauft. Einen Tag vor Abflug hatte ich erfahren, dass ich schwanger war. Die auf die Schnelle konsultierten Ärzte und Dr. Google gaben recht unterschiedliche Auskünfte hinsichtlich der Themen Langstreckenflug, Bergsteigen und Bekömmlichkeit von Höhenluft im ersten Schwangerschaftsdrittel. Einige, vorwiegend europäische, Quellen rieten komplett ab, einige wenige amerikanische Quellen hielten Aufstiege bis 2000 Meter Höhe für unbedenklich. Eine einzige medizinisch vertrauenerweckende Quelle hielt Aufstiege bis 4000 Meter bei hinreichender Akklimatisation für unbedenklich. Eine Quelle argumentierte, dass einige Völker ja ihr gesamtes Leben auf Höhen zwischen 5000 und 6000 Metern verbrächten und dort auch gesunde Kinder zur Welt kämen, und schlussfolgerte, dass eine langsame Akklimatisierung der Schlüssel sei. Solange die Mutter genug Luft bekomme, gehe es dem ungeborenen Leben auch gut, egal in welcher Höhe. Und ich hatte ja nicht vor, den Mount Everest zu besteigen. Das Base Camp des Chomolhari und somit der höchste Schlafpunkt der Tour liegt auf 4044 Metern Höhe. Als höchsten Punkt hatten wir den Sopusee auf 4400 Meter angepeilt. Aber der musste nicht sein, es gab alternative Routen. Noch im Flieger nach Delhi spielten wir mit dem Gedanken, einfach nach Goa zu fliegen und uns an den Strand zu legen.

Die Stirnlampe hatte mir jede Nacht bei Minusgraden den Weg von unserem Schlafzelt zum mit Raureif überzogenen Toilettenzelt geleuchtet. Und jetzt trug ich sie wieder auf dem Kopf. Levi nicht mehr in meinem Bauch, sondern auf meinem Arm. Verwickelt in ein Mutter-Sohn-Zwiegespräch über den weiteren Verlauf der Reise.

Werden wir übermorgen in München oder in Bolschije Koty sein?

Ich weiß es nicht.

Was für ein Tag.

Zwei starke Frauen

»Warum kann ich die Suite nur für eine Nacht mieten und nicht für drei?«, frage ich die Rezeptionistin des Hotels *Mayak* nun schon zum dritten Mal. Die lacht nur und sagt: *»Nononooooo!«*, als hätte ich irgendetwas völlig Absurdes von ihr verlangt.

Der Blick auf Levis Hände heute Morgen hatte keinen Anlass zu größerer Besorgnis gegeben: fünfzehn schwarze Punkte und Striche, aber keine Wundflüssigkeit, keine Entzündung. Der Schreck saß noch in der Seele, aber es gab keinen Grund, fluchtartig Richtung München aufzubrechen. Der Verlauf der nächsten Tage war mir dennoch unklar: Sosehr vor dem gestrigen Tag der Reiz Bolschije Kotys in seiner Abgeschiedenheit gelegen hatte, so sehr gab genau diese Abgeschiedenheit nun Anlass zur Besorgnis. Schamane statt Arzt, vermutlich noch größere Sprachbarrieren als hier in Listwjanka, vielleicht kein Handyempfang, kein Hafenrestaurant zum gemütlichen Rumhängen.

Also hatte ich mich selbst auf folgendes Spiel eingelassen: Wenn ich es schaffe, im *Mayak* für ein paar Tage ein schönes Zimmer anzumieten, in dem ich mit Levi Wunden lecken kann, bleiben wir in Listwjanka. Wenn nicht, besteigen wir morgen unser Fischerboot nach Bolschije Koty. Basta. Und: Ich wollte es nicht über Alexandra organisieren. Ich wollte es selbst schaffen.

Und nun schienen die Würfel gefallen.

Ich bin mir ziemlich sicher, dass die Rezeptionistin zögert, weil ich ohne Meldeschein von einem Reiseveranstalter vor ihr stehe. Aber gut. So war der Deal mit mir selbst.

Aufgeregt und in Aufbruchstimmung verlasse ich mit Levi in der Babytrage das Hotel und stolpere über eine Dame im Rollstuhl.

Eine deutsche Entschuldigung entwischt meinem Mund, und so erfahre ich, dass sie auch aus Deutschland kommt und auch mit der Transsibirischen Eisenbahn unterwegs ist. Mit zwei Freunden und einem Übersetzer.

Mutig, denke ich und beiße mir selbst auf die Zunge.

»Ganz schön mutig, dass Sie hier mit Baby unterwegs sind«, reißt die Dame mich aus meinen Gedanken.

»Nicht mutiger als Sie«, sage ich.

Kurz schauen wir uns nachdenklich an. Dann müssen wir gemeinsam lachen.

»Wenn ich reise, fühle ich mich mitten im Leben. Zu Hause fühle ich mich manchmal an den Rand gedrückt. Und dann weiß ich, ich muss wieder los!«, sagt sie.

»Geht mir genauso!«, sage ich und setze mich auf die Bank neben ihr.

Ich erfahre, dass die Transsibirische Eisenbahn mit einer hydraulischen Einsteigeplattform für Rollstuhlfahrer ausgestattet ist und die Gänge gerade breit genug sind für ihren Sportrollstuhl. Und wenn nicht, hätte es sicher eine Lösung gegeben. Seit ihrem Unfall sei sie Expertin im kreativen Umschiffen von Stolpersteinen. Die Barrieren im Kopf seien schlimmer als die faktischen. Oft entpuppe sich ein Stolperstein auf den zweiten Blick als wunderbare Chance. Von daher habe sie sich Gelassenheit verordnet. Für ihre Reisen. Für ihr Leben generell. Und für die Menschen.

Leider reist sie morgen schon weiter nach Ulan-Ude.

Dort, wo meine Reiseroute nach rechts Richtung Mongolei abzweigt, während sie geradeaus weiterrattert durch die Mandschurei bis nach Wladiwostok. Außerdem ist sie, wenn wir in einer guten Woche in den Zug steigen, schon fast wieder auf dem Weg Richtung Deutschland. Wir werden uns also unterwegs nicht wieder begegnen. Schade.

Dafür hat sie jetzt Zeit für einen Tee: Ihre Mitreisenden sind im Heimatkundemuseum. Sie ist für einen Moment aus dem gemeinsamen Programm ausgebüxt, um auf eigene Faust eine Rundfahrt durch den Ort zu machen. Dazu blitzen ihre Augen: »Alleine und abseits des Geplanten erlebt man die spannendsten Geschichten! Also erzähl: Warum machst du diese Reise?«

Später am Nachmittag sitze ich mit Levi auf unserer blauen Hafenkneipenterrasse. Anna aus Belgien holt sich gerade die zweite Flasche Wein von der Theke: diesmal rot.

Einige Sätze der abenteuerlustigen Rollstuhlfahrerin hallen in meinem Kopf nach: Sie habe gelernt, ihr Leben nicht darauf auszurichten, möglichst nah an das Leben der Laufenden heranzukommen. Und dass sie seit ihrem Unfall erst das Gefühl habe, richtig zu leben. Und: dass sie mehr erlebe, mehr reise, mehr wage als die meisten ihrer laufenden Freunde.

Während ich so vor mich hin grüble, beobachte ich Levi, wie er auf seinem roten Plastikstuhl steht, sich an der Lehne festhält und den vorbeituckernden Fischerbooten zusieht. Bestimmt schon seit zwanzig Minuten. Manchmal gefällt ihm etwas so gut, dass er hin und her tanzt und ich Mühe habe, mit meinen Füßen seinen Stuhl auszubalancieren.

Die Begegnung mit der Rollstuhlfahrerin hat Bewegung in unsere Mission gebracht: Es geht nicht darum, etwas hinzubekommen. Es geht darum, mein Leben daraus zu machen. Es geht nicht darum, mit Rädern laufen zu wollen. Es geht darum, mit den Rädern zu rollen. Levi ist kein Stolperstein, er hält mich von nichts ab, weder in meinem Leben zu Hause noch auf Reisen. Es geht nicht darum, mit ihm alles so zu machen, wie es vorher war. Levi gibt mir eine weitere Chance in meinem Leben, wieder mal alles zu hinterfragen: Möchte ich das wirklich, oder ist es nur eine blöde Gewohnheit?

Er ist die personifizierte Aufforderung zur Kreativität.

Wie wunderbar!

Und noch etwas habe ich heute gelernt: Meine Welt entsteht tatsächlich in meinem Kopf. Aber was bedeutet das jetzt für unser Leben in München?

Keine Ahnung.

Da wir erst knappe drei Wochen unterwegs sind, beschließe ich die Frage des Zurückkommens zu vertagen und es meinem Sohn nachzumachen: Ich schaue auf den See. Ein schmieriger Nebel liegt zwischen Himmel und Wasser. Die Sonne ist ein milchiger Fetzen hinter grauer Folie. Ein neuer kalter Wind weht schräg auflandig und lässt mich meine Mütze tiefer in die Stirn ziehen.

Die sibirische Grande Dame vom Nebentisch lächelt nun schon gefährlich lang zu uns herüber: graue hochtoupierte Mähne à la Joan Collins, nicht mehr zu ihren besten Zeiten. Mindestens 50 Kilogramm zu viel auf den Rippen und stark geschminkt. Ihre stattliche Erscheinung ist in einen Tigerprintmantel aus Plastik gehüllt, unter dem schwarze Hosenbeine und weiß-pinke Laufschuhe herauszwinkern.

Irgendwann zwinkert auch ihr linkes Augenlid, mutig gegen das Gewicht des blau-silbrigen Lidschattens ankämpfend.

Während ich mir noch unschlüssig bin, ob ich Lust auf Konversation habe, lacht Levi mit Schnuller im Mund zurück. Daraufhin holt die Dame eine flache Wodkaflasche aus dem Inneren des Tigers, schraubt den Verschluss auf, prostet Levi zu, setzt die Flasche an ihre pinken Lippen, die mich an den Mund von Reich-Ranicki erinnern, trinkt und stellt die offene Flasche auf den Tisch, neben eine jungfräuliche Tasse Cappuccino. Dass die Menschen hier in Restaurants Hochprozentiges aus dem Ärmel zaubern, habe ich schon öfter beobachtet. Irgendwie erinnert mich das an Australien, wo man den eigenen Wein mit in Restaurants bringen darf, schön verpackt natürlich in einer braunen Papiertüte und gegen Bezahlung eines Korkgeldes.

Derartig gestärkt, verschwindet Joans rot bekrallte Hand erneut im Tiger, um mit zwei Kekskringeln wiederaufzutauchen. Mit geschürzten Lippen erhebt sie sich schwerfällig und beugt sich zu Levi vor. Während ich noch befürchte, dass sie ihr Gleichgewicht verliert, grapscht Levi sich einen der mindestens vier Zentimeter durchmessenden Kringel und stopft ihn komplett in seinen Mund.

Rein äußerlich ähnelt er nun mit seinem durch den Keks nach vorn geschobenen Mund und den dadurch riesig wirkenden Lippen der Spenderin, die vor Freude gurrend wieder neben ihrem Wodka Platz nimmt.

Levi presst die Lippen aufeinander. In seinen Augen lese ich die Hoffnung, ich könnte die Beute übersehen, und das Wissen, dass diese Hoffnung unbegründet ist. Mit einem Lachen rettet er sich aus seiner Zerrissenheit, und ich stimme ein. Wenn ich all die Süßigkeiten essen würde, die er in Sibirien zugesteckt bekommt, könnte ich ohne Zug in die Mongolei rollen.

Levi kämpft mit dem Kringel, wild entschlossen, ihn nicht an mich zu verlieren. Jedoch: Der Keks ist für seine zweieinhalb Zähne zu hart und zeigt sich auch resistent gegenüber seinen Speichelattacken. Was schon was heißen will. Kurzum: Das Gebäck lässt sich in Levis Mund nicht zerkleinern. Um meinen Sohn vor dem Erstickungstod zu bewahren, hole ich unter lautstarkem Protest seinerseits und Joans wachsamen Augen das Teil aus Levis Mund. Sekunden später steht Joan mit zwei neuen Kringeln bewaffnet neben uns. Ich sage Nein. Levi greift zu. Joan gurrt.

Die nächste Runde gewinne ich. Levi schaut traurig drein, und Joan schiebt alles auf mich: »Mama, Mama«, ruft sie anklagend, und ich lache dazu. Der Milchschaum auf ihrem Cappuccino ist in sich zusammengesunken, die Flasche daneben fast leer. Versöhnlich legt sie mir eine Pranke auf die Schulter. Die langen massiven Goldketten um ihren Hals streifen meine windfeste Gorejacke. In lautem Ton und nicht ohne Drama ergießt sie einen Schwall sicher gut gemeinter Worte über uns und verlässt das Lokal.

Wow! Die zweite starke Frau, der wir heute begegnet sind!

Im Lichtstrahl der Kopflampe packe ich unsere Sachen zusammen für Bolschije Koty. Plus acht Grad, starker Wind und Regen sind für morgen vorhergesagt. Ich kann es kaum erwarten, auch körperlich zu spüren, was heute passiert ist: durchrütteln und Kopf freipusten.

Egal, was ich sonst noch mitbringe an Erkenntnissen von dieser Reise, eines ist mir plötzlich klar: Levi hält mich davon ab, zwölf oder mehr Stunden pro Tag in meinem Büro zu verbringen. Und das ist gut so. Denn: Ich fand es schon immer blöd, Arbeitsquantität mit Arbeitsqualität zu verwechseln. Und jetzt weiß ich auch, warum: Nicht nur, dass die Arbeitsqualität irgendwann zwischen 20 und 24 Uhr zwangsläufig leidet. Dieses Arbeitsethos führt dazu, dass es immer weniger Kinder gibt. Und immer mehr unglückliche, einsame, unsportliche Menschen.

Levi fordert mich dazu auf, endlich in die Tat umzusetzen, was ich eh schon lange vorhabe: à la Tim Ferriss meinen Bürojob in vier Stunden pro Woche oder meinetwegen auch vier Stunden pro Tag zu erledigen. Und den Rest in zeitlich flexible kreative Projekte zu investieren.

Und dafür bin ich ihm sehr dankbar. Er ist der tägliche Beweis dafür, wie armselig eine Erfolgskultur ist, die nur mit Kinderlosigkeit oder altmodischem Lebensstil – Papa macht Karriere, Mama kocht zu Hause oder kümmert sich um Papas Steuererklärung – aufrechtzuerhalten ist. Hier könnte zwar die Frauenquote helfen: Man müsste bei einer relevanten Quote von sagen wir 40 Prozent auch Menschen in Führungspositionen bringen, die sich nicht an dieses altmodische Karrieredenken verkauft haben. Dann würde man hoffentlich – wie beispielsweise in Skandinavien – feststellen, dass auch Menschen, die ein Leben neben dem Job haben, wertschöpfend tätig sein können. Vielleicht sogar mehr als ausgebrannte Maschinen auf zwei Beinen. Weil sie es noch haben: das Feuer in den Augen. Und vielleicht würden sich darüber auch die Werte in unserem Wirtschaftssystem ändern. Vielleicht.

Aber darauf können wir nicht warten.

Ich kuschle mich neben meinen Sohn, genieße die Wärme seines kleinen Körpers. Was für ein schlaues Kerlchen er doch ist!

Ich sehe sie schon von Weitem. Eine Person auf einem Bootssteg vor gewaltigen Bergen voller Birken. Und obwohl ich nicht erkennen kann, ob es sich um einen Mann oder eine Frau, um einen alten oder jungen Menschen handelt, spüre ich: Dieser Mensch ist wichtig für uns.

Meine Hände krallen sich um die blaue Reling aus Metall. Die Sonne strahlt, der starke Wind bläst mir ins Gesicht, und die Gischt spritzt schulterhoch. Die zwei massiven Holzbänke im Heck des Bootes, die für Touristen gedacht sind, hat der Wind wie Spielzeugmöbel herumgewirbelt, bis einer meiner zwei Kapitäne sie an der Reling festgebunden hat. Jetzt wehren sie sich wie Gefangene am Marterpfahl und klappern mit den Füßen.

Wir sind wieder unterwegs. Das angestrengte Rollen des Bootsmotors, der den 30 Meter langen Metallkoloss durch zwei bis drei Meter hohe Wellen und starke Strömung arbeitet, erobert meinen Körper. In mir vermischen sich Bootstuckern und Adrenalin zu dem Gefühl von Abenteuer und Freiheit, das ich zum Leben brauche. Die Zweifel, die Sorge, der Respekt vor Bolschije Koty hat der Wind davongetragen und mir eine aufregende Vorfreude gelassen, die mich mit den Füßen trippeln lässt wie die gefesselten Holzbänke.

Zuerst hatten Levi und ich hinter unseren zwei jungen Kapitänen in der Kajüte Schutz vor den Elementen gefunden. Vor uns auf dem Tisch standen Cornflakes, Frischkäse, Scheiblettenkäse, Lebkuchenbällchen, zwei benutzte Teetassen und ein Funkgerät. Ich stellte Levis Flasche und Schnuller dazu und schoss ein Foto. Kaum hatte der Fischkutter seine rumpelige Fahrt begonnen, war Levi in einen tiefen, ruhigen Mittagsschlaf gefallen.

Obwohl mein Sohn in langer Unterwäsche aus Merino und Seide, Pulli, Hose und Fleeceanzug steckte und aussah wie ein Kind des Michelin-Männchens, wollte ich ihn nicht der nassen Kälte vor der gut schließenden Kajütentür aus Metall aussetzen. Meine Füße scharrten und mein Blick floh über das hölzerne Schiffssteuer hinweg und durch das gischtverschmierte Fenster, vorbei am Mast mitten hinein in die Wellen und die windzerzauste Uferlandschaft. Ich wollte raus.

Geh ruhig, wir passen auf Levi auf, signalisierte mir der zweite Kapitän mit roten Haaren und grauer Schirmmütze.

Konnte der Gedanken lesen? Oder sah er in meinen Augen die Seefahrergene? Sah er, dass ich, kurz nachdem wir in See gestochen waren, den Entschluss gefasst hatte, diesen Fischkutter für eine Woche oder länger zu mieten und den gesamten See abzutuckern? Wenn nicht auf dieser Reise, dann bei einer meiner nächsten. Sah er, dass ich mich hier auf diesem zerbeulten Kahn wohler fühlte als in allen Hotels dieser Welt zusammen, in denen ich die letzten zehn Jahre genächtigt hatte? Und es waren wirklich schöne Hotels dabei gewesen.

Also ließ ich den schlafenden Levi auf der Wolldecke im Leopardenprint zurück, schob unsere Reisetasche und den Rucksack davor und versuchte zu erklären, dass Levi sich manchmal im Schlaf bewegte und sie dann bitte aufpassen und mich holen sollten.

Jaja, kein Problem. Die beiden jungen Männer schienen keine Berührungsängste mit Babys zu haben.

Und jetzt stehe ich hier, an der Reling, lasse mich vom Wind und den Wellen durchschütteln und fixiere diese Person auf dem Bootssteg, an dem wir in wenigen Minuten anlegen werden. Es ist eine Frau in roter Fleecejacke und zylinderartiger roter Mütze mit langen gelben Bändern auf dem Kopf. Darunter ein breites Lachen. Ein geflochtener roter Zopf baumelt bis zum Po. Eine Mischung aus Clown und Elfe. Eine Kreative, eine Künstlerin, freue ich mich. Nur die nüchterne Brille aus Metall, Modell Steuerfachangestellte, passt nicht in meine freudig aufgerissene Schublade.

»*I am Julia. And this is Levi*«, hüpfe ich ihr mit meinem Sohn in der Babytrage entgegen.

»*I am Natascha*«, sagt sie und dehnt dabei das zweite a.

Ich warte auf ein erstauntes Gesicht, aber es kommt nicht. Ich warte auf eine Bemerkung: Du bist die Erste, die mit Baby hierherkommt. Aber sie sagt es nicht. Sie lächelt und gibt mir das Gefühl, dass es das Selbstverständlichste auf der ganzen Welt sei, dass ich gerade bei Windstärke 7 mit einem Baby in der Trage von einem Fischerboot in die Abgeschiedenheit des Baikalsees gehüpft bin.

Sie ist die Managerin des Holzchalets, in dem wir die nächste Woche verbringen werden. Sie erzählt, dass wir für die kommenden zwei Tage die einzigen Gäste seien. Und dass in drei Tagen eine deutsche Gruppe käme. Und ein Paar. Aus Frankreich, meint sie sich zu erinnern. Alle bleiben nur zwei Nächte.

Ich freue mich, diese Frau für uns allein zu haben.

Natascha zeigt uns unser Zimmer: eine fast exakte Kopie unseres Zimmers in Listwjanka. Ich muss an den Besitzer Wladi denken und lächeln. Das Zimmer liegt direkt zwischen Küche und Esszimmer für die Gäste. Ist das nicht zu laut, wenn Levi schläft?

»Du kannst dir gern alle Zimmer anschauen«, sagt Natascha. Aber sie denkt, dass es mit Levi am angenehmsten sei, mittendrin zu sein. So könne ich noch hier sitzen und plaudern, während er bei angelehnter Tür schläft. Außerdem seien die Treppen in den oberen Stock recht steil.

Auf dem Bahnsteig von Nauschki, der Grenze zwischen Russland und der Mongolei: mit der Transsibirischen Eisenbahn in ein neues Leben rattern.

Sankt Petersburg: die Kulturschätze, das Wasser und die Lässigkeit der Menschen als perfekter Riegel vor das eigene Grübeln.

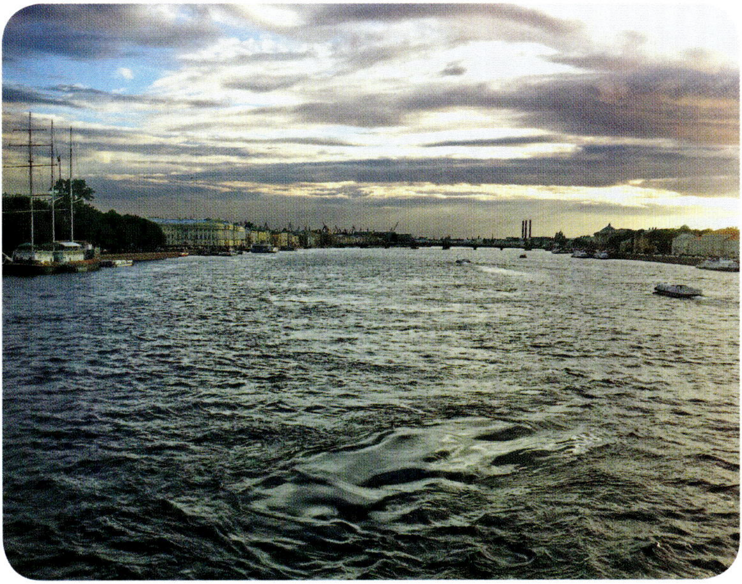

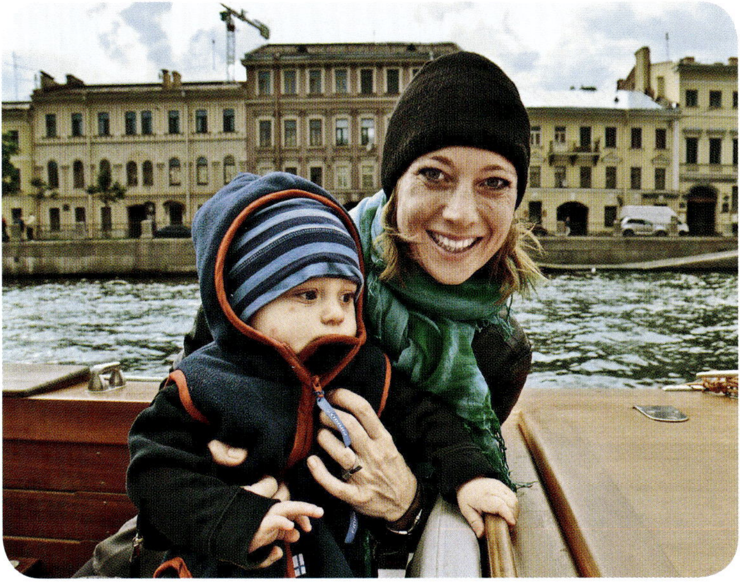

Die täglichen Bahnsteige (hier Omsk) als Lebensmittel- und Kontaktbörse.

Einsteigen und loslassen: die Transsib als Levis und mein Abenteuer-spielplatz.

Bolschije Koty: unerwartete Globalität und unendliche Herzlichkeit bei den Menschen im rauen Klima des herbstlichen Baikalsees.

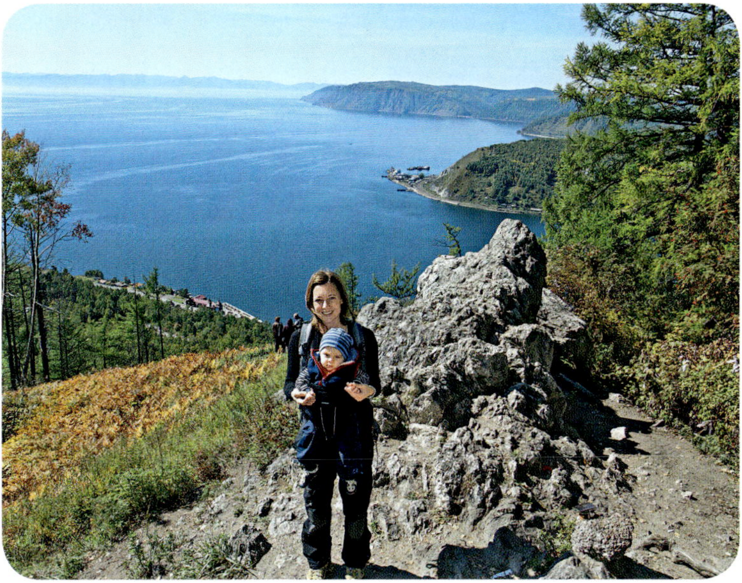

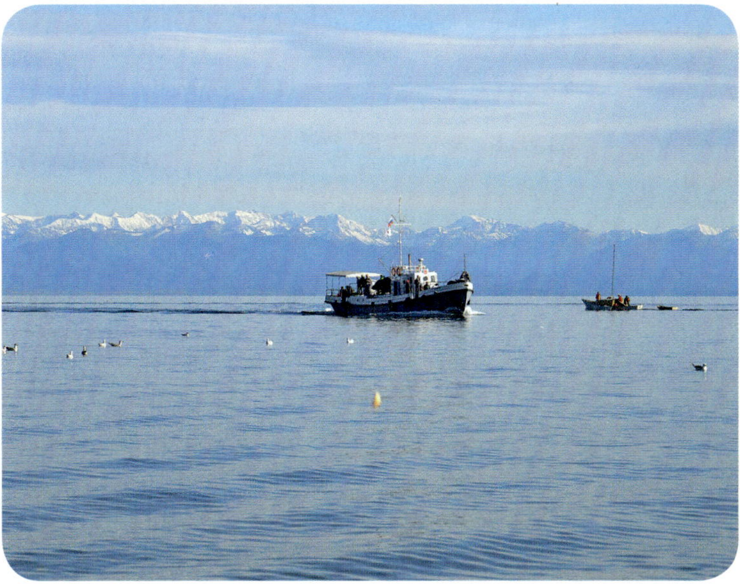

Durchatmen und sacken lassen – die landschaftlich spektakuläre zweite
Etappe mit der Transsib von Irkutsk nach Ulan Bator: Reisefeeling pur.

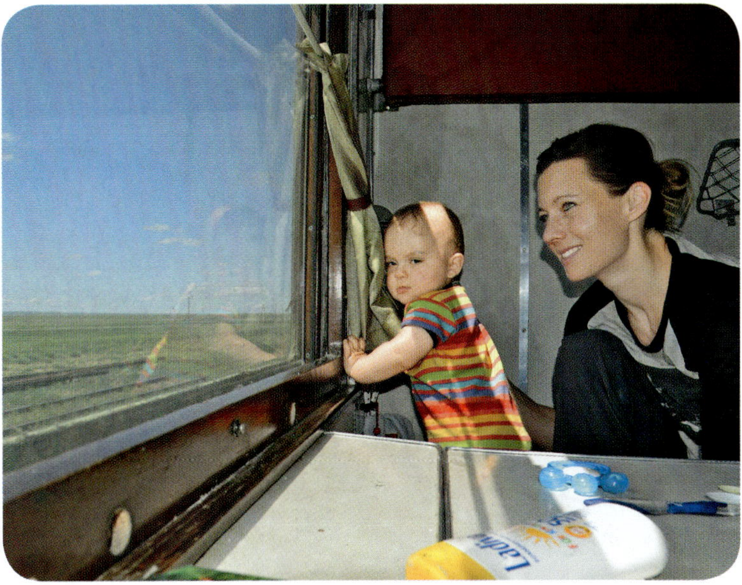

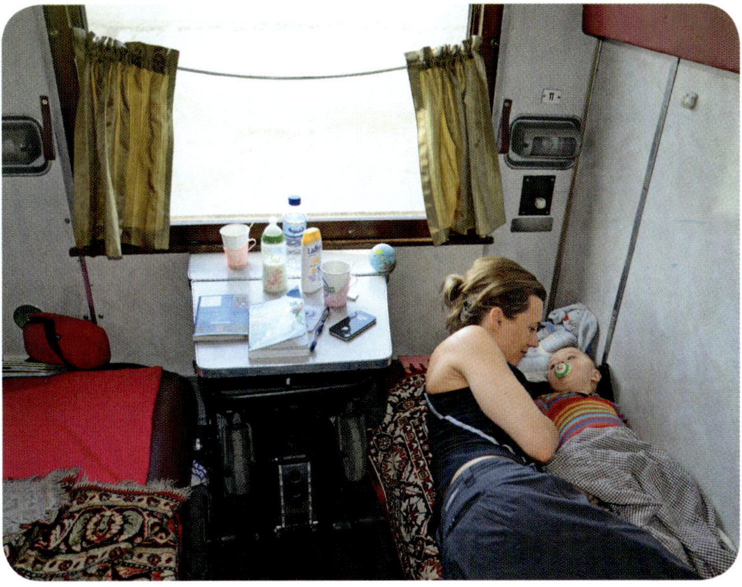

Ankommen in der Mongolei und doch zwischen den Welten.

Auch eine Jurte ist ein Haus. Nur anders.

Don't you worry child. See heaven's got a plan for you!
(Swedish House Mafia)

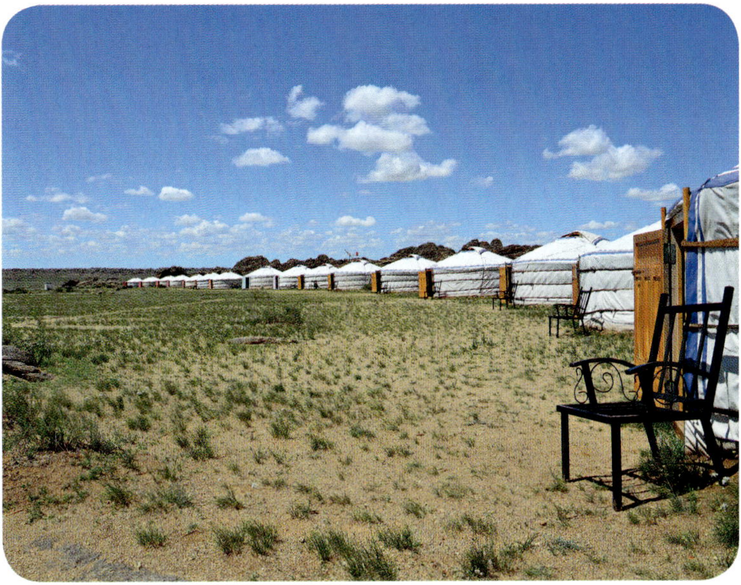

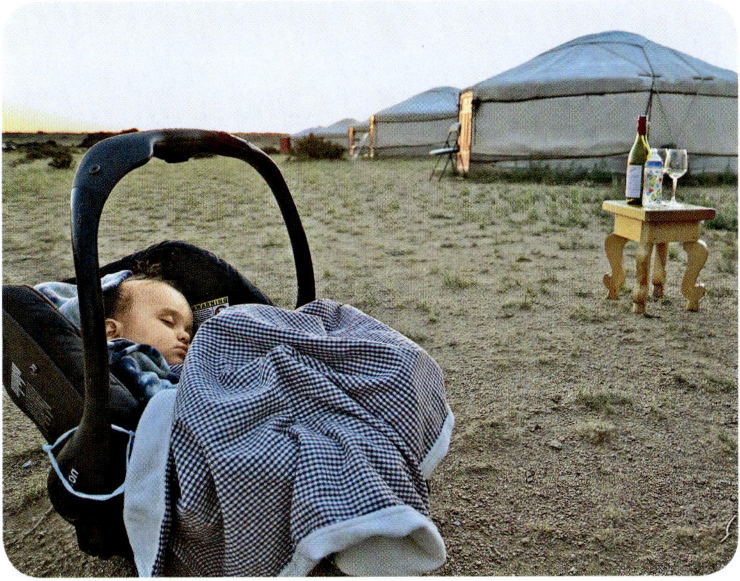

Buttertee und Bonbons: zu Gast bei einer Nomadenfamilie im Khan Chentii Nationalpark.

»Levi ist mein erster Patient, der auf einem Yak geritten ist«, höre ich die freundliche Stimme des Kinderarztes aus Starnberg durch mein Satellitentelefon. Kein Vorwurf, nur Hilfsbereitschaft. Puh!

Unsere Entdeckung der Langsamkeit: Reduziert auf die Basics erleben wir ein gewaltiges, alle Sinne forderndes kostbares Nichts.

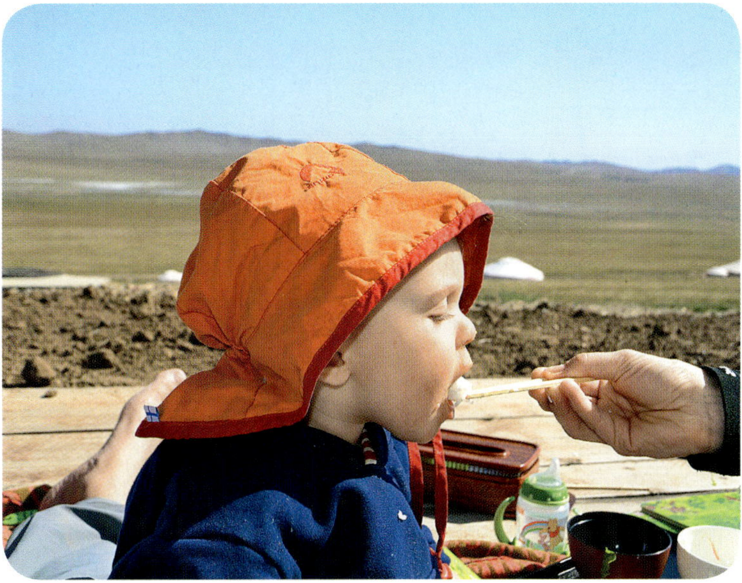

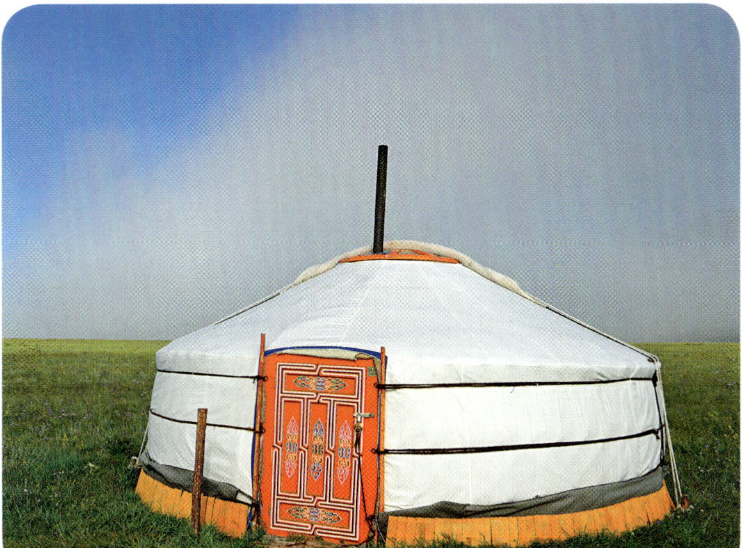

Abgrenzung und Integration: per Elektrorikscha als Geisterfahrer durch Pekings tosenden Verkehr und ein chinesischer Bilderbuchkindergarten im Commune by the Great Wall.

Begegnung zweier Tiger im Art District 798.

Chinesische Mauer: zwischen Jingshalin und Simatai haben wir diesen Machtanspruch aus grauem Stein für uns allein.

Mitten im Leben und voll bei sich.

Nachdem ich alle Zimmer inspiziert habe, gebe ich ihr 100-prozentig recht.

»Wie viele Kinder hast du, Natascha?«

»Zwei Töchter. Und eine Enkelin«, lacht sie mit einem Augenzwinkern zurück und hängt eine Hüpfschaukel für Levi in den Flur, direkt vor die Küchentür, aus der es verdammt lecker herausduftet.

»Hunger?«

»Und wie!«

Levi packt mit an

Levi hüpft und lacht, und Natascha erzählt: Sie ist hauptberuflich promovierte Chemikerin und forscht in Irkutsk über Gifte. Im Sommer ist sie hier in Bolschije Koty. Ihr Arbeitgeber in Irkutsk ist damit einverstanden. Sie lacht: »Er hat keine andere Wahl. Ich muss einfach hierher!«

Wir bleiben in der Küche sitzen und sind gerade beim Abwaschen, als ein Poltern im Flur ertönt und kurz darauf eine junge Frau mit Baby auf dem Arm im Türrahmen erscheint: Nadia und Marianna. Tochter und Enkelin von Natascha. Beide braunhaarig. Marianna ist einen Monat älter als Levi.

Was für ein Glück!

Nadia legt ihre Tochter auf den Küchenboden, und die beginnt sofort Richtung Levi zu robben. Levi versucht seine neue Freundin mit allem zu beeindrucken, was er kann: Er krabbelt um sie herum, zieht sich an einem Stuhl in den Stand und gibt ihr mit seinen Händen ein Trommelkonzert auf der Sitzfläche. Und immer wieder fasst er sie an. Was ihr zunehmend unheimlich wird. Denn:

Marianna geht zwar an der Hand, aber sie verweigert das Krabbeln. Und somit ist sie Levi im wahrsten Sinne des Wortes unterlegen. Als dieser vor lauter Euphorie über sie hinwegkrabbelt, bekommt die neue Freundschaft einen kleinen Dämpfer.

Doch Nadia weiß Rat: Sie schaltet einen kleinen DVD-Player ein. Lustige bunte Comicgestalten erscheinen. Sie singen russische Lieder und erleben Abenteuer in Schlössern und in Wäldern. Marianna sitzt sofort davor wie Mogli aus dem *Dschungelbuch* vor der Schlange Kaa. Ich versuche Levi noch von den politisch korrekten bunten Werf- und Steckringen aus Plastik zu überzeugen. Aber er sitzt lieber hinter seiner neuen Freundin und verfeinert sein Russisch.

Nadia beginnt, das Abendessen vorzubereiten. Sie erzählt, dass sie vor zwei Jahren im Sommer hier in Bolschije Koty auf einmal gewusst habe, was sie wolle vom Leben: mehr Zeit in Bolschije Koty. Und kochen. Kurz darauf sei sie schwanger geworden. Eigentlich sei sie studierte Archäologin. Dazu macht sie ein Gesicht, als hätte sie in eine Zitrone gebissen. Kochen sei ihre Leidenschaft. Und nun auch ihr Beruf.

Die Köchin in ihr braucht jetzt unbedingt Kräuter. Mit Marianna auf dem Arm stiefelt sie die wenigen Stufen hinunter in den Garten und bleibt vor zwei meterlangen, mit Holz eingefassten Beeten stehen, um kurz zu überlegen. Sie versinkt in Gedanken in den Gerüchen und Geschmäckern, die sie für uns kochen möchte, taucht wieder auf, lacht, hebt die Folie, die über einem der Beete gewächshausgleich gespannt ist, und findet, was sie sucht. Marianna liegt währenddessen im Gras und beobachtet, wie ihre Mutter Kräuter schneidet. Levi rupft die danebenstehenden Blumen aus. Hier im Windschatten des Hauses ist es richtig warm, und so beschließe ich, während Levis zweiten Mittagsschlafs auf meinem Balkon mit Blick auf den See zu trödeln. Nadia drückt Levi ein Büschel Kräuter in die Hand. Mit ernster Miene hält er die Kräuter, bis wir wieder in der Küche stehen und Nadia sie zurückfordert, um sie klein zu hacken.

Die nächste halbe Stunde verbringt Levi damit, neben Nadia zu sitzen und ihr beim Kochen zuzuschauen. So wie ich. Als Nadia mir Gemüse zum Schneiden gibt, zieht Levi sich an meinem Bein in den Stand und beobachtet ganz genau, was ich denn da im Auftrag von Nadia so mache.

Während die sibirische Sonne mir die Nase kitzelt und Levi zufrieden in einem unserer zwei Holzbetten schnarcht, kommt mir eine Idee. Mal schauen, was Levi dazu sagt.

Abends im Bett weiß ich, meine Idee war ein voller Erfolg: Nadia hat Levi in ihr Kochen integriert, und er war begeistert. Marianna macht, was ihre Mutter macht. Sie ist einfach bei Nadias Alltag dabei. Also habe ich es auch ausprobiert: Auspacken mit dem zehn Monate alten Levi. Er wollte unsere Kleider zwar, bevor sie von der Tasche in den Schrank gelangten, erst einmal wild durch die Gegend werfen. Aber irgendwann lagen die Kleiderklumpen im Schrank, und wir hatten Bauchschmerzen vor Lachen. Zweiter Versuch: Flaschen waschen und Milchpulver abfüllen mit Levi: Mit ernster Miene saß Levi mit mir vor der Schüssel und rührte mit der Putzbürste in den Flaschen rum. Am Ende wollte er die Bürste gar nicht mehr aus den Händen geben und veranstaltete stattdessen einen Orkan in der Schüssel, sodass ich ihn umziehen musste – aber gut. Beim Milchpulverabfüllen hielt er mit ernster Miene den Behälter fest, während ich mit ebenso ernster Miene das Pulver einstreute. Als wir fertig waren, holte Levi zwar den Milchpulverbecher immer wieder aus dem Regal und rollte ihn durch die Gegend, aber der Verschluss hielt.

Obwohl er erst zehn Monate alt ist, tut es ihm gut, Beiträge zu unserem Leben zu leisten. Mitzuhelfen. Er war richtig stolz, als ich ihm ein Kleidungsstück und die Putzbürste in die Hand gedrückt hatte. Also habe ich beschlossen, alle Alltagsdinge, die während unserer Reise anfallen – Flaschen waschen, packen, einkaufen – von heute an mit Levi gemeinsam zu machen. Bisher hatte ich gedacht, dass ich das Levi nicht antun könnte. Dass dann zu viel Spielzeit verloren ginge. Er zu kurz kommt. Zu wenig Spaß hat. Zu wenig lernt?

Doch nun hat Levi mich eines Besseren belehrt.

Es macht ihm Spaß, bei unseren alltäglichen Dingen zu helfen, und es erfüllt ihn mit Stolz, Beiträge zu unserem Leben leisten zu können. Sinn zu erleben. Dabei sein und mitmachen ist für ihn spannender als Babyspielzeug. Darüber hinaus kann ich jetzt, wenn er schläft, mal was Levifreies machen. Vielleicht sogar mal gar nichts machen und einfach nur rumhängen. Auf einem sonnigen Balkon mit Baikalblick. Herrlich.

Natürlich finde ich das mit dem Video nicht optimal. Das werde ich nicht in unseren Alltag einbauen. Aber was den Rest betrifft, beginnen meine Vorstellungen von frühkindlicher Förderung zu wackeln: Ist das Leben vielleicht doch die bessere Schule als Babykurse und Kinderakademien? Zumindest, wenn der Alltag so spannend ist wie hier entlang der Transsibirischen Eisenbahn?

Auf jeden Fall scheint ein kleiner Schritt in Richtung transsibirisches München darin zu bestehen, Levi in mein Leben zu integrieren, ihn an meinem Leben teilhaben zu lassen, statt mein Leben zu einer Vorstellung von optimalem Leben mit Kind umzubauen, bei der unklar ist, woher diese Vorstellungen eigentlich stammen, und mehr als fraglich, ob sie tatsächlich gut sind. Für Levi. Und für mich.

Vielleicht kann ich mit etwas Kreativität Transsibirien, so wie Levi und ich es erleben, in München auferstehen lassen?

Und schwups ist sie wieder da: die Nervosität vor dem Nachhausekommen. Mann, warum kann man in Deutschland nicht einfach Kinder bekommen? Warum sind all diese Stimmen, wie ein Leben mit Kindern optimal zu gestalten sei, nur so laut? Warum kann ich das nicht einfach ignorieren? Dieser ganze Berg an vorgeblichen Nachteilen und Hindernissen – Kinder kosten, Kinder killen die Karriere und die Beziehung, das Leben mit Kindern muss organisiert werden, das Kind muss in den richtigen Kindergarten, es muss richtig gefördert werden, bevor es in die Schule kommt – führt doch nur dazu, dass keiner mehr Kinder will. Und dass diejenigen, die es dennoch wagen, verkrampfen. Aus Angst, es nicht richtig zu machen. Dem Kind die Chancen zu versauen. Oder es nicht hinzubekommen mit Beruf und Familie. Ganz schnell werden aus den fröhlichen Kindern Statussymbole: für die eigene Organisationsfähigkeit. Für die eigene Härte gegen sich selbst: Ich schaffe das!

Warum kann ich nicht einfach nur Kinder bekommen, das genießen und mein Leben beibehalten? Warum wird Kinderbekommen und Kinderhaben in Deutschland so ideologisiert? So verkompliziert? Warum rümpfen so viele Menschen in Deutschland die Nase, wenn Eltern Kinder mit in ein Restaurant bringen? Sie waren doch selbst auch mal fröhliche, neugierige Hosenscheißer? Ist die Ablehnung von Kindern in unserer Gesellschaft letztlich Ausdruck einer in unserer Kultur verankerten Furcht vor dem

Ungeplanten? Der Furcht vor Spontanität? Der Angst, dass andere einen auslachen? Existiert in der deutschen Kultur, in deutschen Unternehmen, in der deutschen Politik vielleicht eine tief verankerte Angst vor Kindern? Beziehungsweise vor den kindlichen Eigenschaften: Fragen stellen, neugierig sein, laut sein, aus der Reihe tanzen, fröhlich sein, emotional sein? Vor dem Direktsein?

Ein Kind zeigt deutlich, was es will. Und was nicht. Mit wem es gerade spielen will. Und mit wem nicht. Führt vielleicht die Furcht vor der kindlichen Direktheit, der ungebremsten kindlichen Emotion dazu, dass Kinder in der deutschen Gesellschaft eher ungern gesehen sind? Dass Eltern sich im Arbeitsleben wie kinderlose Menschen verhalten müssen? Aus Furcht, wenn die Eltern zu viel Zeit mit ihren Kindern verbringen – dann könnte das abfärben? Und der Vater auf einmal in der Firma anfangen zu sagen: Nein! Ich will das so nicht! Bringen Menschen, die direkt sind, die mit ihren Gefühlen im Einklang leben, unser System ins Wanken?

Am nächsten Morgen sitzt ein Mann in der Küche und schläft. Sein Kopf ist vornübergebeugt und baumelt wenige Zentimeter oberhalb der Oberschenkel. Seine Haut wirkt staubig dunkel. Seine Haare sind pechschwarz und nachlässig zu einem Zopf zusammengebunden.

Nadia beseitigt die Reste des Frühstücks und beginnt mit den Vorbereitungen für das Mittagessen. Marianna strampelt in der Babyhüpfschaukel im Wücheneingang.

»Alicer, der Vater von Marianna«, erklärt Nadia. Und ihre Augen blitzen: »*Useful man*«, sagt sie.

Da ich im Angesicht des Schlafenden keine Lust auf problematische Beziehungsgespräche habe, frage ich nicht weiter nach. »Schöner Name«, gebe ich zurück. »So unrussisch.«

Da Alicer aufwacht, frage ich, was er so macht hier in Bolschije Koty, aber er versteht kein Englisch. Dafür greift er sich ein Bilderbuch, legt sich neben Marianna auf den Boden und liest mit ihr. Levi setzt sich daneben und lauscht konzentriert der plötzlich wieder erstaunlich fremd klingenden Sprache. Ist das Russisch?

Ich lege das *Wer brüllt denn da*-Buch mit echten Tierstimmen neben meinen Sohn und beobachte, wie er unter den staunenden Augen von Marianna und Alicer mit seinem treffsicheren kleinen Zeigefinger die Tiere zum Leben erweckt.

Natascha erklärt mir, dass es in Bolschije Koty neben einem Besuch des Baikalmuseums, das von den Mitarbeitern der biologischen Forschungsstation eingerichtet und gepflegt wird, drei Dinge zu tun gebe: Eine Küstenwanderung nach Norden, die fast um den ganzen See herum führt, wenn man die Zeit hat. Eine Küstenwanderung nach Süden, nach Listwjanka. Und eine Wanderung nach Westen, die Berge hinauf durch den Wald zu verschiedenen Lichtungen mit schönem Ausblick.

»Alleine im Wald habe ich Angst, vor den Bären«, versuche ich zu witzeln.

»Das brauchst du nicht, im Sommer haben die Bären genug zu fressen und meiden Menschen eher!«, gibt Natascha ernsthaft zurück.

Hilfe! Aber war eigentlich klar, dass es hier Bären gibt.

Mit meiner Entscheidung für die Wanderung nach Norden löse ich eine kurze Diskussion zwischen Mutter und Tochter aus: Nadia hält die Wanderung mit Levi für zu gefährlich: Der Pfad sei schmal, manchmal ausgesetzt und insgesamt recht kraxelig. Sie empfiehlt den befestigteren Weg nach Listwjanka. Aber dahin zieht es mich heute nicht.

»Ach was!«, sagt Natascha. »Julia hat gute Schuhe und

wache Augen.« Und zu mir gewandt: » Ist wunderschön, es wird dir gefallen!«

Also schnalle ich mir Levi, meine Kamera und den Rucksack, vollgepackt mit Bekleidung und Gläschen für Levi, um und stapfe los.

Bei der ersten Steigung breche ich fast zusammen. Doch schon beim dritten Anstieg habe ich meinen Wanderrhythmus gefunden und genieße mit Levi die Gesellschaft des klaren glitzernden Wassers, das geräuschvoll gegen die Steilküste prallt, und die altbekannten, sich mehr und mehr gelb und rot färbenden Birken.

Der Sinn des Lebens: Nataschas Traum

Beim gemeinsamen abendlichen Kochen in der Wohnküche frage ich Natascha nach einem kleinen Glas Wein. Sie ist so überrascht, dass ich mich fühle, als hätte ich mich als Alkoholikerin geoutet. Nach ein paar Minuten schenkt sie mir eine Teetasse halb voll mit einer gelbschlierigen Flüssigkeit: einer Art Likör, auf jeden Fall hochprozentig. Für sich selbst füllt sie eine weitere Tasse, prostet mir zu und schaut aus dem Fenster: »Für morgen ist Sturm und ein Temperatursturz vorhergesagt«, sagt sie. »Es wird sehr kalt. Vielleicht schneit es sogar. Die deutsche Reisegruppe hat deswegen abgesagt: Das Boot fährt die nächsten Tage nicht.«

»Vielleicht muss ich jetzt hier überwintern?«, freue ich mich und ziehe Levi etwas fester an mich heran.

Natascha reicht mir einen Teller Quinoa mit Gemüse, setzt sich zu mir an die lange Tafel und sagt: »Ich verbringe seit meiner Kindheit die Sommer in Bolschije Koty.«

Während sie von Bolschije Koty spricht, werden ihre Gesichtszüge ganz weich. Faltenfrei. Eine elfenhafte Aura umgibt diese Frau, der man ansieht, dass sie richtig zupacken kann. Levi sitzt in Mariannas Babystuhl und hängt an ihren Lippen. So wie ich.

Natascha träumt davon, nach ihrer Pensionierung ganz nach Bolschije Koty zu ziehen. Hier sei das Leben zwar voller körperlicher Arbeit, aber dennoch nicht halb so ermüdend wie das Leben in der Stadt. Gemüse und Kräuter pflanzen und ernten, das Haus und den Garten in Schuss halten, Holz hacken – das sei viel Arbeit bei der extremen Witterung am Baikal mit Stürmen, Schneestürmen und 40 Grad minus im Winter. Sie lächelt einen Moment still für sich, da sie weiß, was sie als Nächstes sagen wird, es aber noch nicht gesagt hat. Sie überlegt, ob sie es sagen oder lieber für sich behalten soll. Sie spürt es schon und fragt sich, wie ich wohl reagiere: »Die Arbeit hier ist voller Sinn«, sagt sie. »Nicht so wie in der Stadt!« Sie schaut mich unentwegt an, ihre hellgrünen Augen werden ein ganz bisschen wässrig: »Ich liebe die Natur hier.«

Als Natascha ein Kind war, und auch als junge Frau noch, gab es ein reges soziales Leben in Bolschije Koty: Die damals gut hundert Einwohner und die wenigen Sommergäste aus Irkutsk trafen sich jeden Tag von 21 bis 24 Uhr im Klub. Strom kam vom Generator. Genau für diese drei Stunden. Nur für den Klub. Man schaute gemeinsam Filme, hörte Konzerte, gespielt von den Biologiestudenten aus Irkutsk, die die Forschungsstation für ein paar Monate besuchten, tanzte, plauderte und hatte Spaß.

Der Wind presst gegen die Fensterscheiben, Nataschas Augen leuchten, und ich höre leise die Musik aus den Sechziger- und Siebzigerjahren. Damals wurde der Sand von Bolschije Koty noch nach Gold gewaschen. Ganz früher mit der Hand, von japanischen und deutschen Kriegsgefangenen. Danach mit Maschinen, die vor der Küste schwammen.

Während sie spricht, hält es Natascha kaum auf dem Stuhl. Wie ein Kind kurz vor der Bescherung rutscht sie unruhig hin und her. Die Liebe zu diesem Ort und ihrer damit verbundenen Geschichte strömt aus jeder Pore ihres Elfen-Kobold-Arbeiterinnen-Körpers.

»Als die Goldwäsche 1979 eingestellt wurde, ging es bergab.« Mit dem sozialen Leben. Der Einwohnerzahl. Dem Spaß. Viele Familien zogen nach Irkutsk. Aus Häusern wurden Ferienhäuser. Den Klub gibt es nicht mehr. Mit dem permanenten Strom kamen Fernsehen und Internet. »Die Menschen bleiben abends nun lieber zu Hause. Für sich«, sagt Natascha, und ich fühle ihren Schmerz. Aber da ist keine Resignation. Keine Verzweiflung.

»In Russland war es sehr hart in den Neunzigerjahren«, fährt Natascha mit dem neutralen Gesichtsausdruck einer Journalistin fort. »Viele konnten ihre Familie nicht ernähren.« Sie hatte Glück und kam weiterhin jeden Sommer für mehrere Monate. Erst mit ihren Eltern. Dann mit ihren Kindern. Und jetzt mit ihrem ersten Enkelkind. Das Chalet, in dem Levi und ich wohnen und das Natascha betreut, ist eines der neuesten Gebäude in Bolschije Koty. Bevor es gebaut wurde, beherbergte sie Gäste in ihrem kleinen Sommerhaus. Mit Plumpsklo und Holzofen. Einfach und urig. So wie die Menschen hier halt leben. Nicht mit fließendem Wasser für die Toiletten und Elektroheizungen für die im September schon eisigen Nächte.

Natascha verstummt und lächelt nach innen. Irgendwann schaut sie mich an. Direkt in die Augen und mitten in die Seele. Ich schaue zurück, und mein Blick löst sich auf. Ich fühle mich zu Hause an diesem langen Tisch, mit dieser Frau, dem prasselnden Feuer des Ofens und dem pfeifenden Wind vor der Tür.

Levi gibt auf, aber für den Rest von uns wird der Abend noch lang. Kurz vor dem Einschlafen denke ich an Olga, Ritas Oma, Tara, die Grande Dame, Nadia und immer wieder an Natascha: »Sibirien bringt starke Frauen hervor«, denke ich und falle in einen tiefen Schlaf.

Am nächsten Morgen schneit es. Die Flocken tanzen durch die Luft und lösen sich auf, bevor sie den Boden berühren. Ich liege im Bett und kann meinen Atem sehen. Also: Heizung hochdrehen, vorbei an der Ziffer 3 auf dem Heizungsknopf, die mir Natascha als höchste Stufe ans Herz gelegt hat, warum, habe ich nicht verstanden, bis zur 5. Und ein bisschen darüber hinaus. Ich ziehe alles an, was ich dabeihabe, und stecke meine Nase aus der Zimmertür. Alicer schürt das Feuer im Ofen des Esszimmers, und aus der Küche duftet es wie immer köstlich.

Die Tage vergehen mit kochen, erzählen, durch die Gegend stiefeln und bei unterschiedlichsten Wettern auf den Baikalsee schauen. Ich hätte nichts dagegen, die kommenden Wochen und Monate hier zu verbringen. Plötzlich verstehe ich Menschen, die zu einem dreiwöchigen Urlaub aufbrechen und nach siebzehn Jahren immer noch unterwegs sind. Warum kann ich nicht hierbleiben?

Ach ja: Mission, Mongolei, Markus. Der zweite Abschnitt unserer Reise rückt näher: noch ein paar Tage Bolschije Koty, dann Irkutsk, danach 36 Stunden Transsibirische Eisenbahn, und dann sind wir auch schon in Ulan-Bator, der Hauptstadt der Mongolei. Dort treffen wir Markus und reisen zu dritt weiter. Für ein paar Wochen. Wie das wohl wird? Nach fünf Wochen intensiver Mutter-Sohn-Zeit wieder zu dritt zu sein? Ich freue mich auf Markus, schiebe den Gedanken an ihn jedoch zur Seite, als Nadia mir mit Quark und Rosinen gefüllte Pfannkuchen zum Frühstück serviert. Sollte das Boot den Betrieb wiederaufnehmen, werden wir Bolschije Koty in einigen Tagen verlassen. Wenn nicht, dann nicht. Wandern kommt nicht infrage. Auf gar keinen Fall.

Tibet am Baikal: Irgendwann ist alles mal vorbei

Eines Abends komme ich mit Levi von einer Erkundung der Wälder hinter unserem Haus zurück und erfahre von Natascha, dass das französische Paar angekommen sei. Sie sind von Listwjanka hergewandert.

»Willst du mit ihnen gemeinsam essen oder alleine mit Levi?«

Am liebsten würde ich mich in der Wohnküche verkriechen, aber alles ist irgendwann einmal vorbei. »Gerne mit dem Paar«, höre ich mich antworten.

Die beiden stammen, wie fast alle Franzosen, denen ich unterwegs begegnet bin, aus Paris, haben ihre Jobs, die ihnen weder Perspektive noch Anerkennung einbrachten, hingeschmissen und reisen nun für die nächsten zwölf Monate von Paris nach Lhasa. Mit dem Zug. Sie fanden den Gedanken spannend, von dem Bahnhof, der sie seit Jahren ins Büro gebracht hat, in ein neues Leben aufzubrechen.

»Lhasa ist ein Ort, der mich sehr aufgewühlt hat«, erzähle ich. »Und zu dem ich gerne noch mal zurückkehren möchte.« Pilger, die sich über Wochen und Monate fortbewegen, indem sie sich der Länge nach auf den Boden werfen, die Füße an den Körper heranziehen, sich wieder aufrichten, nur um sich wieder hinzuwerfen. Mit dem Ziel Jokhangtempel mitten in Lhasa. Und dann kommen diese Pilger in Lhasa vorbei an Karaokebars und chinesischen Massagesalons, um ihre letzte Kora um den Tempel zu drehen. Und daneben saß ich in einem starbucksähnlichen Coffeeshop zwischen Souvenirshops und Gemüseläden und beobachtete schwer bewaffnete chinesische Soldaten auf jedem zweiten Dach der Altstadt. Es zerriss mich jeden Tag aufs Neue: Lhasa ist so schön und schrecklich zugleich. Die Pilger sind vermutlich bei sich und in einer Art Trance und nehmen das alles nicht wahr. Oder sind erfüllt von dem Gefühl unendlicher Gelassenheit.

Genau das fehlte mir, als ich an meinem ersten Tag in Lhasa vor dem Potalapalast stand: beeindruckt von den Dimensionen, der Ausstrahlung und Geschichte der ehemaligen Residenz des Dalai-Lama. Irritiert von der sechsspurigen, stark befahrenen Straße zu den Füßen des Potala. Schockiert von dem Platz, den chinesische Strategen direkt gegenüber des Potala errichtet hatten: so groß wie zwei Fußballfelder, zubetoniert und mit einer Leinwand gigantischen Ausmaßes geschmückt, von der ohne Unterbrechung militärische Musik und Ansprachen erschallten, deren Worte ich zwar nicht verstand, deren Botschaft jedoch unmissverständlich war.

Jeder Tag in Lhasa war eine Herausforderung für Körper und Geist: Die 3600 Meter Höhe zwangen mich dazu, mich langsam zu bewegen, und rächten sich sofort mit Kopfschmerzen und Übelkeit, wenn ich es vergaß und in meinem üblichen Tempo durch die Gassen und umliegenden Berge und Klöster peste.

Ich empfehle den Franzosen die Dachterrasse des *Mandala*-Hotels in der Altstadt von Lhasa zum Durchatmen und zwei Nächte Zelten am Namtsosee, einige Stunden Fahrt entfernt. Und das Königreich Mustang. Denn Mustang ist so, wie ich mir Tibet vorgestellt hatte.

»War Levi da auch schon dabei?«, fragt mich die Französin.

»Nein!«, lache ich. »Da hab ich noch nicht mal an ihn gedacht!«

Als Levi schläft, setze ich mich im Dunkeln ans Fenster und schaue auf den sternenbefunkelten See. Der Wind hat die Wolken weggeblasen, die Prognose für das Boot ist gut. Das Bild von der hüpfenden und tanzenden Natascha in der Wohnküche kommt mir in den Sinn. Levi saß mit großen lachenden Augen vor ihr, und Natascha sprang singend um ihn herum. Mit der Leichtigkeit eines Mädchens. Levi versuchte kreischend ihren Zopf zu fangen. Und ich konnte ein bisschen lesen. Levi krabbelte neben Marianna, die beiden spielten mit den bunten Plastikwurfringen, und Alicer saß daneben. Und ich plauderte mit Nadia.

Meine Augen finden den Fischkutter, der mich übermorgen nach Irkutsk bringen wird, und ich treffe eine Entscheidung: Ich kann mich sehr intensiv und sehr gut um Levi kümmern. Aber nicht 24 Stunden am Tag. Und das liegt nicht nur daran, dass ich auch noch andere Interessen habe im Leben außer Levi. Das ist bei mir einfach so. Irgendwann kann und will ich mich nicht mehr auf Levi konzentrieren. Das merke ich daran, dass Kleinigkeiten anfangen mich zu nerven. Und dann ist es gut, wenn ich gehen kann. Wenn es jemanden gibt, der sich um Levi kümmert.

Dazu kommt: Levi genießt es, sich neben der intensiven Zeit mit mir auch mit anderen Menschen zu beschäftigen. Obwohl er erst zehn Monate alt ist. Er merkt, dass

Alicer oder Nadia irgendwie anders spielen als ich. Und anders sprechen. Und das interessiert ihn. Ich sehe es jeden Tag. Also: Schluss mit dem schlechten Gewissen, wenn ich Levi künftig zu Hause bei der Babysitterin lasse. Das ist keine Notlösung, weil ich arbeiten muss. Das ist gut. Für ihn. Und für mich. Vorausgesetzt, die Babysitterin ist gut, aber das ist ein anderes Thema.

Ich atme tief und gleichmäßig und schaue noch eine halbe Stunde auf den See. In meiner Beziehung zu Levi, so besonders und intensiv sie auch ist, scheinen ein Stück weit dieselben Regeln zu gelten wie für meine anderen Beziehungen und Freundschaften: Zu viel ist nicht gut. Eine Mischung aus Nähe und Distanz ist für mich wichtig, damit ich mich immer wieder auf den anderen freuen kann. Und der sich auf mich.

Das Licht des Halbmondes scheint auf Levis Gesicht. Ich atme die Luft des Baikal und fühle mich leicht. Ganz bei mir. Und bei uns.

Abschiedsschmerz

Levi steht vor unseren gemeinsam gepackten Taschen. Seine Hände zupfen an den Reißverschlüssen. Mit gespitzten Lippen bohrt er seine Finger ins Innere der Tasche und zieht ein Lätzchen hervor. Und einen Strumpf. Triumphierend schaut er mich an. Dann krabbelt er, so schnell er kann, mit der Beute Richtung Küche.

»Leeeevii«, begrüßt Natascha den Dieb. Gefolgt von einem warmen Schwall melodiöser russischer Worte. Levi scheint sie zu verstehen. Seine Augen leuchten, und sein Mund ist zu einem weiten lautlosen Lachen aufgerissen. Er zittert vor Glück, Lätzchen und Strumpf fest umschlungen.

Ich habe den Eindruck, dass Levi zum ersten Mal in seinem Leben begreift, dass eine gepackte Tasche Abschied und Aufbruch bedeutet. Zumindest hat er ein Gefühl davon. Ein Vorgefühl. Eine Ahnung. Worte hat er ja noch keine. Und: Er will nicht. Er will hierbleiben. Bei Natascha. Und Marianna. Ich bin mir ganz sicher.

Mir geht es genauso.

Der Nachbar besitzt eines der wenigen Autos im Ort. Im Winter sei das nützlich, sagt er. Wenn man über das Eis fahren kann nach Listwjanka oder Irkutsk oder auf die andere Seite des Sees. Er fährt uns die paar Meter zum Hafen. Weil es so kalt sei. Und weil keiner Lust hat, unser Gepäck zu tragen.

Im Auto drückt Levi seine Hände gegen die Fensterscheibe. Er verdreht seinen Körper, um den Blick auf Natascha nicht zu verlieren, die lachend und winkend vor unserem Chalet steht und kleiner wird. Levi lacht zurück und stößt gleichzeitig Laute des Missfallens aus. Und mir bricht gleich doppelt das Herz.

Auf dem Boot fällt Levi in seinen typischen Protestschlaf. Also lege ich ihn in der Kajüte bei meinen zwei Kapitänen ab und stelle mich in den eisigen Wind.

Bloß nicht zurückschauen.

Ich spüre eine enorme Leere. Gleichzeitig bin ich so voll und glücklich von den letzten Tagen in Bolschije Koty. Ich wische mir eine Träne aus dem Auge – muss von dem kalten Wind kommen.

»Julia!«, höre ich eine Stimme hinter mir. Es ist Alicer, der Mann mit den zwei Eigenschaften: Er kann seelenruhig auf einem Stuhl in der Küche schlafen, während um ihn herum drei Frauen kochen und werkeln. Und er kann wunderbar mit Marianna und Levi spielen. Er hat es genossen, mit Levi auf der Schaukel zu toben, wilder als mit seiner zarten Tochter Marianna. Da er kein Englisch spricht und auch ansonsten sehr zurückhaltend mit der Kommunikation war, hatten wir uns bisher wenig ausgetauscht. Und als Nadia ihm dann noch mit blitzenden Augen den Titel »*useful man*« verpasste, hatte ich sie aufgerissen, die Schublade vom herumlungernden sibirischen Mann und den fleißigen Frauen.

Und nun steht er vor mir, bei strahlender Sonne und Windstärke 7 auf einem Fischkutter, mit einem Laptop in der Hand, auf dessen Bildschirm ich eine komplexe technische Zeichnung erkennen kann. Und mathematische Formeln. Wir stellen uns in die windabgewandte Seite, und Alicer erzählt in einem Vielsprachengemisch, in dem ich auch einige Brocken Englisch ausmache: »Ich fliege nach Tokio.«

»Aha.«

»Ich habe in drei Monaten dort Japanisch sprechen und schreiben gelernt.«

»Ahaaa!?!«

»Ich spreche Russisch, Arabisch und Japanisch.«

Er stammt aus Taschkent in Usbekistan. Weil er mehr wolle vom Leben, als dort möglich schien, habe er Russisch gelernt und sei aufgebrochen. Ganz allein. Sein besonderer Name, der schwarze Zopf und die dunkle Haut machen auf einmal Sinn. Sie zeugen von einer spektakulären Herkunft und weniger von sibirischer Nachlässigkeit.

Kaum dass er den russischen Pass gehabt habe, sei er nach Japan aufgebrochen. Dort sei es jetzt warm. Im Meer könne man richtig baden, nicht so wie hier am Baikal, erzählt Alicer. Er sei oft müde, weil er zwischen Tokio und Bolschije Koty pendele und sich dann nachts um Marianna kümmere, damit Nadia mal schlafen könne. Es falle ihm irgendwie schwer, so oft weg zu sein von seiner Familie. Aber irgendwie habe er auch das Gefühl, das Richtige zu tun.

Wenn ich bisher an Taschkent gedacht habe, kamen mir Bilder von der Seidenstraße, Männern in langen Gewändern mit Wasserpfeife und von grandioser Architektur in den Sinn. Aber auf keinen Fall von globalen Nomaden mit Laptop, Wohnung in Japan und Familie am Baikalsee.

Und war ich gerade noch ein wenig genervt davon, dass Alicer meinen Plan der einsamen Wehmut mit Blick auf die tosende See durchkreuzt, so bin ich ihm nun unendlich dankbar für die Erinnerung an ein gutes Gefühl: Es fühlt sich gut an, mich immer wieder vom Leben überraschen zu lassen.

Ich bin an einer Grenze

Irkutsk ist windig, kalt und nicht wirklich schön. Außerdem gibt es nichts zu erleben. Außer an der Uferpromenade der Angara entlangzuschlendern und auf den gegenüberliegenden Bahnhof zu schauen. Warum hatte ich noch mal zwei Nächte in Irkutsk eingeplant? Ach ja: Ich dachte, nach den entbehrungsreichen Tagen am Baikalsee täte uns ein wenig Pampern in einem schönen Hotel an einem Ort mit Infrastruktur gut: baden, schlendern, Kräfte sammeln. Für die Mongolei. Und nun ist alles andersherum.

»Paris des Ostens« wird Irkutsk auch genannt. Warum, erschließt sich mir nicht. Ich mag Paris, und ich liebe das »Paris Südamerikas« Buenos Aires. Aber: Irkutsk und Buenos Aires in einer Schnittmenge namens Paris? Bei aller Liebe zu Sibirien.

Und das, obwohl die Grundvoraussetzungen für ein bisschen Verwöhnen mit dem Hotel *Sayen* durchaus gegeben sind. Levi inspiziert die zahlreichen Spiegel und schäkert mit sich selbst. Wir baden in warmem Wasser, bestellen Essen aufs Zimmer. Aber sonst? Wir kennen niemanden. Und in diesem schönen, aber anonymen Hotel werden wir bestimmt auch niemanden kennenlernen. Irgendwie auch okay, ich bin noch ganz voll Bolschije Koty. Auf der anderen Seite könnte ich ein wenig Unterstützung gebrauchen, denn: Ich bin krank. Richtig erkältet: Nase zu, Kopf dröhnt, Augen tränen, Beine wackelig. Bei allen Horrorszenarien, die ich mir vor der Abreise ausgemalt hatte, um für den Fall der Fälle eine Lösung zu haben: Daran hatte ich nicht gedacht. Nicht im Ansatz: dass mir etwas passieren könnte. Oder eine Vorstufe davon: dass es mir schlecht gehen könnte.

Zu allem Überfluss erhalte ich E-Mails aus meinem Büro, die mir zeigen, dass meine Führung doch nicht so einfach durch Delegieren und To-do-Listen ersetzbar ist. Zwischen Ballwerfen und Zeitungraschelln, um Levi zu beschäftigen, versuche ich, das Nötigste zu erledigen.

Dann schleppe ich uns in eine Apotheke. Ich bekomme drei Päckchen und zu jedem Päckchen den handschriftlichen Vermerk einer täglichen Dosis. In der Hoffnung, mit meiner Zeichensprache nicht völlig missverstanden worden zu sein, stopfe ich die doppelte empfohlene Tagesdosis in mich hinein.

Entweder bin ich morgen tot oder gesund.

Zum Glück hat Levi sich bisher nicht angesteckt. Vielleicht sollte ich nicht nur bei ihm auf warme Kleidung achten?

Außerdem fühle ich mich allein: so ohne Natascha, Nadia, Olga, Markus. Ich will weiter. Wieder los. Ich kann es kaum erwarten, heute Nacht gegen vier Uhr endlich wieder in die Transsibirische Eisenbahn einzusteigen.

Plötzlich fällt mir ein, was ein Freund mal zu mir gesagt hat und was mich schon oft gerettet hat: »Musik hilft immer. Und tanzen.«

Der Satellitenfernseher kennt die britische Version von MTV und versorgt uns mit den neuesten *dance tunes* von der Insel. Wir hüpfen singend durch unser Zimmer, und in den Pausen lade ich die schönsten Tracks für die Weiterreise auf mein iPhone. WLAN sei Dank.

Es geht auf halb zehn Uhr zu, und Levi zeigt noch keine Spur von Müdigkeit. Dafür zeigen sich unter meinen Augen schwarze Ringe. Meine Versuche, ihn trotzdem hinzulegen, kontert er mit lautem Protest, stehaufmännchenhaftem Sitzen und Lachen. Er ist unruhiger als sonst. Fast zappelig. Ich denke, dass er das Reisen, den Ortswechsel verarbeitet. Ich kann es nachfühlen. Auch ich vermisse die letzten Tage in Bolschije Koty. Und unsere Familie in der Transsib.

Ich sitze mit meinem Sohn auf dem Bett und schaue ihn an. Wie er unermüdlich an der Decke herumfummelt. Nach den Streichhölzern auf dem Nachttisch greift. Versucht mein iPhone zu ergattern. Sich vom Bett abseilt, um in den Mülleimer zu tauchen und zerknülltes

Papier zu finden. In den russischen Zeitschriften blättert und voller Begeisterung die Seiten herausreißt. Und plötzlich merke ich, dass ich unendlich müde bin. Dass ich kaum noch Kraft habe, hinter meinem Sohn herzurennen, damit er sich nicht den Kopf irgendwo anstößt oder etwas isst, was er nicht essen sollte.

Je mehr meine Kräfte schwinden, desto mehr dreht Levi auf. Als wolle er unser Energielevel auf einem bestimmten Niveau halten.

Ich fühle mich einsam. Müde. Kraftlos. Ich kann nicht mehr. Wie machen Alleinerziehende das? Wenn sie krank sind? Und keine Eltern oder Freunde mit Kindern um die Ecke wohnen haben, die ihnen helfen? Und sich keinen Babysitter leisten können? Muss ja gar nicht wirklich alleinerziehend sein; die meisten Frauen in Deutschland sind ja de facto alleinerziehend: Mann im Job, Frau ohne Unterstützung das erste Jahr zu Hause. Ist zumindest mein Eindruck.

Nicht, dass ich meine selbst gewählte Situation in Irkutsk mit der Situation Alleinerziehender, eventuell noch finanziell schlechtgestellter Alleinerziehender, vergleichen möchte. Ich kann die Reise ja jederzeit abbrechen. Will ich aber nicht. Es ist so bereichernd und intensiv, mit Levi zu reisen. Er lässt sich so selbstverständlich auf alles ein. Ich bin ganz stolz auf ihn.

Nur gerade jetzt, in diesem Augenblick, bin ich total am Ende. Kann es nicht bitte ganz schnell morgen sein?

Es ist 22 Uhr. Der Wecker klingelt um 3.15 Uhr. Um 3.45 Uhr werden wir abgeholt und zum Bahnhof gebracht. Ich muss noch packen, hätte gerne eine halbe Stunde für mich und ein bisschen Schlaf. Levi rennt durch den Raum, und ich spüre Wut in mir aufsteigen. Er torkelt zwar schon und kann seinen Kopf kaum noch aufrecht halten, aber schlafen: Neinneinnein!

Ich packe ihn, setze ihn in den Kinderwagen und rolle Kinderlieder singend im Zimmer auf und ab. Innerlich zittere ich. Äußerlich versuche ich, mir nichts anmerken zu lassen. Wut, Verzweiflung, Erschöpfung und ein dröhnender Kopf ergeben eine explosive Mischung.

Kinder leben manchmal wirklich auf einem Pulverfass. Ich weiß, dass ich mich gegenüber Levi im Griff habe. Ich werde nicht brüllen oder Schlimmeres tun. Dennoch steigen in meinem Kopf derartige Szenarien auf. Und dafür hasse ich mich. Was die Situation nicht unbedingt einfacher macht.

Was ist mit Menschen, die zu viel Alkohol trinken, Drogen nehmen, echte Probleme haben? Wie überleben die Kinder das? Derartige Menschen können sich doch gar nicht im Griff haben? Gut, die reisen auch nicht durch Sibirien, aber trotzdem: Kind zu sein erfordert ganz schön viel Mut. Zum Glück verstehen die Kinder das erst, wenn sie aus der größten Gefahr heraus sind.

Da alle Lieder versagen, beginne ich eine Rede zu halten: darüber, wie es mir gerade geht und dass es nun wirklich an der Zeit ist zu schlafen. Und Levi lacht. Mit seinem breitesten strahlendsten Lächeln.

Ich könnte heulen. Gedanklich schicke ich ihn zurück in die Baby-Ursuppe. *One-way ticket*. Und da macht es klick bei mir: Er ist so unruhig wie ich. Er ist so traurig wie ich. Und vermutlich will auch er hier möglichst schnell weg, so wie ich. Nur weiß er nicht, dass es in vier Stunden schon so weit ist.

Also legen wir uns auf das Bett und schauen uns die Fotos der Reise auf meinem Laptop an. Mehrmals. Am Anfang turnt Levi noch um mich herum. Dann setzt er sich hin. Und irgendwann liegt er und schläft.

Das war knapp.

Anfängerfehler

Katia hat es mit einem Lächeln auf den Lippen geschafft. Sie lotste uns um 3.50 Uhr in der Nacht vorbei an der betrunkenen, Klavier spielenden, tanzenden und lachenden Partymeute in der Lobbybar des Hotel *Sayen*. Vorbei an den ebenfalls betrunkenen, ihre Dienste anbietenden Laienträgern am Bahnhof. Vorbei an den johlenden jungen, vorwiegend männlichen Backpackern, die an den Fenstern des Zuges hingen, der aus Krasnojarsk kam und nun vierzig Minuten Verschnaufpause in Irkutsk hatte, bevor es Richtung Mongolei weiterging. Sie hielten Ausschau nach neuen partywilligen weiblichen Backpackern. Sicher nicht nach einer Mama mit Baby. Zum Glück.

Katia nahm auch die Hürde des skeptisch dreinblickenden mongolischen Waggonschaffners, auf dessen Zettel unsere Namen standen, und schaffte es, ihm zu erklären, dass wir zwar nur eine zahlungspflichtige Person sind, aber dennoch vier Tickets gekauft haben.

Und jetzt sitze ich hier. Im Dunkeln. In unserem Abteil. In einem sehr einfachen, schmuddeligen, leicht übel riechenden Zug. Für die nächsten 26 Stunden. Na denn mal Prost. Leider habe ich das Bier aus der Minibar des Hotels nicht eingesteckt. Anfängerfehler. Passiert mir nie wieder!

Levi schläft, und ich schaue aus dem Fenster. Ich sehe Katia im Bahnhofsgebäude verschwinden. Vermutlich hüpft sie jetzt zu ihren feiernden Freunden in irgendeine Hotellobby.

Obwohl ich nur noch ihren Rücken sehe, hat sich ihr Gesicht in meine Erinnerung eingebrannt. Ein bisschen wie Olgas Gesicht: mongolische Züge mit grünen Augen und blonden Haaren. Dazu mindestens 180 Zentimeter groß und ein freundlich-herausforderndes Lächeln auf den Lippen. Katia war richtig schön. Und nicht nur das. Sie wirkte auch interessant. Nicht niedlich schön. Sondern schön wie ein Mensch, der viel zu erzählen hat. Dabei war sie höchstens zwanzig. Wenn überhaupt.

Lange Jahre verbannte Moskau unliebsame Menschen nach Sibirien: Wolgadeutsche, Tschetschenen aus dem Kaukasus und Letten aus dem Baltikum. Und die trafen dort auf Nomaden, Burjaten und Mongolen. Im Ergebnis entstand nicht nur ein zäher, tougher, sondern auch sehr schöner Völkermix. Irgendwo hatte ich gelesen, dass nicht die riesigen Vorräte an Erdöl, Diamanten und Kohle die wahren Schätze Sibiriens seien, sondern die Menschen. Die Schönheit und der Ehrgeiz der Frauen. Und dass sich zunehmend Modelscouts der Transsibirischen Eisenbahn bedienen, auf der Suche nach jungen Talenten. Was wiederum erklärt, warum selbst die kleinsten Mädchen schon besser posieren als die meisten Kandidatinnen der zahlreich vorhandenen Modelcastingsendungen im deutschen Fernsehen: Das Posieren ist ihr Rettungsboot. Es soll sie wegtragen in ein besseres Leben.

Aber offensichtlich gelingt es nicht jeder schönen Frau, Sibirien hinter sich zu lassen. Vielleicht träumen auch nicht alle von der Welt hinter den Birken? Vielleicht gefällt es einigen Menschen hier? So wie Natascha?

Der mongolische Waggonschaffner steckt seine Nase in unser Abteil und reicht Bettlaken herein. Er zeigt auf Levi und mir seine plaquereichen Zähne inklusive Zahnfleisch. Fragt, ob ich Tee möchte.

Routiniert beziehe ich eine Bank, bette Levi hinein,

verteile die Milchmischutensilien auf dem Tischchen unter dem Fenster zwischen den zwei Bänken, klemme Spielzeug in die Ablage zwischen unterer und oberer Bank, schlürfe Tee und begrüße das Rattern wie einen alten Freund.

Der Tod reist mit

Der Zug ist das komplette Gegenstück zum *Baikalexpress*: nur Touristen. Ganz viele junge Backpacker aus Holland, der Schweiz und Österreich in Partylaune. Und eine Handvoll Deutsche jenseits der sechzig mit schweren Kameras und meist ernstem Gesicht.

Stefan bleibt als Erster nicht ganz freiwillig vor unserer geöffneten Abteiltür stehen: Levi hat ihm den Weltenball vor die Füße geworfen. Der neue Mitspieler zeigt sich erst perplex über den kleinen transsibirischen Reisenden, dann anerkennend über unseren Mut. Er nimmt auf dem Klappstuhl im Gang gegenüber Platz, und wir plaudern: Er ist mit seiner Freundin Claudia in Zürich in den Zug gestiegen. Sie fahren bis nach Kathmandu. Er hat für sechs Monate ein Sabbatical genommen, Claudia gerade ihr Studium beendet. Sie sind auf der Flucht vor der Routine zu Hause. Und auf der Suche nach Inspiration für ihr Leben nach der Reise. Stefans Augen strahlen eine Tiefe und Ernsthaftigkeit aus, dass ich spüre, dass er wirklich sucht. Nach Sinn. Nach Veränderung.

Ich erzähle von unserer Familienmission.

Stefan schaut mich eine Weile schweigend an. »Du experimentierst mit deinem Leben«, platzt es dann aus ihm heraus. »Mit eurem Leben.« Und seine Augen lachen dazu.

»Mit unserem Lebensstil«, antworte ich.

»Du reist also, um euren Lebensstil zu finden. Weiter-zuentwickeln. Mit Levi. Reist du immer mit Mission?«

Ich denke kurz nach, um dann zuzugeben: »Ich glaube schon.«

»Kannst du dich nicht einfach mal treiben lassen? So ohne Sinn einfach Urlaub machen?«

»Stundenweise schon. Aber grundsätzlich: Ich glaube nicht. Die Welt ist so voller Anregungen. Irgendetwas in mir fängt dann sofort an zu arbeiten. Pläne zu schmieden. Ich kann mich nicht einfach nur an den Strand legen und all diese Ideen, die ich haben könnte, wenn ich nur richtig reiste, an mir vorbeiziehen lassen. Deshalb ist es eigentlich auch egal, wo ich wohne. Egal von wo, ich muss immer wieder los.«

»Ganz schön anstrengend, oder?«

»Mein Motor. Ich glaube, dass die Antworten auf meine Fragen irgendwie in der Welt angelegt sind. Ich muss nur hinreisen und offen sein.«

»Du glaubst also, dass die Orte dieser Welt Antworten auf unterschiedliche Fragen bereithalten? So nach dem Motto: Sie wissen nicht weiter, also reisen Sie. Ist Ihr Thema die Krise in der Partnerschaft: Reisen Sie nach x! Finden Sie in Ihrem Job keine Anerkennung: Reisen Sie nach y!«

»So ungefähr.«

»Und das funktioniert?«

»Bei mir schon. Bisher.«

»Wie suchst du die Orte zu deinen Fragen aus?«

»Zu Beginn intuitiv. Mit meiner zunehmenden Reise-erfahrung mehr und mehr bewusst. Zumindest kann ich Reiseart und Regionen ganz gut einkreisen vorab. Ich spüre, was passt. Und was nicht.«

Wir sitzen uns eine Weile schweigend gegenüber. Dann erzählt Stefan, dass er vor einem Jahr schon einmal mit dem Zug aufgebrochen war. Allein. Er kann bis heute nicht genau sagen, warum. Er habe nur gespürt, dass er aufbrechen müsse. Mit dem Zug. Richtung Osten.

In der Ukraine hatte man ihn aus dem Zug geworfen und in ein Krankenhaus zwangseingeliefert: Er hatte starkes Fieber und sah auch ansonsten nicht gut aus. Im Krankenhaus fand man dann nichts. Hielt ihn aber fest, weil er ja nicht so gut aussah.

Claudias Eltern fuhren in etlichen Stunden von Zürich in das Ukrainer Krankenhaus, entführten den Freund ihrer Tochter und fuhren über holprige Straßen in Windeseile zurück nach Zürich. Dort stellten die Ärzte Löcher im Darm fest, und Stefan wurde notoperiert. Knapp überlebte er die Aktion.

Mit leuchtenden Augen erzählt Stefan, dass er den Tag, als er aus der Narkose erwachte, als seinen zweiten Geburtstag feiert. Außerdem habe er sich an diesem Tag geschworen, nur noch mit vollem Herzen zu leben. Sinnvolles zu tun, keine Zeit mehr mit Meetings und Menschen zu vertrödeln, die einmal Freunde waren. Und den notwendigen Alltagsmist zu genießen. Heute sei er fast dankbar für diese Nahtoderfahrung.

Ich habe auch so eine Geschichte erlebt, behalte sie aber für mich. Ich habe daraus mitgenommen, dass ich mich jeden Tag aufs Neue für oder gegen etwas entscheiden kann. Dass ich nichts wirklich muss. Das besondere Bewusstsein für das Leben, das aus jeder Pore meines Gegenübers strömt, bringt mich erneut dazu, zu hinterfragen, ob ich diesem geschenkten zweiten Leben wirklich gerecht werde.

Nach einigen schweigsamen Minuten entscheide ich mich erst einmal dafür, die Gesellschaft von Stefan und Claudia zu genießen und über alles Weitere später nachzudenken.

Die Luft draußen ist schmierig-grau. Wir rattern vorbei an schneebedeckten Bergen. An grünen Holzhäusern mit gelben Fenstern. Und lachsfarbenen Holzhäusern mit blauen Fenstern. Plötzlich wird es hektisch in unserem Waggon. Die Stehplätze an den Gangfenstern werden knapp, und nur mit Mühe kann ich mit Levi noch einen Klapphocker mit Blick ergattern. Der Zug fährt eine lang gezogene Linkskurve, und Kameras werden gezückt. Ich schiebe die quer über die untere Hälfte des Fensters gespannte grauweiße Gardine zur Seite. Die Freude eines unverhofften Wiedersehens mit einem guten alten Freund hüpft mir ins Herz: der Baikalsee. Ein Blick auf die Karte gestern Abend hätte mich in Vorfreude schwelgen lassen. Aber nein: Ich hatte keine Ahnung, dass wir uns heute begegnen. Diesen Eindruck bekommen also Transsibreisende, die nicht in Irkutsk aussteigen, von diesem wunderbaren See: geräucherte Holzhäuschen mit Wellblechdächern und verbogenen Antennen. Zu kunstvollen Gebilden verstrickte Stromleitungen verbinden windschiefe Strommasten. Dann einsame Küste, nur ein weißer Lada-Jeep mit offenen Türen auf grobkieseligem Boden. Einige grün-gelbe Grasfetzen lockern das graue Gemisch aus Steinen, Himmel und Wasser auf. Aus dem Nichts taucht ein blaues kleines Ruderboot auf, an dem sich drei Männer mit Wollmützen zu schaffen machen.

Und dann ist er wieder weg. Die Kameras verschwinden. Wir fahren durch hügelige grün-gelbe, von Bächen durchzogene lichte Buschlandschaft. Die Plätze an den Fenstern werden wieder frei. Nur Levi und ich sitzen noch auf unserem Hocker, als Michael vor uns stehen bleibt.

»Ich muss unbedingt meine Frau zu euch schicken!«, sagt er.

»Warum?«

»Damit sie sieht, dass man auch mit Kindern solche Reisen machen kann.«

Michael und seine Frau versuchen, schwanger zu werden. Sie sind aber ganz froh, dass es vor dieser Reise nicht geklappt hat, weil sie nicht gewusst haben, ob sie die Reise in freudiger Erwartung noch auf sich genommen hätten.

»Nach der Reise ist vor der Reise«, sage ich, und wir müssen lachen. Michael beobachtet eine Weile mit verzücktem Baldvaterblick, wie Levi auf dem Zugboden spielt. Alle paar Minuten putze ich seine pechschwarzen Hände mit Feuchttüchern. Kein Vergleich zu den hygienischen Verhältnissen unter Olga. Wirklich nicht.

»Wenn er das überlebt, überlebt er alles!«, sagt Michael lachend und verabschiedet sich Richtung Ehefrau.

Grenzübertritt Russland–Mongolei

Wir halten in Ulan-Ude, und ein paar Burjaten und Mongolen mischen sich unter die westeuropäisch geprägte Reiseschar. Die Wolkenschicht macht Platz für einige Streifen strahlendsten Blaus. Wir brausen vorbei an einem glitzernden See und durch sandiggelbe Grassteppe: Nach sechs Tagen Transsib ist die Landschaft zum ersten Mal zum Luftanhalten schön.

Ich will raus, ich will laufen, ich will schreien vor Aufregung – und der Schaffner verteilt Formulare für den herannahenden Grenzübertritt in die Mongolei. Auf Russisch.

Stefan, Claudia und ich beschließen, die Formulare nicht auszufüllen. Wie denn auch? Wir können alle kein Russisch. Ein bisschen unheimlich fühlen wir uns schon dabei: Rebellion kommt in Russland sicher nicht gut an.

Das holländische Paar zwischen meinem Abteil und dem der Züricher entscheidet sich für das Holländisch-Russische Wörterbuch. Unser Waggonschaffner verschließt die Toiletten, die Kohlen im Samowar verfärben sich von Rot zu Schwarz, und der Zug hält: Nauschki. Grenzstation.

Der Schaffner sammelt unsere Pässe ein, und ich hüpfe mit Levi in der Babytrage auf den Bahnsteig: Eine ellenlange rot-gelb gekachelte Fläche, gesäumt von strahlend weißen Gebäuden, breitet sich vor uns aus. Ein Bahnsteig, der das Vorhandensein einer mittelgroßen prachtvollen Stadt ankündigt. Umso skurriler das Gefühl, als Levi und ich den Bahnhof verlassen, um ein wenig durch den Ort zu bummeln: Der Ort existiert nicht. Ein kleiner Park, ein Lebensmittelgeschäft und eine rumpelige Sandstraße. Und eine Horde Transsibtouristen. Ein Gefühl wie mit dem Kegelverein auf dem Mars gelandet.

Ich laufe zurück zum Bahnhof und setze mich in einer windgeschützten Ecke in die Sonne. Mindestens zwei Stunden, wenn es schlecht läuft, fünf Stunden Aufenthalt prognostiziert der Reiseführer. Eine unbestimmte Handbewegung und ein Plaquelächeln mit ganz viel Zahnfleisch schenkt mir unser Schaffner auf meine Frage nach der Weiterfahrt und unseren Pässen.

Irgendwann mache ich das, was alle machen: Ich bitte jemanden, von Levi und mir vor dem Zug ein Foto zu schießen, und trotte dann zum Lebensmittelgeschäft. Ich kaufe, was alle kaufen: Bier und Schokolade, setze mich wieder auf den Bahnsteig und übe mit Levi laufen. Ich höre kein Signal, sehe aber, dass nach drei Stunden alle Passagiere wieder in den Zug strömen, also strömen wir mit. Das holländische Paar hat vier Zeilen ausgefüllt, als der Schaffner die englischen Formulare doch noch findet und mit Schweiß auf der Stirn verteilt. Gerade drückt er mir den Zettel in die Hand, als am anderen Ende des Ganges mit einem scheppernden Knall die Tür aufspringt: Eine strenge uniformierte Dame mit Schiffchenhut und Aktentasche marschiert durch unseren Waggon. Gefolgt von zwei jungen, militärisch gekleideten Männern mit Schäferhunden. Raustreten aus dem Abteil, nicht reden und ernst schauen ist angesagt.

Jedes Abteil wird durchsucht. Wonach, ist mir nicht klar. Selbst die Teppiche im Gang werden umgedreht. Ein beißend kalter Wind weht plötzlich durch unsere bunte Reisegemeinschaft. Und Levi gluckst dazu. Der Stimmungswechsel geht komplett an ihm vorbei.

Wir sind als Letzte an der Reihe. Als die Beamtin Levi sieht, brechen die harten Gesichtszüge auf. Ihre Mundwinkel hüpfen nach oben, ihre Augen werden ganz groß, und eine sanfte Melodie von Variationen des Wortes *malinki* umhüllt uns. Auch russische Grenzbeamtinnen haben ein weiches Herz, wenn es um Babys geht.

Unser Abteil ist in Sekunden durchsucht. Die Beamtin drückt mir unsere Pässe in die Hand, und mein Sohn darf zum Abschied einen Schäferhund streicheln.

Entgegen allen Erwartungen unserer Mitreisenden macht Levi auch vieles einfacher auf dieser abenteuerlichen Reise.

Geschenkte Zeit

Es ist sechs Uhr in der Früh. Unser gesamtes Gepäck ist verstaut. Levi steckt in seinem Fleeceanzug, liegt angeschnallt im Maxi-Cosi und schläft. Die Toiletten sind verschlossen. Der Samowar ist so gut wie erloschen und produziert nur noch kaltes Wasser. In freudiger Erwartung der Einfahrt in den Bahnhof von Ulan-Bator. Um 6.35 Uhr. Aber: Der Zug steht. Jetzt schon. Seit zehn Minuten.

Ich sitze im Gang, die Tür zu unserem Abteil einen Spaltbreit geöffnet. In den anderen Abteilen höre ich hektisches Packen. Einigen Reisenden kommt die Verzögerung gerade recht. Im Gang ist noch alles ruhig. Nur ich und das sanfte Licht der aufgehenden Sonne über den zart geschwungenen, mit strohig gelbem Gras bewachsenen Hügeln der Mongolei. Und ein metallisches Geräusch. Schraubt da jemand?

Der Gang füllt und leert sich. Die anderen liegen wieder in ihren Abteilen und lesen. Oder schlafen. Nur ich sitze immer noch im Gang und beobachte die Sonne, wie sie sich langsam hinter der Hügelkette am Horizont hervorarbeitet. Das matte Strohgras bekommt einen goldenen Anstrich. Und in weiter Entfernung kann ich zwei weiße Kreise erkennen: die ersten Jurten!

Levis Opa hatte mich kurz vor unserer Abreise angerufen: »Zuerst dachte ich, du spinnst. Aber ich habe recherchiert. Ich denke, dass es spannend und positiv ist für Levis Entwicklung zu sehen, dass Menschen nicht nur in Häusern leben, wie es sie in Deutschland gibt. Dass es unterschiedlichste Arten von Dächern über dem Kopf gibt. Die alle ihren Zweck erfüllen.«

Levi wird es nicht nur sehen. Die nächsten Nächte werden wir in Jurten leben. Mit Markus.

Der Zug steht jetzt schon seit über einer Stunde. Der mongolische Waggonschaffner schimpft und stöhnt vor sich hin, lässt sich aber zu keiner Prognose hinreißen.

Ich bin hin- und hergerissen zwischen der Vorfreude auf die Mongolei, auf Markus und der Dankbarkeit über die geschenkten Stunden in Transsibirien. Vor dem Türspalt, hinter dem Levi immer noch selig schlummert, ti-

gere ich auf und ab: Ob unser transsibirischer Lebensrhythmus in der Mongolei bestehen kann? Als erster Test
für zu Hause? Ob unser Lebensgefühl vom Baikalsee die
Mongolei überlebt? Markus integrieren kann? Kann es
gelingen? Kann es gelingen, die sich im transsibirischen
Experiment herauskristallisierenden Fragmente eines Le-
bensgefühls zu konservieren? Mitzunehmen nach München?

Ist unser Leben unterwegs alltagstauglich? Und: Will
ich das überhaupt? Besteht mein Rhythmus nicht gerade
darin, keinen festen Rhythmus zu haben?

Besteht die Herausforderung für mich darin, auch mit
Levi flexibel zu leben? Mich jeden Tag aufs Neue auf
Veränderung einzulassen? Mein Leben so zu gestalten,
dass permanente Bewegung darin stattfinden kann?

Und überhaupt: Was zwingt mich eigentlich dazu zu-
rückzugehen? In den Alltag in München? Ich weiß die
Antwort auf diese Frage, denn ich stelle sie mir in regelmäßigen Abständen: Zu meinem unruhigen Leben gehört ein Ruhepol. Ein Zuhause, zu dem ich zurückkehren kann. An das ich unterwegs denken kann. Und das
ist in München. Mit Markus. Außerdem muss ich mein
Leben ja irgendwie finanzieren. Und mein Job zwingt
mich zu einer gewissen Präsenz in München. Aber das
wäre sicher auch anders lösbar.

Hmmmm.

Wir hängen jetzt seit zwei Stunden im Nichts fest.
Unter das metallische Schrauben mischt sich zunehmend
lauter werdendes Klopfen und Hämmern. Manchmal
ruckelt der Zug wenige Zentimeter nach vorn, und alle
Reisenden halten die Luft an. Dann steht der Zug wieder
still, gefolgt von kollektivem Ausatmen. Aussteigen dürfen wir leider nicht. Wenn der Zug steht, ist das Gefühl
von Transsibirien unterbrochen. Im Stillstand verbindet

sich unsere raum- und zeitlose Kapsel mit der Außenwelt. Langsam kriecht das Wissen über die Endlichkeit des transsibirischen Lebens, das Gefühl vom Leben außerhalb zurück ins Bewusstsein.

Das Schrauben und Klopfen verstummt. Der Zug setzt sich mit einem Ruck in Bewegung, der mich fast von meinem Klappsitz in den Gang schleudert und Levi aufweckt.

Mit drei Stunden Verspätung rollen wir in den Bahnhof von Ulan-Bator ein. Stefan trägt unsere Reisetasche, Claudia den Kinderwagen. Und ich Levi, den Seesack und die Kamera. Wir stehen bei strahlender Sonne und eisiger Kälte auf dem Bahngleis, umarmen uns flüchtig und wünschen uns viel Glück und Inspiration bei der Suche nach Antworten auf unsere Fragen.

Bisher wurden die Abschiedsszenen entlang der Transsib der emotionalen Bedeutung der Begegnungen nicht gerecht. Sie sind kurz und fast hastig. So als möchten die Auseinandergehenden sich die Tiefe ihrer kurzen Begegnung nicht eingestehen. Oder als wüssten sie mit diesem ungewohnten Geschenk der Intimität zwischen Fremden, der flüchtigen Intensität zwischen Reisenden, nicht anders umzugehen, als es vorbeiziehen zu lassen. Oder es für sich zu genießen. Ohne den anderen darin einzubeziehen. Vielleicht geht es nur so.

Mit einem Gefühl von beschwingter Traurigkeit mache ich mich auf die Suche nach unserem Fahrer. Zeitgleich landet ein Flugzeug aus Peking am Flughafen von Ulan-Bator. Mit Markus an Bord.

ZU DRITT DURCH DIE MONGOLEI: VON GEWALTIGER LEERE, FAMILIÄREN WURZELN UND BEFLÜGELNDER LANGSAMKEIT

5

Zwischen den Welten

Die Ruhe ist gewaltig. Ich kann das Blut in meinen Ohren pulsieren hören. Die mongolische Sonne kitzelt meine Nase. Ich sitze auf dem Boden vor unserer Jurte. Vor mir breitet sich eine gelb-braune Grassteppe aus, die sich am Horizont in Hügelketten und dem diesig blauen Himmel verliert. Ein Reiter bewegt sich von meinem rechten zum linken Blickfeldrand. Irgendwo dazwischen grast eine Herde Wildpferde. Bäche werden zu Rinnsalen, und sandige Wege verlaufen im Nichts. Hinter mir schläft Levi seinen ersten Mittagsschlaf in einem kreisrunden mongolischen Zelt. Wir sind die einzigen Gäste des Jurtencamps. Die Hauptsaison ist vorbei, und mit ihr sind fast alle Touristen aus der Mongolei verschwunden.

Seit Minuten beobachte ich nun schon eine Staubwolke. Wie ein Wirbelsturm bewegt sich das Zentrum des Staubes auf mich zu. Manchmal blitzt etwas auf: Sonnenstrahlen, die sich in den Fensterscheiben des Autos brechen, das all den Staub aufwirbelt. Mit Markus an Bord.

Ich stehe auf, winke, lache. Bin so voller Geschichten und Eindrücke, die darauf brennen, von anderen Ohren gehört zu werden. Ich setze mich wieder auf den grasigen Boden, lehne an der Jurte und schließe meine Augen. Dann höre ich Schritte, sehe ein breites Grinsen in einem müden Gesicht. Höre ein sanftes Murmeln aus dem Inneren der Jurte: Levi und Markus kommen gleichzeitig an. In unserem ersten Tag zu dritt. In der mongolischen Steppe.

Levi klammert an meiner Schulter und versteckt sein Gesicht hinter meinem Rücken. Linst hervor. Dreht den Kopf wieder weg. Linst wieder vor. Markus streckt Levi seine Arme entgegen, Levis Beine schlingen sich fester um meine Hüften. Markus nimmt Levi auf den Arm, Levi fängt an zu weinen. Ich nehme Levi zurück auf meinen Arm. Seine Unterlippe zittert, und stumme Krokodilstränen kullern über babyspeckige Wangen. Dann mustert Levi Markus neugierig. Markus streckt erneut seine Arme aus, Levi protestiert. Nachdem Levi ungefähr hundertmal zwischen Markus und meinem Arm hin und her gependelt ist, hat er erst einmal Hunger.

Zu dritt sitzen wir jetzt in der Sonne vor der Jurte und essen mongolische Teigtaschen. Außer Levis sanftem Schmatzen und dem warmen Wind ist nichts zu hören.

Markus hatte einen Tag Aufenthalt in Peking und vor wenigen Stunden noch das Pekinger Nachtleben genossen. Bei mir haben die kurzen Nächte am Baikal und in der Transsibirischen Eisenbahn Spuren hinterlassen. Markus ist noch voller Jobthemen: Er war aus seinem letzten Termin im Anzug und mit in der Mongolei bedeutungslosen Unterlagen in den Flieger gehüpft. Ich bin voller Eindrücke von Sibirien und Erinnerungen an die Transsib.

Wir schweigen. Ich greife nach Markus' Hand. Selten waren wir weiter voneinander entfernt.

Es rattert. Obwohl wir vor der Jurte in der Sonne sitzen. Seit zwei Tagen machen wir nichts anderes. Ich öffne meine Augen, nur um sicherzugehen: Es rattert immer noch. Levi schläft auf meinem Schoß, Markus döst daneben. Unterhalb der Hügel durchschneidet ein grüner Zug von ungefähr fünfzig Waggons Länge die gelbe Steppe.

Ich weiß, wie die Menschen darin sich fühlen, denke ich sehnsuchtsvoll. Markus öffnet sein rechtes Auge, lächelt mich an und erzählt etwas aus München. Ich spüre, wie ein Wort in meinen Kopf steigt: Stopp!

Ich will gar nicht wissen, was zu Hause los ist.

Levi wacht auf und krabbelt in Richtung eines abschüssigen Stücks Grassteppe.

»Gehst du, oder soll ich?«, frage ich Markus in der Hoffnung, dass er das kleinere Stück Kuchen wählt und mich in der Sonne rumhängen lässt.

»Geh du ruhig«, sagt er wider Erwarten.

»Hab ich die letzten Wochen gemacht, mach du«, antworte ich, als Levi am abschüssigen Stück Steppe ankommt, die Hände schon in der Luft wie eine Comicfigur, kurz bevor sie den Wolkenkratzer mit strampelnden Beinen hinunterfällt, um unten aufzuklatschen, sich in Form zu ziehen und fröhlich weiterzuleben. Nur ist Levi keine Comicfigur. Ich stürme los, nehme ihn in den Arm und schicke Markus, der überraschenderweise direkt hinter mir steht, einen vorwurfsvollen Blick, für den ich mich sofort schäme.

Als Levi seine Hosen vollmacht, sitzt er auf Markus' Schultern.

»Vorsicht!«, rufe ich, als Markus gerade mit Levi in der

Jurte verschwinden will. »Du musst dich tiefer bücken, sonst schlägt Levis Kopf am Türstock an!«

Mich nervt es, die Verantwortung gegenüber Levi auch noch für Markus zu übernehmen. Übernehmen müssen zu meinen. Mich einzumischen, in diesem Supermum-Ton. Mich nervt es, darüber reden zu müssen. Das ist so die Kategorie Gespräch: Wer bringt den Müll raus. Das funktioniert bei uns ja auch irgendwie. Ohne große Diskussionen. Warum jetzt mit Levi nicht?

Warum sieht Markus nicht selbst, dass Levi eine Kopfnuss droht? Oder sollte ich es einfach lassen? Es darauf ankommen lassen? Auf Kosten von Levis leiblichem Wohl?

Das kann ich nicht.

Oder denke ich nur, dass Markus Levi zerbeulen würde? Warum denke ich eigentlich, dass ich Levi besser beschütze als Markus? Und warum muss ich eigentlich über so vieles nachdenken, seit Levi da ist?

Oder muss ich das gar nicht?

»Sollen wir ein bisschen wandern? Richtung Gleise? Oder hast du vielleicht Hunger?«, versuche ich meinen Kopf zu befreien und sitze in der nächsten Falle: Bis gestern konnte ich einfach losstiefeln oder essen, ohne mich abstimmen zu müssen.

»Was schlägst du vor?«, macht Markus die Situation nicht unbedingt einfacher.

»Wandern, wenn du keinen Hunger hast.«

»Hunger hab ich schon.«

Wenig später essen wir wieder mongolische Teigtaschen und schlürfen japanische Suppe. Ich komme mir vor wie in einer Endlosschleife von Loriots tragikomischen Familienepisoden.

»Ich will morgen noch nicht weiter«, sage ich in die Stille. »Ist mir zu viel, irgendwie.«

Der Platz an der Sonne vor unserer Jurte ist seit zwei Tagen wie eine Zwischenwelt, in der alles noch nicht real wirkt. Draußen im normalen Leben droht die Katastrophe, fürchte ich.

»Dann bleiben wir noch hier«, sagt Markus und döst wieder ein.

Levi krabbelt rüber zu seinem Vater. Fasst ihn an die Ohren und an die Nase. Und lacht. Markus wacht auf, Levi lächelt ihn an, krabbelt zu mir, dreht sich um und lacht Markus an. Der streckt seine Arme aus, Levi krabbelt auf ihn zu, kuschelt sich in Markus' Arme, und beide schlafen ein.

Sieht doch ganz einfach aus.

Zumindest machbar.

Transsibirische Familienzusammenführung

Der Gedanke kam mir in der Nacht. Und jetzt sitzen wir im Zug. Zusammen in der Transsibirischen Eisenbahn. Mit dem Ziel Bayangobi. Im Süden der Mongolei. Irgendwo zwischen Ulan-Bator und Peking. Ich habe Lust auf Wüstensteppe und sonnige Temperaturen. Und ein bisschen transsibirische Nestwärme. In einem Zugabteil nur für uns drei.

So weit der Plan.

»Habt ihr Hunger?«, fragt Nara, die mongolische Übersetzerin, die neben mir sitzt. Bei der Buchung von Zugtickets, Jeep, Fahrer und Camps war Nara nicht gelistet. Ich kann mir auch nicht vorstellen, sie zu brauchen. In Sibirien ging es ja auch. Aber der mongolische Tourismus scheint nur mit Übersetzern zu funktionieren. So selbstverständlich, dass es gar nicht mehr gesondert hervorgehoben wird.

»Dieser Zug hat kein Restaurant«, sagt Nara und reicht uns große Tupperwaredosen herüber.

Vor dem Fenster verwandelt sich grasige Steppenlandschaft langsam in Wüstensteppe. Selten unterbrochen von weißen Jurten oder sandigen Autospuren. Hie und da mal eine Herde Pferde, Kühe oder Yaks. Mit jedem gerollten Kilometer wird es wärmer. Weiße Wolken tanzen mal träge, mal aufgeregt auf ihrer diesig blauen Bühne.

Der Zug hält vier- bis fünfmal pro Stunde. Immer nur für wenige Sekunden. Mitten in der Landschaft. Es gibt selten Bahnsteige, fast nie Gebäude. Nur Leere. Und ein paar Menschen, die Reisende abholen oder Speisen und Getränke verkaufen und sich im Schatten des Zuges etwas abkühlen.

Mittlerweile merke ich, wann ein Halt bevorsteht: Einige Menschen im Zug werden hektisch und tragen ihr meist üppiges Gepäck in Form von Kisten und bunten Taschen zum Ausgang. Dann passiert immer das Gleiche: Der Zug hält mit einem quietschenden Ruck, die Menschen werfen ihre Gepäckstücke in den Sand, der Waggonschaffner schimpft dazu oder mahnt zur Eile, ich verstehe es nicht. Und der Zug setzt sich schon wieder in Bewegung, bevor die letzten Gepäckstücke geworfen und alle Besitzer abgesprungen sind.

Na, das kann ja was werden mit Levi.

Beim nächsten Halt springt Markus mit Levi aus dem Zug und nimmt sofort Verhandlungen über mongolische Teigtaschen, Wasser und mongolisches Bier auf. Die Verkäufer sind begeistert und kreisen meine zwei Männer ein. Der Schaffner gibt mir ein unmissverständliches Zeichen. Nara spielt an ihrem Handy. Der Zug setzt sich in Bewegung.

Markus greift nach der Tüte voller Köstlichkeiten, verzichtet auf das Wechselgeld, reicht dem zeternden Waggonschaffner die Hand und steht mit Schweiß auf der Stirn neben mir. Der Schaffner bekommt ein Bier, die Männer klopfen sich auf die Schultern und sind ab jetzt Freunde.

Wir bestaunen mehrere Bahnschranken, die in gewisser Regelmäßigkeit im Nichts auftauchen und hinter denen nur manchmal Autospuren erkennbar sind. Straßen, Orte oder sonstige Orientierungsmöglichkeiten haben wir schon lange keine mehr ausgemacht.

Die landschaftliche Leere entspricht meiner inneren Planlosigkeit. Und da mir die Landschaft gefällt, kann es um unser Reisen und Leben zu dritt ja nicht so schlecht bestellt sein, oder? Entspannt lehne ich mich zurück und schaue aus dem Fenster wie in einen Spiegel.

»Woher wissen die Menschen, wo sie sind und dass sie aussteigen müssen?«, frage ich Nara.

»An der Uhrzeit«, antwortet diese.

»Sind mongolische Züge denn immer pünktlich?«, staune ich zurück.

Unser Zug ist es jedenfalls nicht. Der Schaffner kann uns gerade noch davon abhalten, unser Gepäck in den Sand zu werfen. Wir erkennen Bayangobi anhand des Jeeps, der genau da parkt, wo der Zug hält. Im Inneren des Autos schläft der Fahrer, der Nara zu uns und uns von unserem geliebten Sonnenplatz vor der Jurte zum Bahnhof gebracht hat. Gepäckstücke fliegen, Schaffner schimpfen, und schon ist der Zug hinter der nächsten Kurve verschwunden.

»Wenn der Zug Verspätung hat, fallen die Stopps noch kürzer aus«, erklärt Nara trocken.

Markus und ich setzen uns in den Sand und öffnen ein Bier. Der Fahrer beginnt zu schimpfen. Trödeln scheint nicht drin zu sein.

»Wir müssen vor der Dunkelheit im Camp sein«, erklärt Nara. »Im Dunkeln ist es nicht zu finden. Der Fahrer braucht die Hügel zur Orientierung.«

Leuchtet ein.

Nach neunzig Minuten Fahrt kommen mir Zweifel. Nicht nur, weil in meinen Augen alle Hügel gleich aussehen. Sondern auch, weil der Fahrer nun schon mehrmals abrupt die einmal nachgefahrene Autospur verlassen hat, über wegloses holpriges Gelände gebraten ist, um irgendwann wieder auf einem aus dem Nichts auftauchenden, kaum erkennbaren parallelen sandigen Pfad einzufädeln. Bis das Spiel von vorn losgeht: Blick auf die Hügel, hektisches Kopfbewegen, abrupte Lenkbewegung, Holpern, Einfädeln. Das Maximum an Zivilisation ist die eine oder andere Jurte, auf die der Fahrer, sobald sie ins Blickfeld geraten, erst einmal zuhält. Manchmal stoppt er, um die Menschen zu befragen, manchmal dreht er vorher ab.

Die einsetzende Abenddämmerung taucht die hügelige Steppe in ein gespenstisch rot-graues Licht.

»Wie oft hat der Fahrer denn das Camp schon gefunden?«, frage ich Nara.

»Einmal.«

Nach zweieinhalb Stunden rumpeligster Fahrt wird Levi langsam unruhig. Was ich gut nachvollziehen kann.

»Kommen dem Fahrer die Hügel hier irgendwie bekannt vor?«, frage ich Nara und richte mich gedanklich schon mal auf eine Nacht zu fünft im Jeep ein.

Nach einer Unterhaltung auf Mongolisch antwortet

unsere Übersetzerin: »Mongolen finden die Wege, indem sie in sich hineinhören.«

»Intuitives Autofahren!«, sage ich zu Markus. Und bin beeindruckt und verunsichert zugleich.

Drei Minuten später sehe ich etwas Weißes zwischen zwei Hügeln aufblitzen. Kurz darauf stehen wir vor einem kleinen Jurtencamp im Naturreservat Ikh Nart.

Der Fahrer zündet sich eine Zigarette an und wischt sich den Schweiß von der Stirn.

Das Kind mit dem Bad ausschütten

Ich frage mich wirklich, warum deutsche Reiseführer immer so auf dem Essen in fremden Ländern herumhacken. Und warum deutsche Reisende oft gerade so vom Essen während der Reise schwärmen oder es verfluchen. Also wirklich: Urlauber kommen zurück aus der Serengeti, aus Bhutan, von Sansibar – haben unvorstellbar schöne Landschaften und Tierbegegnungen erlebt – und schimpfen über oder schwärmen vom Essen. Da stimmt doch was nicht. Ich habe mich das schon oft gefragt: Haben Deutsche eine tief verwurzelte Angst, vergiftet zu werden? Oder zu verhungern? Oder ist es leichter, Essen zu beschreiben, als Landschaften, Begegnungen oder Erlebnisse? Oder sind Gespräche übers Essen die Wetterdiskussionen der Reisenden? Die deutsche Küche ist ja nicht unbedingt durch kulinarische Geheimrezepte geprägt, ohne die man nicht leben könnte.

Wie dem auch sei, alle Reiseführer warnen vor der einfachen, fleisch- und fettreichen Küche der Mongolei – und wir sitzen hier in unserem zweiten Jurtencamp und lassen uns Tee, Müsli, ein wenig Obst und ganz viel Rührei schmecken. Zugegebenermaßen mit Speck. Mmmmmm.

Nach einem ebenso leckeren Abendessen verbringen wir eine sternenklare Nacht vor unserer Jurte. Bei all den Sternschnuppen gehen uns langsam die Wünsche aus – weder in der Serengeti noch im Landesinneren von Australien habe ich jemals einen derart romantisch funkelnden Sternenhimmel erlebt. Nur widerstrebend sind Markus und ich in die Jurte zu Levi gekrabbelt, denn der kreisrunde Cabriodachgiebel ist verschlossen. Damit Levi nicht friert.

Morgens gegen sieben Uhr öffnet ein mongolisches Mädchen unser Dach mit zwei Stricken und einer ausgefeilten Wickeltechnik von außen wieder, um dann den kleinen schwarzen Metallofen, der am Fußende unseres Bettes ausharrt, anzuschüren.

Rechts vom Bett steht ein Tisch mit zwei niedrigen Holzhockern wie aus dem Kindergarten. Links vom Bett ein kleines Schränkchen mit eingebautem Waschbecken. Der Wasserkanister hinter dem Spiegel ist manuell zu befüllen. Alle Hölzer und Möbel sind in Orange gehalten und mit blauen Ornamenten kunstvoll bemalt. Auf dem Boden kniend habe ich, mein Gesicht im Spiegel betrachtend, vor dem Puppenstubenwaschbecken meine Zähne geputzt. Das glückliche Grinsen ist mir seitdem nicht mehr aus meinem Gesicht gefallen.

Mit warmen Füßen und der erfrischenden mongolischen Morgensonne im Gesicht schlürfen wir vor unserem Heim für die nächsten Tage heißen Tee, während Levi eingewickelt in Fleeceanzug und unter drei Decken eingekuschelt zufrieden schnarcht. Nachts wird es verdammt kalt. Unter null Grad. Der gefrorene Morgentau klebt noch an der weißen Außenwand unseres Zeltes.

Die nächtliche Kälte ist eine echte Herausforderung. Für meinen Kopf. Heute Nacht habe ich bestimmt zwanzigmal gecheckt, ob Levi noch atmet. Ob er friert oder schwitzt. Überraschenderweise hat er trotzdem durchgeschlafen. Nur ich bin müde.

»Können wir uns da nicht abwechseln? Eine Nacht du, eine Nacht ich?«, frage ich Markus.

»Klar!«, sagt der.

Und ich weiß: Er wird schlafen und nichts kontrollieren, Levi wird schlafen, und ich werde wach liegen. Zu 99,9 Prozent wird nichts passieren, aber für die kleine Wahrscheinlichkeit bleibe ich halt wach. Beziehungsweise schlafe leicht. Und Markus nicht. Wenn das der Mutterinstinkt ist, reiche ich hiermit offiziell bei Gott einen Nachrüstungsantrag für Männer ein: auf Vaterinstinkt. Ich brauche nämlich auch meinen Schlaf. Es erfüllt mich nicht mit Stolz, nachts über meinem Sohn zu wachen. Ich mache es halt. Ich muss es machen. Mist.

Unser Camp heißt Red Rock Ger Camp. Es steht zwischen urzeitlich anmutenden Fels-Sandsteinformationen. Hier wurden versteinerte Dinosaurierknochen gefunden. Ganz in der Nähe wird Uran abgebaut. Und in der dazugehörigen nuklearen Forschungsstation arbeiten russische, deutsche und mongolische Forscher Seite an Seite.

In der Morgen- und Abenddämmerung färben sich die Felsen, die unser Camp einrahmen und deren unterschiedliche Schichten so aussehen, als wäre das Meer gerade eben erst abgeflossen, in allen erdenklichen Rottönen, erzählt der Campmanager Xexen.

»Wie bei den Flaming Cliffs!«, fügt er stolz hinzu. Nur ohne einen einzigen Bus voller Touristen aus aller Welt, denke ich zufrieden.

»Wollt ihr heute vielleicht Kamele reiten?«, fragt Xexen und deutet auf zwei doppelhöckrige Geschosse, die in 100 Metern Entfernung gemütlich grasend ihrerseits frühstücken.

»*Maybe tomorrow*«, antworte ich und denke an *No-tour*-Anna aus Listwjanka: Mit Rumsitzen und Camperkunden sind wir für heute ausgelastet. Außerdem meine ich, hinter der Küchentür eine kleine neugierige Nase auszumachen.

Neben den zehn Gästejurten, der Küchenjurte und der in einiger Entfernung aufgestellten Jurte der Managerfamilie gehören zum Camp noch zwei Toilettenplumpshäuschen und zwei Duschjurten. Wir beschließen uns vom Staub der Straße zu befreien.

Xexen schürt den Ofen an, der in der Mitte der Duschjurte thront, indem er getrockneten Yakdung und Holz aus den daneben platzierten Körben hineinlegt und anzündet. Auf dem Ofen sitzt ein riesiger Metalleimer voller Wasser. Weiterhin kann ich noch drei zerbeulte Eimer mit kaltem Wasser, zwei Plastikgeräte, die aussehen wie Duschköpfe, die über einen Schlauch mit einer Fahrradpumpe verbunden sind, Handtücher und Plastiklatschen finden.

Heißes und kaltes Wasser werden in eine Art Wasserpistolenduschkopf eingefüllt, der Duschkopf am Jurtendach befestigt, gepumpt, und fertig ist die Dusche: Beim ersten Mal verbrenne ich mich, beim zweiten Mal ist es zu kalt, und dann geht's perfekt.

Als besonderes Highlight zaubert Xexen eine orangefarbene Babyplastikbadewanne hervor: mit rutschfestem Boden und Griffen zum Tragen. Ich habe keine bessere Wanne zu Hause. Wir befüllen die kostbare Leihgabe mit hoffentlich 38 Grad warmem Wasser, stellen sie in die mongolische Nachmittagssonne und setzen Levi hinein. Der zappelt und planscht vor Glück. Hinter der Duschjurte machen wir wieder eine kleine Nasenspitze aus. Auf 95 Zentimetern Höhe.

Der sanfte warme mongolische Wind erzeugt sandige Wellen auf dem Boden direkt vor Levis Wanne. Durch den Sucher meiner Kamera kann ich aus 15 Meter Entfernung miterleben, wie Levi aufsteht, um nach den sandigen Wellen zu greifen. Markus, der neben der Wanne sitzt, bekommt davon leider nichts mit. Und dann geht alles ganz schnell: Levi beugt sich vor, greift nach dem vorbeiwirbelnden Sand und kippt nach vorn. Die Wanne hält seinen stattlichen neuneinhalb Kilogramm nicht stand und kippt ihrerseits nach vorn. Und so liegt Levi im mongolischen Matsch. Erst weniger, dann zunehmend begeistert. Dann spritzt es nach allen Seiten.

Das zur Nasenspitze gehörende Gesicht lacht, als wir zu dritt in der Duschjurte verschwinden, in der Hoffnung, dass das Wasser noch nicht komplett verkocht ist.

Beim Abendessen lernen wir ihn endlich kennen, den zweijährigen Sohn des Campmanagers. Levi krabbelt auf ihn zu, er versteckt sich hinter den Beinen seines Vaters. Nach einigem Hin und Her klappt die interkulturelle Kinderverständigung, und die beiden spielen mit Löffeln und Levis Weltenball im Sand vor der Küchenjurte. Und Markus und ich trinken zur Abwechslung mal ein Glas Rotwein in der einsetzenden Abenddämmerung.

»Machst du Levi heute fertig: Körperpflege, anziehen, erste Flasche Milch? Dann dreh ich mal eine kleine Runde ums Camp«, frage ich Markus. Leises Levi-Gebrummel dringt an unsere Ohren.

Wir sitzen in der Morgensonne vor unserer Jurte. Wieder wurden wir von dem sanften metallischen Geräusch des morgendlichen Ofenanzündens und dem darauf folgenden gemütlichen Feuergeprassel geweckt. Nachdem wir einige Zeit den Blick vom Bett in den strahlenden Morgenhimmel genossen hatten, haben wir es uns, in Wolldecken gehüllt, vor der Jurte mit einem ersten Glas Tee gemütlich gemacht. Die Nacht hatte ich mit Levi-vor-der-Kälte-Bewachen verbracht – auch wenn ihm eher der Schweiß auf der Stirn stand als die Zähne klapperten –, und daher ist mir nun nach ein bisschen Abstand.

»Klar«, sagt Markus, und weg bin ich.

Ich stapfe vorbei an den zwei frühstückenden festgebundenen Kamelen, vorbei an im Sand liegenden weißen Totenschädeln von Springböcken mit schneckenartig gedrechselten massiven Hörnern. Vorbei an stacheligen Büschen, die sich zusammenzuziehen scheinen, um dem Wind zu trotzen.

Der braune, geschichtete Felsen wirkt wie zufällig auf die Wüstensteppe geworfen und somit seltsam deplatziert. Oben thronen zwei Geier und beobachten mit hängenden Köpfen, wie mühsam es als Mensch ist, sich auf einen Felsen hochzuarbeiten. Scheinbar dauert es ihnen zu lange, denn als ich endlich oben ankomme, sind die Geier weg.

Dafür ist der Blick geblieben: In eine Richtung breiten

sich geschichtete braune Felsen wie von einem Kind verstreute Bauklötze über sandiger Steppe aus. Am Horizont kann ich goldglitzernde Dünen erkennen, die mich zu rufen scheinen. Ich muss da unbedingt hin. Ich muss.

Der Blick in die andere Richtung trifft auf endlose Wüstensteppe. Dort, wo ich vor einer halben Stunde meinen Aufstieg begonnen hatte, grasen einige Wildkamele.

Ich lege mich auf den warmen Felsboden und beobachte vorbeiziehende Herden von Schäfchenwolken. Manchmal bewegen die Wolken sich aufeinander zu und scheinen fast zu einer Riesenwolke zu verschmelzen. Dann streben sie wieder auseinander und wirken fast verloren vor dem satten Hellblau des morgendlichen Himmels. Zwei Adler ziehen weite Kreise, Vogelgezwitscher dringt an mein Ohr, und der warme Wind streichelt mein Gesicht. Meine Hände liegen auf den rauen Felsen, greifen Sand und fühlen die einzelnen Körnchen mit den Fingerspitzen. Ich schließe die Augen, höre meinen Atem, spüre die Sonne und den Wind, die Wärme des Felsens. Sonst nichts.

In diesem Moment vermisse ich nichts. Und niemanden. Und das ist gut so.

Auf eine stille Art glücklich steige ich ab ins Camp. Markus sitzt mit Levi an einem Tisch, der aus einer Steinplatte besteht, die auf den Hörnern zweier Springbock-Totenschädel ruht. Ich setze mich dazu und beobachte, wie die beiden Steine und Muscheln sortieren. Markus schiebt mir eine Tasse Tee herüber. Levi greift mit voller Konzentration eine kleine weiße Muschel, hebt sie hoch und lacht mich an.

Auch heute wollen wir nicht Kamele reiten. Dafür einfach in die Felswüstensteppe hineinwandern, irgendwo hinsetzen, picknicken, dösen. Auf die Frage, welche Himmelsrichtung denn empfehlenswert sei, ernten wir trotz Übersetzerin nur verständnisloses Achselzucken. Das Konzept des vordergründig sinnfreien Wanderns scheint tatsächlich ein westliches Phänomen zu sein.

Nichtsdestotrotz schaffen wir es, die mongolische Küchencrew davon zu überzeugen, uns direkt nach dem Frühstück noch etwas Essbares für unterwegs zuzubereiten. Wir packen zwei Flaschen kaltes Bier und ganz viel Wasser dazu, verstauen alles in meinem grünen Rucksack mit der gelben Plastikblume und stiefeln unter den besorgten Blicken Xexens los.

Da das Camp windgeschützt in einer von Felsen umrahmten Mulde liegt, ist es nach fünfzehn Minuten gemütlichen Laufens schon nicht mehr zu sehen. Cool. Und unheimlich. Kein Geräusch außer dem Wind, eine Herde Wildpferde, sonst nichts.

Wir sollen Ausschau halten nach einer seltenen Art von Springböcken und nach Halbedelsteinen. Machen wir. Nichts zu sehen.

Unser Beschluss, schnurgerade nur in eine Richtung zu laufen, um nicht verloren zu gehen, scheitert relativ schnell an der Bodenbeschaffenheit und an all den faszinierenden Felsen und Hügeln und den vermuteten Ausblicken darauf und dahinter. Also fangen wir an, Steine aufeinanderzuschichten. So wie es überall auf der Welt von Wanderern zu Orientierungszwecken gemacht wird. Je weiter man östlich reist, desto mehr wird insbesondere von westlichen Reisenden etwas Mystisches in diese

Steinhaufenmännchen hineininterpretiert. Da sei aber nichts dran, hat mir mein nepalesischer Freund Niraj versichert.

Als sich ein besonders hoher Felsen vor uns auftürmt, schlage ich vor hinaufzusteigen, um das Camp zu orten. Kaum stehen wir schnaufend oben, stellen wir fest, dass unsere Jurte sich 60 Grad weiter rechts befindet als vermutet.

Berauscht von der Vorstellung, im Nichts unterwegs zu sein, und das auch noch ohne Ziel und Plan, stapfen wir weiter. Alle paar Minuten stapeln wir Steine aufeinander und machen Orientierungsfotos von den sich zum Verwechseln ähnlich sehenden mongolischen Hügeln.

Einmal deutet Markus auf einen seiner Meinung nach besonders prägnanten Felsen und sagt: »Schau dir den Felsen genau an und schließe die Augen.« Dann dreht er mich mehrmals im Kreis, lässt mich die Augen wieder öffnen und bittet mich, den Felsen zu identifizieren.

»Der da, ganz klar!«, sage ich triumphierend. Es ist der Falsche.

Auch Markus besteht den Test nicht.

Voller Vorfreude auf die Suche nach dem Rückweg stapfen wir Steinmännchen schichtend weiter. Im mongolischen In-sich-Hineinhören, um das Camp zu finden, fühlen wir uns noch nicht sicher genug. Wir sind ja auch erst ein paar Tage in der Mongolei. Mit jedem Schritt wächst die latente Sorge, vielleicht verloren zu gehen. Gleichzeitig treibt uns der Gedanke, dass so viele Menschen vor uns hier bestimmt noch nicht lang gelaufen sind, Glücksblitze durch die Körper.

Erschöpft und verschwitzt setzen wir uns in den Schatten eines Felsvorsprungs und beobachten eine Herde Wildpferde. In der Ferne meinen wir einen See ausmachen zu können.

»Komisch, auf der Karte war überhaupt kein See verzeichnet?«, sage ich.

»Lass uns zum Wasser laufen und baden«, schlägt Markus vor.

»Ganz schön weit«, gebe ich, zu faul zum Aufstehen, zu bedenken.

Also bleiben wir im Schatten sitzen und beobachten, wie die Uferlinie des Sees sich verändert.

»Das sind die Schatten der Wolken«, sage ich halb überzeugt. »Oder eine Fata Morgana?«

Als die Abenddämmerung einsetzt, finden wir mit einem Kribbeln der Erleichterung im Bauch das letzte Steinmännchen und können die weißen Jurten zwischen den Steinbergen aufblitzen sehen. Auf meinem morgendlichen Geierfelsen funkelt etwas in der untergehenden Sonne. Wie die Reflexion von Glas. Zuerst sehen wir den Hund, dann den Campmanager, wie er mit dem Fernglas nach uns Ausschau hält. Als wir winken, verschwindet das Funkeln.

»Wie war's?«, läßt Xexen uns durch Nara beim gemeinsamen Abendessen vor der Küchenjurte fragen.

»Großartig!«

»Was habt ihr gesehen?«

»Nichts!«

»Ahaaaa?!?« Woraufhin er kurz im Inneren der Jurte verschwindet und mit einer Handvoll Halbedelsteine wiederkommt. »Die findet man hier überall«, sagt er mit einem mitleidigen Gesichtsausdruck zu den offensichtlich blinden Touristen. Dann lacht er und sagt: »Die Mongolei ist ein reiches Land!«

Später liege ich in der Jurte neben meinen zwei schlafenden Männern und versuche im flackernden Licht einer fast heruntergebrannten Kerze zu lesen. Obwohl das Buch spannend ist – *Die Entdeckung des Himmels* von Mulisch –, driften meine Gedanken zu unserer Mission. Bei meiner morgendlichen Kletterei hatte ich mich ertappt: Super, dass Markus mich unterstützt, hatte ich gedacht. Dass er auf Levi aufpasst und ich klettern gehen kann.

Was für ein Bullshit.

Warum fühle ich mich als Hauptverantwortliche gegenüber Levi? Warum empfinde ich Markus' Engagement als Unterstützung? Warum nehme ich mein zeitliches Engagement für Levi als den Normalfall und tendenziell rabenmuttermäßig immer zu wenig wahr, während Markus schon Standing Ovations bekommt, wenn er nur mal mit dem Kinderwagen in den Supermarkt zum Einkaufen rollt? Hallo!?! Das ist doch Gedankengut aus dem Mittelalter!

Warum denke ich so? Und schlimmer noch: Warum fühle ich so? Ist es nicht normal, dass beide Eltern sich zu gleichen Teilen um ihr Kind kümmern? Gedanklich und de facto? Zumindest hatten Markus und ich das vor Levis Geburt so vereinbart. Warum fühle ich jetzt anders?

Oder haben wir in München postnatal und unabgesprochen einen anderen Weg eingeschlagen? Ist das Verständnis von Brutpflege zwischen Vätern und Müttern inkommensurabel? Sind wir immer noch so stark von den in der Kinderpflege kaum existenten Vätergenerationen geprägt, dass eine systematisch ungerechte Verteilung der kinderbezogenen Aufgaben zulasten der Frauen selbst in den Augen der Frauen akzeptiert wird, wenn der Mann sich nur ein bisschen kümmert?

Markus kümmert sich. Viel sogar. Wenn auch weniger als ich. Denke ich. Er bezweifelt das. Auch, nachdem ich eine Zeitliste erstellt hatte, die eindeutig 70 zu 30 zu meinen Gunsten ausging. Oder zu meinen Ungunsten, je nach Perspektive.

Liegt das an ihm? Oder an mir? Oder an uns beiden? Lasse ich nicht mehr zu? Oder mache ich es ihm einfach zu leicht, weil er weiß, dass ich einspringe? Dass ich mich schon kümmere? Oder halte ich weniger Fremdbetreuungszeit für Levi für akzeptabel als Markus?

Ich vermerke auf meiner gedanklichen Missionsliste, dass die Verantwortung für Levi emotional und faktisch mit unserer Rückkehr nach München in unserer kleinen Familie gleich verteilt werden soll. Nach unser beider Wahrnehmung. Für die Veränderung meiner emotionalen Sicht habe ich ja noch einige Wochen Reisezeit vor mir. Aber was ist mit Markus?

Außerdem nehme ich mir vor, nicht mehr grundsätzlich einzuspringen, sondern die Nanny die Lücke schließen zu lassen, die kurzfristige Jobthemen in Markus' Pläne reißen. Auch wenn ich es schade fände, wenn Levi zu wenig Zeit mit seinem Vater und zu viel Zeit mit der Nanny verbrächte.

Aber auf einen Versuch will ich es ankommen lassen. Außerdem kann Levi ruhig merken, dass Markus und ich anders sind. Anders in der Verteilung unserer Aufmerksamkeit. Anders im Umgang mit ihm. Das eine muss ja nicht besser oder schlechter sein. Nur halt anders. Vielleicht ist es wirklich »nur« eine Frage des Kopfes?

Die Kerze schenkt mir noch ein paar Seiten Mulisch.

In dieser Nacht wache ich nur einmal auf. Ich rüttle Markus wach und bitte ihn, nach Levi zu sehen, weil ich mir Sorgen mache, dass es zu kalt für ihn sein könnte. Danach schlafe ich mit nur ganz leicht schlechtem Gewissen und einem Grinsen auf der Seele wieder ein.

Wird doch.

Für zwölf Stunden in der Hand mongolischer »Geiselnehmer«

Jetzt sitzen wir schon seit sieben Stunden im Jeep und rumpeln über mehr oder weniger wegloses Gelände. Ausgemacht waren drei Stunden. Wegen Levi. Und auch ich bin kein guter Beifahrer: Wenn ich nicht selbst das Steuer in der Hand habe, wird mir schlecht.

Die Fahrt zu unserem nächsten Camp im Khan-Chentii-Nationalpark sollte laut Auskunft unseres Fahrers und der Übersetzerin Nara insgesamt sieben Stunden dauern. Da uns das mit Levi zu lang erschien, hatten wir die Idee, die Fahrt in zwei Etappen aufzuteilen. Zweimal gemütliche dreieinhalb Stunden Fahrt. Mit viel Pausen dazwischen und einer Übernachtung in einem Camp genau zwischen Ikh Nart und Jalman Meadows.

»Kein Problem!«, hatte Nara sofort gesagt. Verdächtig schnell.

Mehrmals hatte ich nachgefragt, nur um sicherzugehen. Denn mehr als dreieinhalb Stunden Autofahrt schienen mir mit Levi relativ schnell relativ ungemütlich werden zu können. Immer wiederholte Nara: »*We split the drive in two halfs and sleep in a camp after three to three and a half hours.*«

So weit die Theorie. Praktisch sitzen wir jetzt seit siebeneinhalb Stunden eingepfercht im Auto. Die sandige Steppe wurde langsam wieder grasiger. Die einzige Abwechslung boten die drei heruntergekommen wirkenden Plattenbausiedlungen, die immer dann, wenn wir Eisenbahnschienen kreuzten, wie aus dem Nichts auftauchten. Bei allen drei Siedlungen war gut die Hälfte der Bauten bewohnt. Die anderen Türme wirkten so, als hätten die Bauarbeiter auf einmal ein lukrativeres Angebot für eine andere Baustelle erhalten. Oder als hätte der Stadtplaner gemerkt, dass er sich verrechnet hat und doch nicht so viele Menschen wie gedacht hier auf dem platten Land in einem ästhetisch fragwürdigen Objekt leben wollen. Allen Siedlungen war ein flacher vorgelagerter Bau gemeinsam, auf dem in großen lateinischen Lettern stand: *Pub Karaoke Billard*.

Zum wiederholten Mal frage ich, ob wir nicht langsam nach einem Camp Ausschau halten könnten. Die Schilder, die seit einer Stunde in unregelmäßigen Abständen auftauchen, sind leider nur in mongolischer Sprache beschriftet. Bisher war für mich nicht mal zu erahnen, was da angekündigt wird.

Seit zwei Stunden werden die Kopfbewegungen des Fahrers hektischer. Schweißperlen stehen auf seiner Stirn. Bei jedem Gebäude – Tankstelle, Polizei, Jurte – hält er an, redet mit den Menschen, steigt wieder ein und fährt weiter. Kommentarlos. Und viel zu schnell.

Ein Autounfall, den ich erfolgreich verdrängt wähnte, kommt mir in den Sinn, und so frage ich erneut durch Levis lauter werdenden Unmutsäußerungen nach der Entfernung zum nächsten Camp.

Das nächste Camp sei noch sehr weit entfernt, bekomme ich zur Antwort. Auf meine bekannte Erwiderung, dass wir doch besprochen hätten, nach dreieinhalb Stunden Fahrt irgendwo anzukommen, ernte ich mittlerweile nur noch Naras Schweigen. Und langsam lauter werdendes Fluchen des Fahrers. Auch meine Laune verschlechtert sich. Rückbank ist für mich die Hölle, und langsam gehen Markus und mir die Spiele aus, die Levi von der ganzen Misere ablenken sollen.

»Ich möchte eine Pause«, sage ich.

Nara schaut starr geradeaus.

Wir halten.

Levi krabbelt über grasige Steppe, und wir trinken Tee. Ich krame meine Mongoleikarte heraus und will wissen, wo wir sind, wo Jalman Meadows ist und wo sich das Camp für unsere geplante Zwischenübernachtung befindet.

Statt einer Antwort oder einem Finger auf der Karte ernte ich verständnisloses Achselzucken.

»Mongolen fahren nicht nach Straßenkarten«, sagt Nara. Macht Sinn, denke ich. Außer den paar Kilometern befestigter Straßen um Ulan-Bator existiert in der Mongolei eh kein Straßennetz.

Ich bitte Nara immer mal wieder, mir ungefähr zu zeigen, wo die Camps sind, und bekomme so im Laufe unserer Fahrt fast jeden Punkt auf der Karte nördlich von Ikh Nart und östlich von Ulan-Bator gezeigt.

Irgendetwas läuft hier komplett schief. Aber was?

Da die eine Stunde Freiheit unsere Laune gehoben und Levi beruhigt hat, fahren wir optimistisch gestimmt weiter.

Nach zwei weiteren Stunden fällt mir ein, dass der Fahrer von Ulan-Bator nach Ikh Nart vor dem Zug angekommen war. Und dass der Zug sechs oder sieben Stunden gebraucht hatte. Und dass wir dann eigentlich nicht allzu weit von Ulan-Bator entfernt sein können. Und dass die Schilder vermutlich auch auf nahe liegende Zivilisation hindeuten?

Ich diskutiere meine Erkenntnisse mit Markus. Levis Gesicht ist leicht gerötet von der Hitze und dem Ärger darüber, festgeschnallt zu sein.

Unseren Entschluss teile ich Nara mit: »Wir wollen nach Ulan-Bator.«

»Ohhh, Ulan-Bator ist jetzt sehr weit entfernt.«

»Was meinst du mit jetzt?«

Schweigen.

»Dann will ich jetzt in ein Camp.«

»Hier gibt es keine Camps.«

»Wo sind wir?«

Achselzucken.

»Dann ist es mir egal, ich will nach Ulan-Bator. Mir reicht's.«

»Wir sind bald in Jalman Meadows!«, rutscht es Nara heraus.

»Was?«

»Noch drei Stunden.«

Langsam dämmert mir, dass das mongolische Konzept von Raum und Zeit doch erheblich von meinen westeuropäisch geprägten Vorstellungen abweicht. Und die Vorstellungen von Gästebetreuung auch.

Oder hatten die beiden nie vor, uns zu einem Zwischenstoppcamp zu bringen, weil es eine Abweichung vom ursprünglichen Plan beinhaltet?

Ich erinnere mich aufgrund zunehmender Übelkeit und leer gespieltem Hirn nur vage an mein Studium der Interkulturellen Kommunikation. Asiatisch geprägte Kulturen seien polychron. Ihr Zeitverständnis entspräche eher einem Kreis, während das Zeitverständnis der Westeuropäer linear fortschreitend sei.

Und im Kreis fahren wir ja auch. Zumindest kommt es mir so vor. Was sich sicher im Kreis dreht, ist die Kommunikation in unserem Jeep:

»Levi schafft keine drei Stunden Fahrt mehr. Ich möchte sofort anhalten.«

Der Fahrer schaut erschrocken, dann wütend. Dann flucht er los. Auf Mongolisch. Und ich fluche deutsch zurück.

Ich bestehe darauf, dass der Fahrer mir mit dem Finger den Ort auf der Karte zeigt, an dem wir vor zwanzig Minuten vorbeigebraust sind. Ich komme mir vor wie ein Lehrer in den Sechzigerjahren, der einen Schüler quält. Und das fühlt sich wirklich nicht gut an, aber schließlich geht es um Levis Wohl.

Der Finger des Fahrers landet auf einem Punkt, der maximal 35 Minuten von Ulan-Bator entfernt ist. Und höchstens zehn Minuten von der Einfahrt zum Tereldsch-Nationalpark. Mit Millionen von Camps. Der Tereldsch ist die Haupttouristenattraktion der Mongolei. Deswegen wollten wir da auch nicht hin.

Eigentlich.

»Warum sind wir denn nicht in den Tereldsch gefahren?«, frage ich Nara, und meine Verzweiflung ist echt. Aber das Gespräch hat mittlerweile recht einseitige Dimensionen angenommen. In Ermangelung irgendwelcher Erklärungen von mongolischer Seite erkläre ich somit den Tereldsch zum neuen Ziel unserer Odyssee.

Die Gesichtszüge des Fahrers entgleiten. Sein Mund steht offen, ohne dass ein Ton entweicht. Er starrt mich an. Wird bleich. Seine Füße trippeln hin und her, ohne dass er sich von der Stelle bewegt. Zurückfahren scheint gegen die mongolische Fahrerehre zu verstoßen. Schweiß steht auf seiner Stirn. Oder existieren irgendwelche anderen Gründe, warum dieser sehr pflichtbewusst wirkende Mann meint, uns heute noch nach Jalman Meadows bringen zu müssen?

Mir fällt keiner ein. Auf jeden Fall scheint mir klar ersichtlich, dass der Fahrer und Nara sich nicht uns und unserem Wohl verpflichtet fühlen. Sondern irgendeinem höheren Ziel. Aber welchem? Oder übersetzt Nara irgendwelchen Quatsch?

»Jalman Meadows ist ganz nah«, verspricht Nara plötzlich. »Nur noch anderthalb Stunden!« Sie lacht dazu.

»Gerade hast du gesagt, es seien noch dreieinhalb Stunden?«, frage ich zurück und ernte eisiges Schweigen.

Zumindest Nara hat doch in Großbritannien gelebt. Wenn hier eine interkulturelle Standardkonfliktsituation auf Basis unterschiedlichen Zeitverständnisses vorliegt, müsste Nara doch zumindest ein bisschen vermitteln können. Außerdem trägt der Fahrer eine Uhr. Also der Unterschied zwischen drei und zwölf Stunden müsste ihm doch geläufig sein. Und die Dimensionen seines Landes sind dem altehrwürdigen Fahrer doch auch ein Begriff? Oder?

Ich ahne, dass das Problem nicht auf der Zeit-Raum-Achse zu liegen scheint, und sehe den Tereldsch als einzigen Rettungsanker. Als Levi anfängt zu weinen, Markus auch keine Idee mehr hat und die Option, auszusteigen, mit den Türen zu knallen und ein Taxi zu rufen, nicht wirklich existiert, blättern wir im Reiseführer nach einem Hotel im Tereldsch, dessen Adresse auch auf Mongolisch angegeben ist.

»Dann müssen wir jetzt eine Stunde zurückfahren. Und die Fahrt morgen wird auch länger!«, gibt Nara zu bedenken.

Aber das ist uns egal. Unser Vertrauen in die Angaben unser mongolischen Begleiter ist eh dahin.

»Wie lang ist die Fahrt dann morgen?«, frage ich matt.

»Drei bis vier Stunden«, antwortet Nara mit regungslosem Gesicht. Ihre Stimme wie immer ruhig und leise. Ich muss lachen. Und entschuldige mich gleich darauf schweigend dafür. Ich will niemanden verletzen. Ich will nur aus diesem Auto raus.

Als der Fahrer begreift, dass er wenden muss, geht eine mongolische Schimpftirade allerbester Güte über uns nieder. Wir ertragen sie heldenhaft schweigend und sitzen 45 Minuten später in einem kuscheligen Hotelzimmer mit Blick auf die Berge der mongolischen Schweiz. Das Wasser läuft in die Badewanne ein, Abendessen aufs Zimmer ist bestellt, und Levi hüpft zufrieden auf einem weichen Bett.

»Ob der Fahrer wohl wiederauftaucht morgen?«, frage ich und bin mir nicht ganz sicher, ob ich mich dann freuen oder besorgt zeigen sollte.

»Und wie lange die Fahrt morgen wohl dauert?«, gibt Markus zurück.

»Geiselnahme als mongolische Geschäftstaktik!«, pruste ich heraus, und fast hysterisch lachen wir drei uns den Frust der letzten Stunden von der Seele.

Abends im Bett halte ich die Erkenntnisse des Tages fest: Wenn du in der Mongolei ein Auto besteigst, ist ungewiss, wann du wieder rauskommst. Ohne Levi wären wir entspannt oder zumindest entspannter geblieben. Aber mit Levi ist Autofahren mit Fahrer und ohne Zeltausrüstung keine optimale Reiseform.

Trotzdem war der Tag auf einer anderen Ebene ein wunderbares Erlebnis: Markus und ich haben gemeinsam den Stress von Levi abgehalten, haben uns ohne Diskussionen wechselseitig oder gemeinsam um Levi gekümmert, haben uns gegenseitig gepampert, wenn Levi schlief oder sich selbst beschäftigt hat. Wir waren uns einig, haben uns trotz emotional anstrengender Situationen nicht gestritten, auch nicht, als ich mich auf eine lautstarke Konfrontation mit den Geiselnehmern eingelassen hatte. Was Markus hasst. Und auch nicht, als Markus versucht hat, mit den Entführern stockholmsyndrommäßig gut Wetter zu machen. Was mir entschieden gegen den Strich ging.

Wenn es drauf ankommt, funktioniert unser Team. Unser Dreierteam.

Zu Hause wird es drauf ankommen.

Um zwölf Uhr holen der Fahrer und Nara uns ab. Um 13.30 Uhr hält der Jeep vor dem Jalman Meadows Camp. Die Frage, warum aus den prognostizierten dreieinhalb Stunden von gestern auf einmal angenehme anderthalb Stunden wurden, spare ich mir. Denn: Mich plagt ein latent schlechtes Gewissen. Der Fahrer und Nara sind sicher zum ersten Mal mit einem reisenden Baby und den damit verbundenen Einschränkungen konfrontiert.

Und so haben wir die landschaftlich faszinierende Fahrt schweigend genossen: Wir querten mit dem Jeep mehrere, zum Teil reißende Flüsse. Der Fahrer war wirklich ein Meister seines Faches. Wir ließen die Berge hinter uns, fuhren über weglose saftig grüne Grassteppe, vorbei an heiligen Tschorten mit im Wind flatternden blauen Gebetsfahnen. Nach 45 Minuten Fahrt hatten wir die letzte Jurte hinter uns gelassen. Wir überholten eine junge Mongolin, die ihren gesamten Hausrat samt Jurte auf einem Karren verpackt hatte, der von einem Yak gezogen wurde. Sie trug Jeans und T-Shirt. Als der Wind ihre langen schwarzen Haare verwehte, sah sie aus wie die Freiheit in Person. Wie eine starke Frau, die es genießt, ihr Ding zu machen. Allein.

Sehnsuchtsvoll schaute ich ihr nach. Ich hätte mich gerne zu ihr gesetzt. Für ein paar Stunden. Oder Tage.

Kurz vor dem Ziel brach im Wagen Hektik aus. Der Fahrer suchte offensichtlich das Camp und versuchte abwechselnd, sich an den Hügeln zu orientieren und in sich hineinzuspüren. Wir beobachteten das Spektakel fasziniert von den hinteren Rängen und waren erneut voller Bewunderung, dass er auch dieses Camp fand.

Ich öffne die Tür des Jeeps, und die Welt ist eine Blumenwiese. Sie glitzert blau und lila. Pink, gelb und weiß. Das
satte Grün ist Friedensangebot und Aufforderung zugleich: Hinsetzen! Durchatmen!

Wir beziehen eine Jurte am äußersten Rand des
Camps – nach der konfliktbeladenen Nähe der letzten
zwei Tage habe ich das Bedürfnis, mich ein wenig abzu-
grenzen vom Rest der Zivilisation. Und sei sie noch so
dünn: Wir sind für die kommenden fünf Tage die einzigen Gäste.

Levi nutzt seine wiedergewonnene Freiheit und krabbelt an den Rand der roten Decke, die ich für ihn vor
unserer Jurte ausgebreitet habe. Dann krabbelt er den
Rand der Decke ab, hebt mehrmals die Hand, lässt sie fast
ins Gras sinken und zieht sie, kurz bevor die Grasspitzen
seine Handinnenflächen kitzeln können, doch zurück.
Dreht sich um und schaut mich an. Dieser Bewegungs-
ablauf wiederholt sich mehrere Male, bis ich begreife: Er
traut sich nicht, auf das hohe blumendurchzogene Gras
zu krabbeln. Oder durch.

Für ihn ist die Wiese wie Buschland: kinnhoch und un-
durchsichtig. Und die herumsummenden Hummeln sind
für Levi fast faustgroße unbekannte Flugobjekte.

Ich muss an einen Freund denken, der vor ewigen Zeiten zum gemeinsamen Skifahren in den französischen Alpen seinen südkoreanischen Freund mitbrachte, der noch
nie zuvor Schnee erlebt hatte. Und in dem Jahr lag viel
Schnee. Dieser Freund hatte, als er das erste Mal vor die
Skihütte trat, mit seinen Füßen Ähnliches vollführt, wie
Levi gerade mit seinen Händen. Beim Abendessen hat er
lachend gestanden, dass er sich nicht sicher war, ob der
Schnee ihn tragen würde – obwohl er natürlich rational
vom Gegenteil überzeugt war.

Also pflücke ich eine weiße Blume, kitzle damit Levis

Nase. Wenig später beobachte ich meinen Sohn dabei, wie er die weiße Blume freudig quiekend auseinanderrupft und Nachschub verlangt. Ich pflücke eine weitere weiße Blume und stelle fest: Das ist ein Edelweiß. Die ganze Wiese ist voll davon.

Edelweiß in der Mongolei? Ich dachte, das sei ein Nationalsymbol der Schweiz? Die Schweizer bauen ja fast Zäune um jede einzelne mickrige Pflanze. Bei dem Versuch, sich einem Edelweiß zu nähern, droht einem Erschießen durch Schweizer Förster.

Schuldbewusst schaue ich mich um. Niemand zu sehen.

Als ich mich wieder zurückdrehe, ist Levi verschwunden. In einigen Metern Entfernung kann ich eine blauweiß-gestreifte Mütze zwischen den Gräsern und Blumen auf und ab hüpfen sehen.

Also lehne ich mich an die Jurte, greife nach dem Tee, den Markus aus der Zivilisation des Restaurantzeltes herbeigezaubert hat, und beobachte meinen Sohn, wie er die mongolische Blumenpracht inspiziert. Insbesondere die lilafarbenen Glockenblumen ziehen ihn in ihren Bann. Lange sitzt er nur davor. Dann legt er den Kopf auf den Boden und versucht ins Innere der Blumen zu schauen. Immer und immer wieder. Bis er sich ein Herz nimmt und drei Glockenblumenköpfe fein säuberlich von den Stängeln trennt. Mit seiner Beute in den Händen krabbelt er los Richtung Decke. Um sein Ziel nicht zu verpassen, muss er mehrmals anhalten, seine Nase über das Blumenmeer heben und den Kurs leicht korrigieren. Mit ernster Miene legt er die Glockenblumenköpfe auf unsere Decke und macht kehrt.

Und wir beobachten ihn. Wie er sich immer weiter hineintraut in den Blumenwald. Sich immer wieder hinsetzt, die Nase hebt und unseren Blick sucht. Um dann, wenn er ihn findet, weiterzukrabbeln. Levi beschäftigt sich so eine gute Stunde allein, während Markus und ich von Tee auf Weißwein umsteigen und über der Blumenwiese meditieren. Die Decke verlassen wir für den Rest des Tages nicht mehr. Mit Blumenbeobachten, Mit-Levi-Spielen und Nichtstun sind wir vollkommen ausgelastet.

Die Leichtigkeit, mit der wir hier in der Gegenwart leben, wünsche ich mir für zu Hause. Und die Lockerheit, mit der wir hier einfach nur sind: mit dem Gefühl wie nach einer genialen Vorspeise und dem ersten Glas Wein. Voller Vorfreude, aber auch schon zufrieden und mit einer beflügelnden Leichtigkeit. So fühlt sich Familie richtig an. Ob uns das in München auch gelingt? Ohne zu Alkoholikern zu werden?

Bonita

Bonita leitet das Camp. Mit einem Dauerlächeln im Gesicht, das hochinfektiös ist. Bonita trägt streng nach hinten gebundene Haare und zu jeder Mahlzeit, die sie serviert, eine andere mongolische Tracht. Sie glitzert mal golden, mal rot und mal blau mit den Blumen um die Wette. Sie ist nicht älter als neunzehn und hat alles im Griff. Sie ist objektiv betrachtet keine Schönheit, aber das ist völlig nebensächlich. Denn diese junge Frau hat eine so einnehmende positive Ausstrahlung, dass ich überzeugt bin, dass die Schlange der mongolischen Männer, die um sie werben, von hier bis nach Ulan-Bator und zurück reicht. Mindestens.

Gestern konnte ich beobachten, wie sie einem altehrwürdigen mongolischen Yakkarrenführer die Hölle heiß gemacht hat, als der den Yak samt Karren fast über die gerade angekommene Lieferung von Eiern geführt hätte. Also, von wegen Respekt vor dem Alter.

Das Leben in der Mongolei ist hart. Jeder hat seine Aufgaben. Und wer die nicht erfüllt, wird ausgeschimpft. Überhaupt scheint Schimpfen in der Mongolei wie in Sibirien Teil des normalen kommunikativen Verhaltens zu sein.

Die Eier und alle weiteren Lebensmittel werden einmal pro Woche per Auto aus Ulan-Bator bis zum Parkplatz des Camps gefahren und dort unter den Augen von Bonita auf den Yakkarren verladen: eine Art überdimensionierte Schubkarre aus Holz, die von einem überdimensionierten zotteligen Stier gezogen wird. Der Yakkarrenführer bringt das Ganze dann in Begleitung aller Campmitarbeiter die 200 Meter vom Parkplatz bis zur Küchenjurte. Hier wird anschließend gemeinsam ausgepackt und der Speiseplan für die Woche entworfen. Je nachdem, was geliefert wurde. Und was nicht.

Als Markus, Levi und ich zum Frühstücken in der Restaurantjurte Platz nehmen, fragt Bonita nach unseren Plänen für den Tag.

»Können wir den Yak samt Karren mieten? Für einen Ausflug?«

»Klar!«, sagt Bonita. »In einer Stunde kann es losgehen. Oder in zwei. Wir müssen nur einen Yak einfangen.«

Die Yaks sind halb domestiziert: Sie leben in einer Herde in der Nähe des Camps, aber in Freiheit: ohne Zaun. Und ohne Ketten. Wenn Bonita einen Yak benötigt, schickt sie einen Campmitarbeiter los, einen einzufangen. Der verrichtet dann seine Aufgabe und kann danach wieder loslaufen zu seiner Herde.

Als Bonita in die Küche entschwindet, krabbelt Levi hinterher. Mit aller Kraft drückt er die Schwingtür einige

Zentimeter zur Seite und blickt neugierig in den runden Raum, aus dem es so lecker herausduftet. Ein mehrstimmiges mongolisches Gurren ertönt. Erschrocken und aufgeregt zugleich flüchtet Levi unter unseren Esstisch. Die Köpfe dreier mongolischer Frauen erscheinen an der Küchentür. Sie versuchen, Levi zurück in ihr Reich zu locken. Der ziert sich. Noch.

Als die Köpfe verschwinden, krabbelt Levi wieder vor zur Tür. Als die Köpfe wieder erscheinen, bevor er die Tür erreicht hat, versteckt er sich unter unserem Tisch. Das wiederholt sich 648-mal, bis Bonita eine Entscheidung fällt. Sie lächelt Levi an, hebt ihn hoch, er protestiert nicht, und beide verschwinden in der warmen duftenden Küche. Die Schwingtür schwingt hinter den beiden aus, und in der Küche ist es ab sofort ungewohnt laut. Ein Stimmengewirr, nur unterbrochen durch Levis glückliches Quietschen und Glucksen.

Markus und ich genießen unser Frühstück. Ohne darauf achten zu müssen, ob Levi dem heißen Metallofen in der Mitte des Zeltes zu nahe kommt. Oder ob er bei seinen Gehversuchen ausrutscht und in ein schmerzhaftes Objekt zu fallen droht. Das Einzige, was uns irgendwann nachdenklich stimmt, ist, dass Levi normalerweise nach einigen Minuten ohne Sichtkontakt unruhig wird. Und nun ist er schon seit zwanzig Minuten weg – und nichts dergleichen. Was machen die wohl mit ihm?

Egal. Ich hole mir noch eine Tasse Tee, strecke die Beine aus und genieße das überraschende Zuzweitsein. Wird schon gut gehen. Solange sie ihn wiederbringen. Sie bringen ihn doch wieder?

Nach 25 Minuten stößt eine kleine Hand die Schwingtür auf, und der dazugehörige Körper krabbelt freudig zappelnd heraus. Einen Meter vor unserem Frühstückstisch bremst er ab und setzt sich hin. Sein Mund ist in allen erdenklichen Braunschattierungen weiträumig verschmiert. Stolz zeigt Levi uns ein kleines Stück Schokolade, bevor er es in seinem Mund verschwinden lässt. So viel zum Thema im ersten Lebensjahr keinen Zucker.

Was soll's. Wir haben ihn wieder, unseren kleinen Küchenchef!

Yakkarttrekking:
Unsere Entdeckung der Langsamkeit

Unser zotteliges Gefährt ist dreimal so groß wie eine durchschnittliche europäische Milchkuh, hat zwei 70 Zentimeter lange, spitz zulaufende Hörner und ein Gesicht wie aus der Urzeit entsprungen. Seit zwei Stunden stapft unser Yak mit stoischer Gleichförmigkeit bergauf und bergab. Das Ruckeln des grob gezimmerten Karrens hat gewisse Ähnlichkeiten mit dem meditativen Charakter der Transsibirischen Eisenbahn – und so entspannen sich die Gesichter der westeuropäischen Besatzung nach einigen Minuten der Unsicherheit.

Geruchs- und geräuschvoll lässt der Yak einen eindrücklichen Haufen fallen. Keine 50 Zentimeter entfernt von unseren drei Nasenspitzen. Bienen, Fliegen und Mücken surren um uns herum. Irgendwann fängt der Yaktreiber an mongolische Lieder zu singen. Todtraurig wie portugiesischer Fado. Und richtig schön. Außerdem mutig. Ich würde mongolischen Münchenbesuchern bei einer gemeinsamen Autofahrt in die Alpen keine bayerischen Volkslieder vorsingen.

Wir begegnen einer Gruppe von Reitern, auch Gäste

unseres Camps. Eine Großfamilie aus Manila. Sie lassen ihre Pferde für eine Verschnaufpause neben unserem Yakkarren traben, und wir schieben die bequeme Art der Fortbewegung auf Levi.

Im Halbkreis liegen wir drei auf der Holzpritsche auf Rädern: Mein Kopf auf Markus' Bauch. Levis Kopf auf meinem. Jeder mit einer Flasche in der Hand: Levi Milch, ich Wasser und Markus Bier. Wir scheuchen mit müder werdenden Bewegungen die Mücken weg und versuchen im Takt der Schlaglöcher, die in mongolischen Wiesen zahlreich vorhanden sind, mitzuruckeln. Ansonsten beobachten wir die langsam an uns vorbeigleitende saftiggrüne Monotonie aus Wiesen, Blumen und Hügeln. Mit jedem rumpeligen Meter fallen wir mehr in einen halb wachen Trancezustand, als plötzlich ein zwar nicht reißender, aber dennoch ganz schön breiter Fluss unseren Weg kreuzt. Ohne Zögern, ohne ein Wort der Erklärung hält der Fahrer darauf zu. Die Strömung ist stärker als erwartet, und so treibt unsere Holzscholle schnell fast neben dem unbeirrt vor sich hin stapfenden Urvieh. Die Hand, mit der ich mich am Karrenrand festhalte, taucht ins eiskalte Wasser. Und auch unsere Pos werden empfindlich nass. Der Yak wirft seinen schweren Kopf zum Atmen in den Nacken.

Permanent screene ich die Strömung und die Entfernung zu den beiden Ufern – nur um für den Fall des Schiffbruchs zu wissen, in welche Richtung ich schwimmen muss. Ob ich uns mit einem Arm schnell genug durch eiskaltes Wasser fortbewegen kann? Mit dem anderen Arm presse ich ja Levi an mich. Und wie aus dem Nichts sitzt es wieder neben mir – das Rabenmuttergefühl. Als ich Markus von meinen Überlegungen erzähle, lacht er. Aber seine Augen verraten, dass er mein Horrorszenario nicht für völlig ausgeschlossen hält.

Muss unsere meditative Kaffeefahrt mit Yak eine so unerwartet abenteuerliche Wendung nehmen?

Nach zehn Minuten ist alles vorbei, und wir rumpeln, als wäre nichts gewesen, über blumig-saftige Wiesen. Die grünen Hügel, auf die wir zuhalten, werden zu Bergen. Wir werden eins mit den ruckeligen Bewegungen, den Blumen, den Wolken, dem mongolischen Gesang, dem Geruch des Yaks und seinen Hinterlassenschaften. Wir schweigen viel, und ich habe dennoch den Eindruck, intensiv zu kommunizieren.

Es ist faszinierend, so langsam reisend in keinem Moment eine wirkliche Veränderung der Landschaft wahrzunehmen und doch nach vier Stunden an einem völlig anderen Ort zu sein!

Mit Yakgeschwindigkeit durch unberührte grün behügelte Landschaft zu rumpeln, ohne ein Ziel, ohne vordergründige Höhepunkte, fühlt sich an wie in der Zeitlosigkeit schweben.

»Lass uns im nächsten Sommer für einige Wochen per Yakkart durch die Mongolei reisen!«, schlage ich vor.

»Fünf Kilometer pro Stunde, vielleicht 40 Kilometer am Tag, macht ungefähr 250 Kilometer die Woche. Tausend im Monat! Gar nicht so wenig«, lacht Markus und ist dabei.

Eigentlich unglaublich, dass ich die doppelte Strecke in Deutschland an einem Tag zurücklege: Morgens mit dem Flugzeug hin zum Termin und abends zurück. Ob das Wunderbare der Langsamkeit darin besteht, dass es unserer Wahrnehmungsfähigkeit entspricht? Heute Vormittag hatte ich noch Bedenken, es ein paar Stunden auf dem mittelalterlich anmutenden Gefährt auszuhalten. Und jetzt? Wir liegen hier seit vier Stunden, und wegen mir könnte es ewig so weitergehen.

Ich frage unseren Treiber, und er bestätigt meine Hoffnung: Ich kann für unbestimmte Zeit eine Yakkartcrew mieten: Yak, mobile Jurte, Trekkingführer, Koch – und die Route mehr oder weniger dem Zufall überlassen. Will ich unbedingt machen. Markus auch. Doppelt schön.

Der Yak wird langsamer, schnaubt, bleibt stehen und trinkt aus einer Pfütze. Vom Schnalzen des Treibers lässt er sich nicht aus der Ruhe bringen. Als wir oben auf dem Hügelkamm ankommen, rollen wir ins Gras, essen und genießen den Blick über Wiesen, in die Wolken, auf Levi. Ins Nichts.

Ob sich die Faszination des Reisens, beziehungsweise das, was von einer Reise bleibt, umgekehrt proportional zur Reisegeschwindigkeit verhält? Vielleicht weil die Intensität des wenigen, das wir erleben, dadurch, dass es so langsam passiert und länger andauert, enorm gesteigert wird? Es brennt sich ein.

»Wenn ich die Augen schließe, sehe ich den ganzen in den letzten Stunden zurückgelegten Weg vor mir!«, sagt Markus.

Ich schließe meine Augen. »Und ich spüre ihn sogar«, gebe ich zurück und genieße den Gedanken. »Der Weg hat ein Gefühl!«, bricht es aus mir heraus.

Levi begutachtet Grashalme. Heute Abend werden wir acht Stunden auf dem Karren verbracht haben. Ich kann es kaum erwarten, den philippinischen Reitern, bei denen ich mich vor einigen Stunden fast für unsere Bequemlichkeit entschuldigt habe, von meiner Neuentdeckung der Langsamkeit und meiner Begeisterung darüber zu berichten.

Eigentlich reisen wir so langsam wegen Levi – aber es ist für uns keine Einschränkung. Im Gegenteil. Auf den zweiten Blick ist es für Markus und mich außergewöhnlich schön, nichts zu erleben. Ein so intensives, besonderes, kostbares Nichts.

Es ist warm in der Restaurantjurte. Die Atmosphäre schwirrt vor fröhlichem Stimmengewirr, klappernden Tellern und klirrenden Weingläsern. Neben uns und der philippinischen Großfamilie sind heute noch Schweizer, Amerikaner und ein weiteres deutsches Paar in unserem Camp am Ende der Welt angekommen. Levi hat sich am Stuhlbein des charismatischen Filipino am Tisch rechts von uns hochgezogen und folgt der wort- und gestenreichen englischen Unterhaltung.

»Aaaaden!«, bringt er sich nach einigen Minuten des Schweigens ein und zieht damit die Aufmerksamkeit der Familie aus Manila auf sich. Der charismatische Mann um die fünfzig, der mit seinen tieftraurigen und gleichzeitig lächelnden Augen, seinem ausschweifenden Erzählstil und der vierten Flasche Rotwein die Familie zusammenhält, setzt Levi auf seinen Schoß. Sichtlich zufrieden thront er nun dort, verhält sich ruhig und aufmerksam. Zur Sicherheit hält er sich mit beiden Händen an der Tischkante fest. Nur für den Fall, dass der nette Mann versuchen sollte, ihn wieder abzusetzen.

»Ich freue mich schon auf unseren Ausritt morgen!«, sagt die Frau, die Levi gegenübersitzt und ihn unverhohlen mit einem Gesichtsausdruck mustert, den ich nicht zu deuten vermag.

»In der Mongolei zu reiten ist etwas ganz Besonderes!«, fährt sie fort. »Nirgendwo sonst auf der Welt kann man eine halbe Stunde ununterbrochen galoppieren!«

Dann dreht sie sich zu Markus und mir und sagt: »*You are brave people, you know. Such a small baby!*«

Ihrem Zungenschlag kann ich nicht die Natur des *brave* entnehmen: positiv, neutral oder verrückt mutig? Ich nicke und lache. So groß die interkulturellen Unterschiede auch sein mögen, in der Beurteilung unserer Reise sind sie außer Kraft gesetzt – unabhängig von Nationalität, Alter oder Geschlecht, die Welt ist sich einig: Wir sind mutig! Nur hinsichtlich der Bewertung des Mutes existieren zuweilen erhebliche Unterschiede. Neugierig mustere ich die philippinische Frau, um aus ihren asiatischen Gesichtszügen eine wertende Regung herauszulesen, aber es gelingt mir nicht. Während ich schweige, geht die lebhafte Diskussion am Nebentisch wieder zu anderen Themen über, und so mustere ich den Mann, auf dessen Schoß Levi sitzt. Seine großen runden warmen Augen wollen so gar nicht zu dem Rest seiner asiatischen Erscheinung passen. Seine Statur und Ausstrahlung erinnert mich an den spanischen Schauspieler Javier Bardem. Auf jeden Fall eher spanisch oder südamerikanisch als asiatisch.

Als hätte er meine Gedanken gelesen, sagt er zu mir: *»Hi, I am Carlos!«*

Levi will seine Freiheit zurück und dreht eine Runde durch das Restaurant. Bei jedem Tisch macht er halt, zieht sich an einem Tischbein in den Stand und führt wahlweise ein kurzes Gespräch oder begnügt sich mit intensiver Beobachtung seines jeweiligen Gegenübers.

Carlos ist, wie ich, Reiseunternehmer. »Manila ist nicht so schön«, erzählt er. »Aber nach Boracay müsst ihr unbedingt!« Er reicht mir seine Visitenkarte. »Ich werde euch Hotels und Inseln empfehlen, wenn ihr mit Levi mal auf die Philippinen kommt. Und Borneo müsst ihr euch anschauen. *Beautiful!!«*

Ich hole Levi an den Tisch zurück, aber er will nicht. Krabbelt stattdessen in die Küche und bleibt für einige Minuten verschollen. Als er wiederauftaucht, zieht er sich an Carlos' Stuhlbein hoch und verkrallt seine Hände in

dessen Beinen. Jede Faser seines kleinen Körpers ist an-
gespannt. Mit großen Augen mustert er die Familie aus
Manila.

Carlos hat spanisches Blut in seinen Adern. Sein Urur-
großvater war Seemann. Aus Cádiz.

Die Frau, die uns vor einer halben Stunde noch neutral
Mut bescheinigt hatte, beobachtet Levi mit einem wachsenden Lächeln im Gesicht. Sie breitet die Arme aus und
lädt Levi ein, zu ihr zu kommen. Aber er will nicht. Sie
gibt sich Mühe, gurrt und lacht. Levi wird neugierig, sie
greift nach ihm, er krabbelt laut schimpfend davon, um
schnell wieder beizudrehen und sich neben Carlos niederzulassen.

»His eyes are so sparkling«, sagt die Frau, die sich als Carlos' Schwägerin entpuppt. Dazu bewegt sie ihre Hand
von der geschlossenen Faust zur weit geöffneten Handfläche. Begleitet von einem zischenden Geräusch. Auch
ihre Augen leuchten. Herausfordernd schaut sie mich an
und erklärt mit feierlicher Miene und einem Tonfall, der
keinen Widerspruch zu dulden bereit ist: »He's not a rab-
bit, he's a tiger!«

Die anderen spanisch-philippinischen Familienmitglie-
der nicken bestätigend. Kurz nach Levis Geburt ging das
chinesische Jahr des Tigers zu Ende und wurde vom Jahr
des Hasen abgelöst. Tiger seien mutig, kraftvoll, kreativ
und neugierig, während Hasen eher leise Persönlichkeiten mit politischen Fähigkeiten seien.

Dann ist ja alles gut!, denke ich und bin stolz auf meinen Sohn. Einem Tiger können die Herausforderungen
unserer Reise sicher nichts anhaben. Im Gegenteil.

Dass unsere Reise Markus und mich bald der Prüfung
unterziehen würde, ob wir unseren kleinen verspielten
mutigen Tiger auch beschützen können – davon ahnten
wir am Ende dieses wunderbaren Abends noch nichts.

Was ist das für ein Geräusch? Mäuse vielleicht?

Es ist stockdunkel in unserer Jurte. Keine Sterne zu sehen – jemand muss die Dachluke geschlossen haben. Ob es regnet? Ich greife nach meiner Stirnlampe. Und blicke in braune Knopfaugen: nicht die von Mäusen, sondern Levis. Dazu dreht er seinen Körper in eigenartig wirkenden Bewegungen hin und her. Ich spüre sofort: Hier stimmt was nicht.

Ich setze mich auf, und dabei merke ich es. Es ist bitterkalt. Also: Kalt war es jede Nacht in der Mongolei. Aber diese Kälte ist noch mal kälter. Sie tut weh. Ob das der Wintereinbruch ist, vor dem man uns gewarnt hat? Herbst und Frühling existieren in der Mongolei eigentlich nicht. Einem kurzen Sommer folgt ein langer unerbittlicher Winter mit Temperaturen bis zu minus 50 Grad.

Meine Finger arbeiten sich durch einen Deckenberg und vorbei an der Kapuze des roten Fleeceanzugs, und ich erstarre: Der kleine Nacken strahlt mir nicht die bekannte sanfte Wärme entgegen. Auch nicht feuchten Schweiß, wie in den letzten zwei Nächten, in denen ich Levi zu warm eingekuschelt hatte.

Nein. Der Nacken ist kühl. Und der Blick, mit dem Levi meine Bewegungen verfolgt, ist mir neu.

Panik kriecht in mir hoch. Ich rüttle Markus wach, krame wie ferngesteuert ein Fieberthermometer aus Levis Reiseapotheke und erstarre: 35,5 Grad Körpertemperatur.

Geht das überhaupt? Das Thermometer muss kaputt sein.

Trotz täglicher Ermahnungen unserer mongolischen Gastgeber, nicht eigenmächtig den Ofen zu entzünden –

sie befürchten, dass wir die Jurte oder schlimmer noch das gesamte Camp abfackeln könnten –, legt Markus getrockneten Yakdung, Holz und ein paar schon gelesene Mulisch-Seiten in den Ofen und schürt das Feuer an.

Mein Magen rebelliert, meine Füße melden Flucht, Tränen kullern über mein Gesicht, aber meine Hände funktionieren. Ich bereite eine warme Milch zu und nehme eine Probemessung an mir vor: 36,9 Grad. Mist.

Levi bekommt all unsere Decken und die warme Milch. Zwanzig lange Minuten später steht ihm der Schweiß auf der Stirn. Die zweite Kontrollmessung ergibt 36,4 Grad. Also weitermachen. Nach weiteren fünfzehn Minuten zeigt das Thermometer 37,1 Grad an, und Levi schnarcht ruhig und zufrieden. Dafür steht mir der Schweiß auf der Stirn. Kalter Schweiß.

»Ich glaube, mir reicht es mit der Mongolei«, sage ich.

Markus nimmt mich in den Arm, schlafen können wir beide nicht mehr.

Zum Glück müssen wir bis zum Sonnenaufgang und etwas länger Holz und getrockneten Yakdung nachlegen.

Die Morgensonne wärmt mich und gibt sich alle Mühe, die ängstlichen Gedanken zu vertreiben, die es sich letzte Nacht in meinem Kopf und meiner Seele bequem gemacht haben und nicht daran denken, das gemütliche Plätzchen so schnell wieder aufzugeben. Mit meinem Notfallsatellitentelefon stehe ich auf der Blumensteppe vor unserer Jurte, klappe die Antenne auf, lege die Telefonkarte ein und wähle. Zum zweiten Mal in meinem Leben benutze ich ein Satellitentelefon.

Nach einigen Augenblicken meldet sich die vertraute Stimme der Sekretärin von Levis Kinderarzt. Der ist leider noch nicht im Haus, ich soll es einfach wieder probieren.

»Wir sind in der Mongolei und haben ein Problem mit Levi«, sage ich freundlich, aber bestimmt.

»Aha?«

»Ich rufe von einem Satellitentelefon aus an, vielleicht können wir einen konkreten Telefontermin ausmachen?«

Zehn Minuten später höre ich die Stimme des Arztes, den so leicht nichts aus der Ruhe bringt, sagen: »Levi ist mein erster Patient, der in die Mongolei gereist ist. Und nun darf ich ihn auch noch ferndiagnostisch unterstützen!« Keine Ironie in der Stimme, nur freundliche Hilfsbereitschaft.

Puh. Ich bin erleichtert. Vorwürfe hätte ich jetzt nicht gebrauchen können.

»Vielleicht brütet Levi einen Infekt aus«, sagt die freundliche Stimme aus Starnberg. »Dann sinkt die Temperatur bei Babys schon mal so tief ab! Wenn sie auskühlen, natürlich auch.« Wir sollen seine Temperatur kontrollieren und uns nicht allzu große Sorgen machen. »Ist Levi schon auf einem Yak geritten?«, fragt der Arzt zum Abschied, und ich verspreche ihm ein Foto.

Den sonnigen warmen Tag verbringen wir wie paralysiert vor unserer Jurte. Levi krabbelt fröhlich brabbelnd zwischen den Blumen, als sei nichts gewesen. Die Nacht scheint fast spurlos an ihm vorübergegangen zu sein: Nur ein kleiner Schnupfen erinnert an seine Verletzbarkeit.

Wir leben mit Levi in der Gegenwart. Mehr als jemals zuvor. Und das fühlt sich gut, gesund und richtig an. Und in der Gegenwart ist es einfach kälter als in meinen Plänen. In der Gegenwart macht mir die Sorge um Levis Körpertemperatur mehr zu schaffen, als ich es mir hätte vorstellen können.

Also warum mich und uns quälen? Auch wenn wir über nächtliches Dauerheizen die Sache sicher in den Griff bekommen könnten. Auch wenn alles bestimmt viel weniger schlimm ist, als es aktuell scheint. Und auch wenn die Wetterprognose – die zugegebenermaßen in der Mongolei eine noch geringere Trefferquote hat als zu Hause – sehr günstig aussieht.

Warum, wenn es sich nicht mehr gut anfühlt?

Pläne ersetzen den Zufall durch den Irrtum. Mein alter Professor kommt mir wieder in den Sinn. Und Levi ist die personifizierte Aufforderung zur Planbrechung. Im Kleinen wie im Großen. Er fordert mich täglich dazu auf, flexibel und spontan auf die Gegebenheiten des Tages einzugehen. Ich lerne durch ihn nicht, besser zu planen, sondern anders zu denken: in grobem Rahmen den Tag und die Wochen gestalten und dann schauen, was die Gegenwart daraus macht. Davon zulässt. Ich lerne durch Levi, dass kein Plan wichtiger ist als das Leben. Es geht nicht darum, an einmal gefassten Plänen festzuhalten, wenn das Leben, wenn Levi Spannenderes bereithält, als ich zu planen in der Lage war. Es geht darum, immer wieder zu hinterfragen: Was will ich? Ist das, was ich meinte, gestern zu wollen, auch heute noch richtig für mich? Pläne sind für mich da. Und nicht umgekehrt: Ich lebe nicht, um Pläne zu erfüllen.

Denn: Jenseits von Plänen wird vieles erst spannend. Lebendig. Vieles, was ich heute will, konnte ich mir vorgestern noch nicht einmal vorstellen. Völlig begeistert von dem Gedanken, dass Levi mich meinem Lebensgefühl täglich noch ein bisschen näher bringt, beschließen wir, uns zum Durchatmen auf neutralen Boden zu begeben.

Zwei Stunden später sitzen wir im Jeep. Unser Ziel: Die Sonnenterrasse vor unserer Jurte nördlich von Ulan-Bator.

Laut Plan wartet die Wüste Gobi auf uns. Südgobi. Ein wackeliger Flug nach Dalandsadgad, einige rumpelige Stunden im Jeep über wegloses Gelände. Sandige Variationen des besonderen mongolischen Lichtes. Und die Ungewissheit, ob die Jurtencamps nicht doch schon dichtgemacht haben für dieses Jahr und wir in normalen Zelten auf Isomatten schlafen müssen. Was sicher kälter ist, als in einem Bett neben einem heizenden Ofen zu liegen?

Plant einige Tage Puffer ein, hatte uns die Bekannte meines nepalesischen Freundes geraten, über die wir unser Mongoleiabenteuer gebucht hatten. »Die Flüge nach Dalandsadgad fallen oft aus!«, hatte sie erklärt. »Wegen des starken Windes. Ihr fliegt mit einer sehr kleinen Maschine. Wollt ihr nicht lieber im Jeep runterfahren? Dauert nur zwölf Stunden.«

Levi ist ein bisschen erkältet. Ich bin ziemlich müde. Und auch Markus sieht man die Nachtwachen allmählich an.

»Gestern ist in der Südgobi der erste Schnee gefallen!«, erzählt Aimee, unsere Übersetzerin, die uns begleiten soll. Ihr Deutsch hat sie in Chemnitz gelernt. Zu DDR-Zeiten. Sie spricht hart, laut und zackig. Wir fühlen uns wie Soldaten beim Morgenappell.

Wir haben ihr noch nicht von unseren Zweifeln erzählt.

»Übermorgen um fünf in der Früh hole ich euch ab. Morgens sind die Winde am schwächsten. Seid froh, dass wir den frühen Flug gebucht haben!«

Hilfe.

Aus Protest läuft Levi ein riesiger Faden Rotz aus der

Nase. Ich ziehe daran, doch Levi plärrt. Kenne ich schon. Was ihm gehört, will er behalten.

Plötzlich spüre ich, dass mein Hals kratzt. Levi hustet. Und Markus gähnt.

Wir liegen in der Herbstsonne und sind in freudiger Erwartung einer von elektrischen Heizstrahlern gewärmten Nacht. Eigentlich haben wir genug. Wären da nicht die lockenden Rufe der Gobi. Als wir vor etwas mehr als einer Woche eine große Düne in der Nähe von Ikh Nart bestiegen hatten, tanzten wir vor lauter Vorfreude auf die Wüste. Und außerdem sind Rückzieher nicht so mein Ding.

Wir reden wenig. Stapfen ein bisschen durch die Gegend.

Die letzten Winter waren extrem hart in der Mongolei, hatte Aimee erzählt, bevor sie ging. Viele Tiere waren verendet und zahlreiche Nomaden dadurch gezwungen, ihr Leben in den Jurten aufzugeben und in die Stadt zu ziehen.

»Peking 25 Grad und Sonne«, sagt mein iPhone.

Unser Zimmer im *Opposite House* in Peking sei auch ab morgen schon verfügbar, sagt Lilo von der Reservierung.

Levi niest.

Ich spüre in mich hinein. Und alles ist klar: Wir verlassen die Mongolei. Auf dem schnellsten Weg.

Peking, wir kommen!

CHINA: ABGRENZUNG UND INTEGRATION – ÜBER CHINESISCHE KREATIVITÄT UND DIE BEHAUPTUNG DER EIGENEN IDENTITÄT

6

Ein Abschied der anderen Art

Unter uns zieht die Wüste Gobi vorbei. Sandige Unendlichkeit, von der Abenddämmerung in Lila getaucht. Lila wird zu Schwarz, und vereinzelt blinken Lichter auf wie winzige Satelliten in der Weite des Alls: Camps oder Jeeps. Irgendwann werde ich durch diesen Sand stapfen, das weiß ich. Nur halt nicht jetzt.

Ich halte Ausschau nach einer Lichterkette, die sich kontinuierlich Richtung Südosten vorarbeitet. Denn ich möchte mich verabschieden. Von der Transsibirischen Eisenbahn. Ich möchte mich nicht davonstehlen. Mit dem Flugzeug.

Ich sehne mich nicht mehr nach unserem transsibirischen Nest. Dieses Kapitel der Reise ist vorbei. Was wir von der Transsib lernen konnten, hat sie uns gezeigt. Pflichterfüllung steht nicht auf unserem Plan. Von Petersburg bis Bayangobi haben wir intensiv zusammengelebt. Wenige Kilometer vor der mongolisch-chinesischen Grenze war eben Schluss.

Darüber bin ich froh, denn schlimmer, als die letzten Kilometer zu schwänzen, wäre das Gefühl, nicht aussteigen zu wollen, aber zu müssen.

In meinem Kopf spielt immer noch die mongolische Pferdehaargeigenmusik, begleitet von Kehlkopfgesang von der Kassette unseres Fahrers zum Flughafen von Ulan-Bator. Dann ist alles schwarz.

Die mongolische Staatsairline MIAT spuckt uns auf den Pekinger Flughafen, und wir landen vor den Füßen des Paradechinesen aus der Harald-Schmidt-Show: dünn, schlechte Zähne, über den Bauchnabel gezogene blaue Hochwasserhose. Er hält ein Schild mit meinem Namen darauf in der einen Hand. Mit der anderen bedient er ein iPhone. Wir geben uns zu erkennen. Er rennt los. Wir hinterher.

An den übervollen Einreiseschaltern lotst er uns vorbei, hin zu dem verwaisten Baby-und-Handicapped-Schalter. Im Laufschritt geht's vorbei an von Norman Foster gestalteten Glasstahlwänden und elektronischen Werbeplakaten eines bayerischen Autoherstellers und eines großen deutschen Versicherungskonzerns mit chinesischer und englischer Beschriftung. Alles ist weiß. Fast schmerzhaft strahlend weiß. Hohe Decken, geräumige Gänge, alles perfekt. Ich atme tief durch. Und rieche nichts.

Es sind noch viele Menschen unterwegs am Flughafen, aber es kommt zu keinen Kollisionen. Wie von Zauberhand verwandelt sich jedes Mal, wenn wir angerannt kommen, die klumpige Masse vor uns in ein längliches Wesen und lässt uns passieren.

Wir steigen in eine fahrerlose Metro. Levis Kinderwagen bleibt an der Tür hängen. Schwarmintelligent teilt sich die Masse, und trotz eines Aufenthaltes von maximal dreißig Sekunden finden mehr Menschen ohne Gerempel und Gemeckere im Inneren des Abteils Platz, als von den Metrodesignern vorgesehen. Auch ich. Mit Schweiß auf der Stirn.

Unsere Taschen warten schon auf uns, als wir am Gepäckband ankommen. Trotz Menschenmassen ist alles angenehm ruhig. Liegt das an der akustisch optimierten Architektur, oder warum dringen kaum Geräusche, wie ich sie von anderen Flughäfen kenne, an mein Ohr?

Stellen sich meine Ohren taub, um den Wechsel von mongolischer Stille zu chinesischem Gewusel zu verarbeiten? Ich fühle mich wie unter Starkstrom gesetzt. Warum zum Teufel rennen wir eigentlich so?

25 Minuten nach der Landung sitzen wir in einem nach Jasmin duftenden Auto und brausen mit Spitzengeschwindigkeit auf dem Airport Express Highway durch die Nacht. 35 Minuten später stehen wir in der Hotellounge, fünf Minuten darauf sitzen wir mit zwei Bier auf dem Balkon unseres Zimmers und lassen uns die warme Pekinger Nachtluft des aufstrebenden Vergnügungsviertels Sanlitun um die Nase wehen.

Von keinem Flughafen dieser Welt bin ich bisher so schnell und reibungslos weggekommen. Kein Hotel dieser Welt hat mich jemals so schnell eingecheckt. Und meine persönlichen Wünsche dabei noch erfüllt. Zu denen ich, zugegebenermaßen, vorab per E-Mail befragt wurde.

Wow.

Überrollt von dem Adrenalin des nächtlichen Tempos und glücklich, früher als gedacht für uns zu sein, grübeln Markus und ich darüber, warum den Deutschen ein besonderes Prozessoptimierungs- und Organisationstalent nachgesagt wird.

Die Sonne strahlt. Ich sehe Hochhäuser, Bäume, Geschäftsleute in Anzügen oder Kostümen und junge Frauen und Männer in knallbunten Farben. Menschen sitzen auf den Stühlen vor hippen Coffeeshops, wie es sie überall auf der Welt in Großstädten gibt, in lebhafte Gespräche vertieft. Oder in ihre Laptops. Die Luft ist schwülwarm. Vor den Menschen auf den Stühlen und den Schaufenstern trendiger Modeläden spielt sich Eigenartiges ab: Hundert junge Männer – alle tragen schwarze Hosen, weiße Hemden und schwarze Krawatten – stehen ordentlich in Zehnerreihen zum Quadrat angeordnet in der Sonne. Plötzlich läuft einer der Männer los. Mit kleinen trippeligen Schritten. Ungefähr 50 Meter weit. Dann bleibt er stehen, dreht sich um 180 Grad und erstarrt. Ich hole mir einen Kaffee. Als ich zurück auf unseren Balkon komme, hat sich ein Drittel der Gruppe umpositioniert. Die Menschen in den Cafés, vor deren Nase dieses Schauspiel stattfindet, beachten es nicht weiter. Jetzt sehe ich auch den Mann mit einer Art Kladde unter einem Baum stehen, der abwechselnd Kommandos schreit und etwas in seiner Kladde verzeichnet.

Nach einigen Minuten verlasse ich meinen Beobachtungsposten, um mich Levis morgendlicher Schmuse- und Spielsession zu widmen. Und um zu dritt zu frühstücken.

Draußen vor unserer Tür baumelt ein Schild: *Do not disturb!*

Irgendetwas von mir ist noch in der Mongolei. Auf jeden Fall nicht hier. In diesem schwülwarmen Meer aus Farben, Menschen, gedämpftem Lärm und Hektik vor unserer Balkontür. Mir ist nach Verschnaufen, nach Baden, nach Nichtstun. Nach Warten, bis der Rest von mir hier ankommt. Nach Langsamkeit. Vielleicht drehen wir heute Nachmittag mal eine Runde durch Sanlitun? Vielleicht auch nicht.

Levis lauter werdendes »Mäh!« lässt mich aus meinen Gedanken aufschrecken. Er steht vor der Zimmertür und will los. Raus. Was erleben. Für Levi findet unsere morgendliche familiäre Gemütlichkeit in einem abgeschlossenen Raum statt: egal, ob es sich dabei um unser Nest in der Transsibirischen Eisenbahn, unser Holzzimmer in Bolschije Koty, unsere Jurten in der Mongolei oder dieses luftige Zimmer im *Opposite House* handelt. Für ihn ist ein Zimmer ein Zimmer. Und jedes Zimmer hat eine Tür. Egal, ob transsibirische Schiebetür, knarrende Holztür am Baikal, bunt verzierte niedrige Jurtentür oder beige Hotelzimmertür mit Metallknauf. Und da will er jetzt durch. Raus. In die Welt dahinter.

Recht hat er ja.

Und ohrenbetäubende Argumente.

Kaum habe ich die Tür geöffnet, ist Levis Nase auch schon draußen. Mit beiden Händen umklammert er die Zimmerkarte. Also führt Markus geduldig den gesamten Levi zum Sensor im Lift und drückt *Ground Floor*. Levi drückt seinerseits noch auf die 3, 2, 1 und -1, und so dauert es eine Weile, bis wir im Untergeschoss ankommen. Irgendwie haben wir vor lauter Staunen mit Levis Augen das geplante Ziel verpasst. Es gab aber auch viel zu sehen. Die Hotellobby gleicht einer Galerie mit einem abstrakten Gemälde lastwagengleichen Ausmaßes und zahlreichen auf Staffeleien ausgestellten bunten Kunstwerken im gleichen Stil. Eine Rezeption existiert nicht. Stattdessen teilt eine Acrylwand die Lobby, in die ungefähr sieben Millionen Holzschubläden eingelassen sind. Wie ein überdimensionierter Apothekerschrank, um den sich nette junge Männer und Frauen in der legeren Hoteluniform mit iPad in der Hand aufhalten.

Nachdem wir das Untergeschoss mit spanischem und japanischem Restaurant und dem Klub, in dem Markus vor knapp drei Wochen versackt war, inspiziert haben, entdecken wir eine Etage tiefer einen in rotem Licht vor sich hin dämmernden Pool. Nach einer ausgiebigen Schwimmsession ist Levi müde, und auch uns kommt sein Mittagsschlaf gerade recht.

Peking muss noch draußen bleiben.

Zwei Stunden später sitzen wir fast mittendrin. Auf einer Vorstufe zu dem wuselig geschäftigen Leben des jungen Pekings. Denn auf der Terrasse des legeren Frühstück- und Lunchrestaurants treffen sich neben Hotelgästen auch asiatische und westliche Künstlertypen und Geschäftsleute. Nach einem ausgiebigen Mittagessen, das mein Sohn sich mit Chopsticks darreichen lässt, ist es Zeit, mit Peking Kontakt aufzunehmen. Und so hangelt Levi sich entlang der Bänke zu einem für ihn besonders spannenden Tisch. Kaum angekommen wird er von einem scheinbar dem chinesischen MTV entsprungenen jungen Mann mit tätowierten Armen, Kajal um den Augen und rosa schimmerndem Gloss auf den Lippen in die Höhe gerissen, lachend begutachtet und auf den gelb bejeansten Schoß gesetzt. Und dort sitzt er nun. Mit ernster Miene folgt er der Unterhaltung.

Als ich nach einigen Minuten die chinesische Ersatznanny von Levi befreien will, bleibe ich vor überschäumender Herzlichkeit am Tisch hängen. Nach einer guten Stunde spannenden interkulturellen Austausches verabschieden sich drei Chinesen, zwei Schweden und ein Amerikaner von uns.

Auch wir drei brechen auf.

Wir bewundern die neuesten Showroomkonzepte der internationalen Marken dieser Welt. Wir lachen über ein Wasserspiel, das in den Boden vor Niketown eingelassen ist und aus dem es überraschend und immer an anderer Stelle kalt herausschießt. Wir schlendern durch den Replica Market und staunen darüber, dass direkt neben einem aufstrebenden hochwertigen Shoppingviertel ein derartiger Markt identische Ware zu einem Bruchteil des Preises anbieten darf. Scheinbar geduldet von den echten Marken? Und immer wieder muss ich einen zunehmend müde werdenden Levi vor den Massen chinesischer Menschen schützen, die ihn vor Begeisterung aufschreiend begutachten oder in die Wange zwicken. Viele machen Fotos.

Als Levis Kopf auf seine Brust sinkt, merken auch wir, dass eine Pause nicht schaden kann. Wir folgen einer Empfehlung unserer Lunchfreunde: ein Café auf dem Dach des Stahlgebäudes, in dem Apple die neueste iPad-Version verkauft. Und fliegende Händler die Replica-version direkt davor. Durch den nachmittäglichen Dunst sind die gegenüberliegenden Hochhäuser nur schemenhaft zu erkennen. Die wattige Luft trägt den Trubel der Straße davon. Das Hotelzimmer entwickelt enorme Anziehungskräfte.

Levi wacht auf und hat Hunger. In dem Moment merke ich, dass auch mir etwas Essbares nicht schaden könnte, und so bestellen wir zu unserem Weißwein reichlich von der international geprägten Karte. Voller Energie genießen wir noch bis spät in den Abend hinein den poppigen Plastikcharme dieses am Reißbrett entworfenen Viertels. Wir fühlen uns wie am Puls der Zeit.

Völlig erschöpft gebe ich Levi seine Gute-Nacht-Flasche und bedanke mich bei ihm. Für den Tag. Für die Offenheit, die er uns aufgedrängt hat. Die Kontakte, die er für uns geknüpft hat. Dieser mittlerweile elf Monate alte kleine weise Mann.

Durchgeschüttelt

Das echte Peking, so wie es einmal war und bald verschwunden sein wird, können wir in den Hutongs erleben, verrät uns das Internet. Die engen Gassen und traditionellen Wohnhöfe, geformt aus einstöckigen Gebäuden aus graubröckeligem Stein, locken uns mit dem Versprechen auf geruhsames Schlendern, Pausen unter Schatten spendenden Bäumen, Essen in kleinen chinesischen Nudelbuden.

Der Taxifahrer, der die ersten zwanzig Minuten unserer Fahrt voller Zuversicht war, hat auf einmal keine Ahnung mehr, wo wir eigentlich hinwollen. Die Diskussion darüber scheitert an einer nicht vorhandenen gemeinsamen Sprache. Die Unklarheit über das Fahrziel kompensiert der Fahrer damit, dass er seine scheppernde Blechbüchse ohne Gurte für die hinteren Ränge so richtig ausfährt und immer dann eine Vollbremsung hinlegt, wenn er einen Laut, den Markus oder ich von uns geben, als »Halt« interpretiert. Ich bin damit ausgelastet, Levi zu sichern, und Markus gibt mittels iPhone den Wegweiser. Die Hitze im Auto steigt, und nach einer Stunde Schnitzeljagd durch Pekings dichten Verkehr steigen wir zu unser aller Erleichterung aus dem Taxi aus.

Durch die engen, durchaus schattigen Gassen dieses Hutongs pressen sich Luxuslimousinen und Mittelklasseautos mit chinesischer Besatzung. Alle fünf Meter bietet ein Rikschafahrer mit Nachdruck eine Rundfahrt an. Wir laufen ein wenig herum und finden zwischen den zahlreichen geführten Gruppen, Souvenirshops, Menschen, die uns mit in Plastik eingeschweißten Bildern von geleeig glänzenden Speisen mit Untertiteln in schlechtem Englisch in neonbeleuchtete Restaurants reinlotsen wollen, und penetranten Rikschafahrern nicht die ersehnte Stille. Und schon gar nicht ein Gefühl des echten Pekings.

Oder?

Mein Hirn signalisiert Flucht, und so laufe ich planlos in irgendeine Richtung und erlange mein Bewusstsein erst wieder, als ich in einem steinmauergefassten Garten mit Blick auf einen See stehe. Dicht gefolgt von Markus mit Levi auf den Schultern und Schweiß auf der Stirn. Rote Lampions hängen von den Dächern des verschachtelten Gebäudes und in den Bäumen des Gartens, und nur einer der fünfzig Tische ist besetzt. Mit einer chinesischen Familie.

Wir zeigen nach dem Zufallsprinzip auf fünf Gerichte in der rein chinesischen Karte.

»Viel«, signalisiert die Kellnerin.

»Dann bringen Sie uns einfach, was Sie empfehlen«, versuche ich die nette Kellnerin mit meinen während der Reise perfektionierten Kenntnissen der internationalen Zeichensprache dazu einzuladen, uns zu überraschen und zu verwöhnen. In freudiger Erwartung einer Geste der Art »Lass mich mal machen« ernte ich nur ein Achselzucken, einige fast geschriene chinesische Sätze und falle enttäuscht zurück auf unsere ursprüngliche Bestellung.

»Drei der fünf Gerichte sind bestimmt chinesische Spezialitäten, die unsere Mägen eh nicht vertragen!«, wiederhole ich die hinter unserer Bestellung liegende Strategie mehr für mich selbst.

Nach einer Stunde geht kein winziges Reiskorn mehr. Alle fünf Gerichte waren großartig. Levi war zwischenzeitlich mit den zwei Kellnerinnen – wohin schon? – in der Küche verschwunden und hat mittlerweile an dem chinesischen Tisch Platz genommen. Wir verweilen noch eine Stunde und nehmen uns so gestärkt vor, das nächste Rikschaangebot anzunehmen.

Unser Fahrer flucht und lacht, als er die anhand einer Hutongkarte ausgehandelte Tour in Spitzengeschwindigkeit zu absolvieren versucht. Denn: Über das Tempo haben wir uns ja nicht unterhalten. Die Versuche, ihn zu einem gemütlicheren Tempo zu überreden, scheitern. Vielleicht geht in Peking nichts langsam, oder das ist Geschäftstaktik. Auf jeden Fall verschaffen wir uns so im Eiltempo einen Überblick und sehen außer ein paar Bars, die wir abends ohne Levi besuchen würden, nichts, das uns zum Verweilen einlädt.

Eigentlich sind die jeweiligen Touristenattraktionen eines Ortes nicht so mein Ding, aber da wir schon dabei sind, geben wir denen Pekings eine zweite Chance und steuern das als Geheimtipp empfohlene *Stone Boat*-Café im Rinta Park an. Es befindet sich in der Nähe unseres Hotels und wird als Oase der Ruhe gerühmt. Nach einer halben Stunde erfolgloser Versuche, auf der Straße ein Taxi anzuhalten, und mit platt gelaufenen Füßen bitten wir in einem Gemüseladen darum, uns eines zu bestellen. Mithilfe einer Zeichnung können wir uns verständlich machen, und so sitzen wir nach zwei Stunden und einer weiteren knapp überlebten Taxifahrt auf der Terrasse des *Stone Boat*-Cafés, trinken Ingwertee und füttern Levi köstliche *home-made dumplings*. Das Café liegt an einem kleinen See in einem Park oder Garten, der meditativen

Charme ausstrahlt. Der Kontrast zu den Stunden davor könnte nicht größer sein.

Neben uns sitzt eine junge chinesische Frau und liest. Auf der anderen Seite rahmen uns eine Chinesin und eine in Peking lebende Engländerin ein und sprechen über Marketing. Am Tisch gegenüber diskutiert eine generationenübergreifende sechsköpfige Gruppe schwäbischer Familienunternehmer, dass der chinesische Müll halt nicht zu ihren Verbrennungsanlagen passe. Der Versuch, nach China zu expandieren, scheint heute nicht erfolgreich gelaufen zu sein. Die zweite Runde Bier kommt.

Statt eines Taxis reagiert ein Rikschafahrer auf mein Winken. Ich halte ihm den chinesischen Zettel mit den Hotelkoordinaten unter die Nase, er nickt und braust los. Ohne in die Pedale zu treten. Elektrorikscha.

Der Fahrtwind weht uns um die Nase. Schön. Schnell. Ganz schön schnell!

Als wir von gemütlichen baumgeschmückten Straßen in eine Hauptverkehrsader einfädeln und der Fahrer auch noch auf die Überholspur der Gegenfahrbahn – als Geisterfahrer – einbiegt, finde ich das gar nicht mehr schön. Levi krallt sich mit offenem, wortlosem Mund an mich und sucht mit Unsicherheit in den Augen meinen Blick. Ich schenke ihm ein »Mama hat alles im Griff«-Lächeln. Mit entspannten Singsangstimmen diskutieren Markus und ich, wie wir von dieser verfluchten Kamikazerikscha herunterkommen und warum zum Teufel wir eigentlich noch nicht da sind?

Nach zwanzig Minuten und mehreren Beinahkollisionen mit Autos, die das Tempolimit mindestens um die doppelte Geschwindigkeit überschreiten, hält der Fahrer vor einem uns unbekannten Hotel und verlangt 150 Yuan.

Wir zeigen auf den Zettel, er zeigt auf das Hotel. So geht das hin und her, und irgendwann sitzen wir wieder in der Rikscha und fahren als Geisterfahrer auf immer größeren Straßen durch die Pekinger Nacht. Ich halte nach Autotaxen Ausschau, die im direkten Vergleich zu diesem durchgeknallten Elektrorikscha-Fahrer in meiner Erinnerung golden glänzen. Leider erfolglos.

Markus hat seine Nase weit aus der Rikscha gelehnt und sucht mit wegen des Fahrtwindes zusammengekniffenen Augen nach einem irgendwie bekannten Hochhaus. Manchmal dreht er sich zu uns um und probiert ein schiefes Lächeln. Levi strahlt.

»Sollten wir das wider Erwarten überleben, werde ich nie, wirklich nie wieder in Peking eine Rikscha besteigen«, rufe ich in die neonbeleuchtete Nacht.

»Das Gebäude kenne ich!«, antwortet Markus triumphierend.

Zur Entspannung bekommt Levi noch original australische UGG Boots für fünf Euro aus dem Replica Market und Markus und ich eine gute Flasche italienischen Rotwein im auf spanische Tapas spezialisierten Restaurant *Sureno*. Während Levi friedlich im Maxi-Cosi neben unserem Tisch schlummert, fragt uns das verliebte junge chinesische Paar vom Nebentisch: »Verändert sich das Leben durch ein Baby eigentlich stark?«

Eigentlich weiß ich es ja: Die Haupttouristenattraktionen begeistern mich meistens nicht. Und wenn es nur daran liegt, dass es schwer ist, sie durch die Massen an Menschen richtig zu sehen. Zu spüren. Ich mag keine Menschenmassen, schon gar nicht touristische. Also: kein Platz des Himmlischen Friedens, keine Verbotene Stadt, kein Temple of Heaven. Und auch keine Pekingente im berühmten *Dadong Roast Duck*-Restaurant.

Ich fühle mich erleichtert. Nur ein leises schlechtes kulturelles Gewissen. Aber aufgrund meiner Reiseerfahrung tröste ich mich selbst: Das für mich echte, spannende Peking versteckt sich nicht zwingend in den von den Massen als Hauptattraktion titulierten Orten. Auch wenn ein grundsätzliches Ablehnen von Hauptattraktionen das Leben ärmer machen würde – man denke nur an eine Flussfahrt auf dem Mekong bis nach Chau Doc, den Potalapalast in Lhasa oder den ersten Blick auf den Machu Picchu, wenn der Morgennebel sich langsam hebt. Den Louvre in Paris oder die Casa Milà in Barcelona. Aber darum geht es gerade nicht. Diese Suche nach dem sogenannten Echten, Ursprünglichen führt oft genug dazu, dass jemand Museumsdörfer baut und kitschigen Plunder davor verkauft.

Wichtiger, als den gemeinhin als echt akzeptierten Ort zu suchen, ist mir, Orte zu finden und Menschen zu begegnen, die sich für mich echt anfühlen. Echt und gut. Echt gut halt.

Für mich fühlt es sich gut an, in Peking in einem spanischen Restaurant voller Chinesen und Expatriates italienischen Rotwein zu trinken. Hingegen mit einer Horde Touristen aus aller Welt Pekingente in einem nach touristischem Geschmack dekorierten Ambiente zu mir zu nehmen nicht.

Und überhaupt: Es geht um unsere Mission und nicht darum, sinnfrei Sightseeing zu betreiben. Es geht darum, meiner Intuition zu folgen. Und mir ist nach anregender Entspannung. Nach Bäumen, die Schatten spenden, nach Sonne, die durch die Blätter funkelt, nach Menschen, die irgendwie anders sind. Nach Kunst. Nach Kreativität.

Was die Pariser Umgebung für die Impressionisten war, sind die Dörfer nördlich und östlich von Peking für die chinesische Kunstszene heute. Doch keines kann mit Song Zhuang mithalten, empfiehlt der Wallpaper-Reiseführer auf der letzten Seite. Bilder von Künstlerdörfern mit Shabby-Chic-Charme steigen in mir auf. Ich sehe Bäume, deren im Wind zitternde Blätter das Licht tanzen lassen. Ich spüre eine spannend-entspannende Atmosphäre und entscheide: Genau das machen wir!

Da wir nach dem gestrigen Tag eine Pause von den öffentlich zugänglichen Taxi- und Rikschafahrern brauchen, organisiert uns das Hotel den Transport.

»Was für ein Auto bevorzugen Sie?«, fragt der Hotelangestellte.

»Eines mit Gurten auf den Rückbänken, die lang genug sind, um Levis Maxi-Cosi festzuschnallen«, versuche ich einen Witz und bleibe unverstanden. Also tippe ich auf eine günstige Kategorie, ein chinesisches Auto, und staune nicht schlecht, als ein Maserati Quattroporte vorfährt. Ein Hotelangestellter versucht sich daran, Levis von der Reise befleckten Sitz in dem edlen Lederinterieur zu befestigen.

»Chinesische Autos sind heute nicht mehr verfügbar«, lacht er. »Alle Gäste wählen immer die günstige Kategorie!«

Nach 45 Minuten Fahrt zeigt der Fahrer auf eine Halle und fragt: »*Yes?*«

»*Nooooo!*«

Wir stehen am staubigen Rand einer vierspurigen viel-befahrenen Straße mit trashig wirkenden Shops und halb verfallenen neonbeleuchteten Gebäuden an ihren ausge-fransten Rändern. Kein Hauch von Künstlercharme, wie ihn Reiseführer und Internet versprachen. Also weiter.

Kurz darauf der nächste Stopp. Fingerzeig, Kopfschüt-teln, weiter.

Der Infopoint hat eine Karte des Künstlerdorfes, und somit ist schnell klar: Wir sind schon mittendrin. Der kre-ative Ort besteht aus zwanzig Künstlerdörfern, hundert Galerien und zwanzig Museen. Verteilt auf 116 Quadrat-kilometer. Zunehmend von offizieller Seite inspiriert.

Verloren steuern wir ein Café an. Stilecht gibt es nur Chips und Popcorn. Und alkoholfreie Getränke mit Schirmchen und kunstvoll verknoteten Strohhalmen.

»Viele Galerien haben gerade geschlossen oder werden renoviert«, erklärt Song Li, die Besitzerin des Cafés. Ihr Sohn sitzt an einem der Tische und macht Hausaufgaben. Ihr Mann, ein Künstler, ist gerade beim Angeln.

»Die meisten Menschen kommen in organisierten Tou-ren!«, fährt Song Li fort. »Um selbst zu malen.«

»Was empfiehlst du uns?«, frage ich Song Li zum Ab-schied, aber sie zuckt nur mit den Achseln.

Ich studiere die am Infopoint erstandene Karte zum Künstlerdorf Song Zhuang und wage einen zweiten Ver-such: »Was hältst du von der Sunshine Gallery oder dem Harmony and Tranquility Art Museum?« Dabei zeige ich auf die zwei Orte in der Karte. »United Nations Model Award« steht oben drüber. 2008. Ist noch nicht so lange her.

Sie schaut mich fragend an.

Gibt es in der chinesischen Sprache kein Äquivalent für »Empfehlung«? Oder hat man in China besser keine empfehlenswerte Meinung? Wäre ja irgendwie auch verständlich. Zumindest bei regimegeförderten Künstlern. Mann, wie naiv bin ich eigentlich.

Also laufen wir einige Minuten die Song-Zhuang-Autobahn entlang, stolpern in die wenigen offenen Galerien hinein und erschrecken damit jedes Mal die Person, die in ihr Telefon versunken den ansonsten ereignislosen Arbeitstag vorüberziehen lässt.

Zu Fuß durch Künstlerdörfer zu schlendern und ohne Termin irgendwo aufzuschlagen scheint ein westliches Phänomen zu sein. Irgendwann haben wir einige Kunstobjekte gesehen, die uns zum Lachen oder Diskutieren angeregt haben, schwere Füße, staubige Kleider und Durst. Da unser Maserati nirgends zu sehen ist, halten wir eine dreirädrige Mopedriksha an und wollen zum größten Punkt auf der Karte: dem Harmony and Tranquility Museum. Letzter Versuch.

»Wohin?«, fragt unsere Rikschafahrerin.

Wir lotsen die Dame über sandige Schotterpisten, vorbei an einem kleinen Teich, an dem mehrere Menschen Angeln ins Wasser halten, um nach mehreren Stopps, bei denen unsere Pilotin mit Passanten diskutiert, vor einer verschlossenen Halle zu stehen.

Zu dritt liegen wir in einer Kapsel aus Geflecht und weichen Kissen. Über uns tanzen weiße Tücher im warmen Wind, der das pulsierende Nachtleben zwölf Stockwerke unter uns gedämpft herbeiweht. Die Kellnerin bringt leckere Kleinigkeiten und sagt, nachdem sie den schlafenden Levi fotografiert hat: »Ihr habt wirklich Glück! Der Himmel über Peking ist selten so blau und klar wie in dieser Woche.«

Ich muss lachen. Irgendwie ist sowieso alles anders als erwartet in Peking. Und das ist anstrengend. Aber auch gut. Passend. Passend zu mir. Ich will ja nicht auf dem Sofa enden und die Füße hochlegen. Aber die Gefahr besteht hier in Peking wirklich nicht. Wenn irgendwo alles im Fluss ist, dann hier. In einem reißenden Fluss. Ich kann nicht sagen, ob Peking mir gefällt oder nicht. Aber es fordert mich heraus. Und das ist gut so.

Art District 798: Chinesische Kreativität

Wir sitzen zu dritt auf der Rückbank eines Taxis und japsen nach Luft. Der Dunst hat Peking wieder fest im Griff und uns kalt erwischt. Levi hüstelt ununterbrochen, und ich muss mich jogimäßig auf meine Atmung konzentrieren. Ein Mantra hämmert durch meinen Kopf: Luft kann nicht zu dick zum Atmen sein.

Aber: Wie viel Sauerstoff ist in dieser grauweißen Pampe aus Hitze, Staub und Abgasen eigentlich?

Der Art District 798 ist ein von einer deutschen Autofirma und anderen großen Unternehmen gesponsertes, von der Architektur des Bauhauses inspiriertes riesiges modernes Kunstprojekt. Es erstreckt sich über zwei Straßenzüge des Dashanzi-Viertels Pekings. Auf diesem ehemals staatlichen Fabrikgelände leben und arbeiten seit 2002 immer mehr Künstler und Architekten. Das Viertel ist Heimat zahlreicher Designstudios, Galerien, Restaurants, Bars und kleiner Shops. Auf der dazugehörigen Internetseite fallen Begriffe wie *sohoesque* und *loftliving*.

Nach Atem ringend, laufen wir im Schwarm riesiger

Menschenmassen durch die von aus Beton und rotem Ziegel gebauten Fabrikgebäuden geprägten Straßenzüge. Immer wieder durch lautes Autohupen dazu genötigt, noch enger zusammenzurücken und uns an die Backsteinwände zu drücken, denn: Nicht alle Chinesen lassen sich wie wir zu Fuß treiben und von ihrer Intuition in die unterschiedlichen Ateliers spülen. Manche haben einen Plan. Fahren vor, steigen aus, besichtigen, steigen wieder ein und brausen weiter. Es scheint akzeptiert – oder einfach schlau –, dass der Stärkere, in dem Fall die Autos, Vorfahrt genießen. Hupen reicht, gebremst wird nicht, die Fußgänger hüpfen.

Die gehetzten Menschen um mich herum und die Enge drohen mich zu sprengen. Es hilft nur eines: Pause. Und was essen. Das in einer industriellen Lagerhalle untergebrachte Restaurant serviert zwei Hotpots, Töpfe aus Metall, unter denen ein kleines Feuer lodert. Der Inhalt ist heiß, fettig und extrem lecker. Sicherheitshalber bekommt Levi ein Babygläschen. Wir halten uns die Bäuche und brauchen Cola und Kaffee, um unsere Mägen einigermaßen zu beruhigen. Dann fühlen wir uns geerdet genug, um mit dem Strom aus Chinesen aus allen Landesteilen die Kreativität Pekings zu entdecken.

Wie in Venedig bestens erprobt, laufen wir ohne Plan durch das Viertel. In jedem Hinterhof finden wir eine Ausstellung, hinter jeder Ecke eine kleine Galerie. Wir geraten mehr und mehr in einen Rausch aus Architektur und Kunst: Da ist zum Beispiel diese Halle, die überquillt vor bunten Blumen. Die Wände, der Boden, alles ist bunt. Selbst von der Decke hängen die bunten Plastikblüten. Bei genauerem Hinsehen erkennen wir, dass es sich um Soldatenpuppen mit Gewehren handelt, die da blumenüberzogen von der Decke baumeln oder mitten im Raum stehen. Levi zupft an den Blüten und ist damit in bester

Gesellschaft: Unsere chinesischen Mitbesucher stopfen den Puppen Zigaretten in den Mund, in die Ohren und auch in die Nasen, stellen sich mit Peacezeichen daneben und machen Fotos. Die Aufpasser scheint das nicht zu stören. Niemand verscheucht die Menschen, die mit der Kunst spielen.

Als Nächstes finden wir eine Sammlung schwarzer Skulpturen: allesamt untersetzte nackte Männer in unterschiedlichen Posen – auf einem Stier, hinter einem Pferd. Alles erschlagend sexualisierte emotionale Selbstbildnisse des Künstlers um die fünfzig. Der bewirtet die anwesende Presse und weitere Gäste mit Getränken und Kanapees. Auch mir drückt er ein Glas in die Hand und zwickt Levi in die Wange.

Weiter geht's zum Raum voller digitaler Spiegel, die abwechselnd laut scheppernd zerbrechen und sich wieder zusammensetzen. Die habe ich vor ein paar Monaten auf dem Biennale-Gelände in Venedig schon bewundern können.

Immer wieder kommen wir zurück zum Hauptplatz. Zum ursprünglichen Fabrikgelände 798, dahin, wo alles begann. Ein riesiger Platz, umrahmt von backsteinigen Fabrikgebäuden und einem alten Lastenkran aus Stahl. Es sieht aus wie in New York oder einem sich zum kreativen Ort wandelnden Hafenviertel des alten Europa. Wie kann es sein, dass es so etwas in Peking gibt? Andersherum ist die Frage auch nicht unspannend: Warum gibt es so etwas nicht in Europa? Oder New York. In diesem Ausmaß? In dieser Perfektion?

Dass der ganze Ort von fröhlichen Chinesen bevölkert ist und nicht von schwarz gekleideten ernst dreinblickenden Europäern, gibt dem Ganzen eine surreale Note. Eine Frage hämmert durch meine Hirn: Ist das wirklich echt?

Es dämmert. Ich brauche eine Pause. Und ein Glas Wein.

Fällt es nur uns schwer, sich dem kreativen Rausch hinzugeben, der uns umhüllen würde, wäre dieser Ort in Berlin, New York oder Barcelona? Also: Ist nur mir die chinesische Kreativität nicht zugänglich? Denn: Innerlich kommt nicht wirklich etwas in Bewegung bei mir. Ich fühle mich wie ein Kind, das sich die Nase am Schaufenster des geschlossenen Süßigkeitenladens platt drückt. Oder wie ein Gefangener hinter Gittern, an dem die schönsten Landschaften per Videoscreen vorbeirauschen. Oder dessen Gefangenentransport durchs Paradies rattert. Auf jeden Fall fühle ich mich so ambivalent wie selten. Irgendwie gut, aber irgendwie auch extrem unbefriedigt.

Und was das Schlimmste ist: Ich suche die Ursache dafür in mir. Weil der Ort so perfekt ist. Warum zum Teufel berührt er mich nicht? Zumindest nicht so, wie ich es mir wünsche. Da stimmt doch was nicht. Mit mir?

Erschöpft, verwirrt und teilinspiriert sitzen wir im At-Café. Um uns herum schwirren chinesische, deutsche, englische und brasilianische Wortfetzen. Levi schläft. Und obwohl ich noch da bin, möchte ich wiederkommen. Zu diesem für mich bisher faszinierendsten, widersprüchlichsten Ort Pekings.

Seelenraum: Spiel mit dem Leben

Verwirrt von der Widersprüchlichkeit des vergangenen Tages liege ich schlaflos im Bett. Im Art District 798 habe ich mich einen kurzen Augenblick wieder so gefühlt wie vor unserer Abreise nach Sankt Petersburg: Eine Freundin hatte mir prophezeit, dass ich meine Reiselust jetzt mit Levi sicher nur noch eingeschränkt ausleben könnte. Auf meine Frage nach dem Warum erklärte die Mutter von zwei Kindern: »Den Alltag mit Kindern zu Hause zu organisieren ist schon anstrengend genug. Im Urlaub mit Kindern geht der Alltag weiter. Nur unter erschwerten Bedingungen. Du kennst dich nicht so aus wie zu Hause, kennst niemanden, die hygienischen Bedingungen sind eventuell schlechter. Da wird die Traumreise schnell zum Albtraum.«

Irgendwie konnte ich verstehen, was sie damit sagen wollte. Aber schon damals regte sich in mir Widerspruch. Ich konnte ihn nur nicht begründen.

Nach dem Tag im Art District 798 spüre ich: Es gibt keine organisierte Freiheit. Entweder bin ich frei. Oder organisiert. Ein Vogel in einem Käfig wird ja nicht dadurch frei, dass er die jeweilige Stange, auf der er sitzt, frei wählen darf. Oder jede Stunde ein Lied seiner Wahl trällern kann.

Das Leben mit Levi auf Reisen ist für mich leichter als der Alltag mit Levi in München, weil es auf Reisen keinen Alltag gibt, den ich meine organisieren zu müssen. Oder von dem andere behaupten, dass die hohe Kunst des Mutterseins darin bestünde, ebendiesen Alltag zu organisieren. Die Herausforderung war in München schon, so etwas wie Alltag in meinem Leben zu finden, den ich hätte organisieren können.

Meine freiheitliche Seele braucht ein freiheitliches Lebensmodell, sonst stirbt sie. Und ein freiheitliches Lebensmodell hat keinen festen Rahmen. Kann keinen festen Rahmen haben. Es ist flexibel. Es passt sich an. An mich. Und uns. Nicht umgekehrt.

Meine freiheitliche Seele braucht inspirierende Räume, Orte und Menschen. Menschen, die ihre Träume leben.

Räume, die eine Seele besitzen dadurch, dass sie mit Herzblut von Menschen erschaffen wurden, die mit ihren Träumen darin gelebt haben. Ich kann nicht einseitig lieben.
Weder Orte, noch Menschen. Noch mich selbst. Und ich
kann mich nur lieben, wenn ich so lebe, wie ich bin.

Und das gelingt mir unterwegs auf dieser Reise mit
Levi. Ich lebe hier mein Leben. Und ich sehe und spüre
jeden Tag: Dieses Leben schadet Levi nicht. Im Gegenteil. Es ist spannend, mich und Levi bei dieser Reise zu
beobachten. Auszuprobieren, was uns taugt und was
nicht. Spielerisch mit uns und unserem Leben umzugehen fühlt sich gut an.

»Unser Leben«, sage ich in die Dunkelheit und schlafe
mit einem Grinsen im Gesicht ein.

Great Wall oder:
Manchmal beneide ich mich schon selbst

So habe ich mir das nicht vorgestellt!

Eigentlich hatte ich gar keine Vorstellungen. Kein abruf-
bares Foto im Kopf. Nichts. Nur die nebulöse Idee einer
grauen massiven Mauer.

Was ich da gerade aus den Augenwinkeln erspähen
konnte, sah anders aus. Kühn. Verrückt. Wie eines der
sieben Weltwunder eben.

Leider sehe ich jetzt nur noch Berge ohne Mauer. Seit
anderthalb Stunden blicke ich aus dem Fenster des Autos,
in dem Levi neben mir schläft und Markus auf dem
Beifahrersitz mit dem Fahrer parliert. Auf Chinesisch-
Englisch.

Die Mauer saß auf den Bergen. Ganz oben. Sie zeichnete die gesamte Topografie der Landschaft nach. Wie ein Höhenweg oder Klettersteig der, egal wie steil oder unwegsam, den Bergkamm nie verlässt. Keinen Millimeter.

Deshalb hatte ich zuerst auch nicht realisiert, dass ich sie sehe. Mich hatte nur gewundert, dass die eine der Bergketten so eckig war, so gar nicht organisch rund wie all die anderen Bergkämme. Die Mauer fiel steil ab, um kurz darauf wieder steil aufzusteigen. Alle paar Hundert Meter ein viereckiger massiver Turm.

Aufgeregt rutsche ich auf der Rückbank hin und her. Eigentlich sollte die Fahrt drei Stunden dauern. Aber von meinen bisherigen Tibet- und Chinareisen weiß ich, dass Chinesen die Angewohnheit pflegen, die Autobahn bis direkt vor die mystische Sehenswürdigkeit zu bauen. Und so wundert es mich weniger als den Fahrer, dass wir auf einer nagelneuen dreispurigen Autobahn, die selbst das Navigationssystem noch nicht kennt, dahinbrausen. Der Pfeil des Navigationssystems lässt das virtuelle Auto auf dem Bildschirm ins elektronische Nirwana sausen, hat dabei aber das Ziel immer fest im Visier. Nach einer Stunde und 35 Minuten fahren wir durch einen Tunnel unter der Mauer hindurch, der uns wenige Minuten später vor dem verwaisten Visitors Center Jinshanlings wieder ausspuckt. »Ausländer trifft man hier selten, dabei handelt es sich um das mit Abstand spektakulärste Stück der Großen Mauer, das derzeit zu besteigen ist«, weiß der Reiseführer.

Der Fahrer ist nervös. Sein Auftrag lautet, uns unversehrt zurück nach Peking zu bringen. Und ich habe ihm gerade eröffnet, dass er uns in Simatai wieder aufklauben soll. Wir wollen auf der Mauer von Jinshanling nach Simatai laufen. Steil bergauf und bergab. Ohne Guide. Einfach los. Die Mauer ist zwar kurz vor Simatai wegen Renovierungsarbeiten gesperrt. Aber ein Engländer, der in Peking lebt und den Levi in einem Restaurant kennengelernt hatte, hatte uns versichert, dass die Stelle passierbar und es sehr offensichtlich sei, wo man runter nach Simatai käme.

Vier Stunden brauchen konditionsstarke Naturen, schätzt der Reiseführer. »Also brauchen wir mindestens sechs, mit Pausen eher sieben«, lache ich dem Fahrer unsere geschätzte Ankunftszeit entgegen. Levi strampelt in der Babytrage dazu mit seinen Füßen gegen meinen Bauch.

Wir nehmen die klapprige grüne Gondel, die uns in siebzehn Minuten die 150 Höhenmeter zum Startpunkt auf die Mauer ruckelt. Der Guide, der uns unbedingt begleiten will, ist gegen Zahlung von 100 Yuan schnell abgewimmelt. Die wenigen Menschen, mit denen wir Jinshanling heute teilen, sind nach dem ersten steilen Aufstieg von 200 Stufen auch verschwunden. So haben wir bei unserer ersten Pause nach neunzig Minuten diesen Wahnsinn aus grauem Stein für uns allein.

Wir sitzen auf einem abschüssigen Stück unrenovierter Mauer. Vor uns verliert sich eine dominante Steinschlange in der Unendlichkeit. Das helle Grau der Steine, das blasse Dunkelgrün der darunter rauschenden Baumkronen und der sandfarbene Untergrund vermischen sich mit dem Graublau der Luft zu einer Zeitmaschine, die uns in das China des 12. bis 15. Jahrhunderts zurückversetzt.

Was lässt einen Menschen ein derart kühnes Bauwerk in Auftrag geben? Wie viele Menschen waren wohl an dem Bau beteiligt? Und wie viele Soldaten haben auf diesen kopfsteinpflastrigen Böden patrouilliert? Und haben die Vorgängerinnen der fliegenden Händlerinnen, die heute in fast jedem Turm sitzen und Kaffee, Cola und Wasser anbieten, damals schon die Soldaten versorgt?

Je weiter wir laufen, desto verwitterter und ursprünglicher wirkt die Mauer. Waren in Jinshanling die Stufen noch gerade gemauert und die seitlichen Mauerbegrenzungen absturzsicher hoch, entwickelt sich unsere Wanderung mehr und mehr zur aufregenden Kletterpartie. Die seitlichen Begrenzungen fehlen meist komplett, was insbesondere bei den steil ansteigenden und abfallenden Passagen neben der körperlichen Anstrengung emotional extrem herausfordernd ist. Denn: Dahinter wartet ein zehn bis 15 Meter tiefer gähnender Abgrund. Der Boden ist buckelig wie eine Wiese in Maulwurfcountry.

Während in Jinshanling vermutlich kein historischer Stein mehr in der Mauer verbaut ist, spüren wir mit jedem gewanderten Meter Richtung Simatai die Geschichte aus den Poren der mehr und mehr echten Steine dringen.

Levi knabbert Melone und genießt seinen Glückstag. In den zahlreichen Pausen, die wir einlegen, kann er sein Lieblingshobby perfektionieren: Treppenkrabbeln. Er krabbelt die Mauer wieder hoch, die wir gerade heruntergestiegen sind, und macht sich an einer Schießscharte zu schaffen. Als er müde wird, stopfe ich ihn in die Babytrage, um mit meinem ruhig vor sich hin schnarchenden Baby die wenigen weiteren Millionen Treppenstufen hinauf- und hinabzusteigen.

Immer wieder müssen wir uns hinsetzen. Vor Erschöpfung. Und vor Glück. Die bröckeligen alten Steine verströmen eine enorme Kraft. Und einen klaren Machtanspruch. Selbst heute noch. Die schiere Unendlichkeit suggeriert ein übermenschliches Reich dahinter. Unmissverständlich.

Wie gigantisch muss das Bauwerk damals erst gewirkt haben?

Ein chinesischer Mann wird erst durch den Besuch der Mauer zum richtigen Mann, hat Mao proklamiert. Heute noch erfüllen Millionen Chinesen täglich ihre maskuline Pflicht. Meistens in der Gegend um Badaling. Zum Glück nicht hier. Ob Mao ein Hase war?

Uns schüchtert die Mauer nicht ein. Wir kommen ja nicht in kriegerischer Absicht. Die wahnwitzige Idee, die jede eckige Bergkuppe uns entgegenstrahlt, gepaart mit unserer körperlichen Anstrengung und der Euphorie, dieses Wunder für uns allein zu haben, ballen sich wie Kumuluswolken zu einer Intensität des Momentes zusammen, die fast nicht zu ertragen ist. Also bleiben wir immer öfter stehen, strahlen, tanzen, singen und schreien. Hier würde ich gerne bleiben. Zelten. Mehrere Tage wandern.

Zwei Schilder mit der Aufschrift *Campsite* füttern dieses Verlangen. Wie weit wir absteigen müssten, sehen wir nicht.

Ohne Levi würden wir das machen. Mit Levi traue ich mich das nicht. So ganz allein. Denn morgen fliegt Markus nach Hause.

Gerade als wir die Absperrung kurz vor Simatai überklettert haben, begegnen wir einer zehnköpfigen Gruppe junger Chinesen. Sie umjubeln Levi und seine zwei schweißnassen Lastenträger, als hätten wir gerade den Mount Everest bezwungen. So fühle ich mich auch. Mindestens. Aber woher wissen die das?

»Wie ist es hinter der Absperrung?«, fragt mich einer der Gruppe.

»Steil, alte Steine. Wunderschön!«, lache ich zurück.

»Warum habt ihr das gemacht, mit Baby?«, fragt eine andere Chinesin.

»Wir laufen gerne. Beim Laufen ist alles viel intensiver.«

»Aha?«

»Ist das nicht gefährlich mit Baby?«, fragt ein Dritter nach einer Pause und schiebt: »Wie gefällt euch Peking?« hinterher.

»Hat sich Peking seit der Olympiade verändert?«, frage ich zurück, und so sitzen wir eine Weile im Kreis. Die Chinesen überschlagen sich vor Begeisterung über unser blondes Baby und machen Fotos. Wir machen unsererseits Fotos davon, wie die Chinesen sich in unterschiedlichen Posen fotografieren. Meist hüpfend mit hochgerissenen Armen und »Yeah!« schreiend. Wir lachen zusammen und genießen das unwirkliche Gemeinschaftsgefühl, das dabei entsteht. Nicht greifbar, aber unerwartet intim.

Erschöpft und aufgeputscht zugleich feiern wir abends in Peking im japanischen Restaurant *Bei* bei Sushi und Weißwein den Tag. Levi hat schon aufgegeben und schläft im Kinderwagen neben unserem Tisch. Mein Kopf ist leer und voll zugleich. Auf eine angenehm anregende Art.

»Manchmal beneide ich mich schon selbst um mein Leben!«, sagt Markus und ergänzt: »Mit dir.«

Was suchen wir eigentlich noch?

Es ist zehn Uhr. Der Flieger geht um 13.20 Uhr. Levi schläft. Markus' Tasche ist gepackt. Wir haben seit Tagen das erste Mal wieder in unserem Zimmer gefrühstückt. Die Welt und mit ihr die Zeit soll bloß noch draußen bleiben.

»Es wäre schön, zu dritt weiterzureisen!«, sage ich. Markus schaut mich traurig und lachend zugleich an. Wir wissen beide, dass das nicht geht. Seine Pläne lassen das nicht zu. Und meine auch nicht.

Aber diejenige, die das Projekt steuert, kann die Regeln doch ändern? Mann, warum müssen gute Ideen so wehtun?

Mit feuchten Augen stehe ich in der geöffneten Hotelzimmertür, als der Lift klingelt, Markus darin verschwindet und der Mann aus dem Nebenzimmer mich mitleidig anschaut. Als die Tür klickend ins Schloss fällt, wacht Levi auf. Ich hebe ihn aus dem Bett und laufe auf den Balkon, um Markus gerade noch im Taxi verschwinden zu sehen. Auch Levi macht eine lange Nase, als das Taxi hinter der baumumrankten Straße verschwindet. Es ist 11.15 Uhr, und die Wahrscheinlichkeit, dass Markus in zwei Stunden wieder an unsere Tür klopft, ist gar nicht so gering.

Planlos sitzen wir zwei Übriggebliebenen auf dem Bett.

»Ob wir nur noch zu dritt verreisen sollten?«, frage ich Levi. Wenn es mir schon so schwerfällt, was geht dann wohl in meinem Sohn vor? Er weiß nicht, warum Markus weg ist und wann er wiederkommt. Ob er ihn jemals wieder sehen wird. Er weiß nur, dass er ihn in der Gegenwart vermisst. So wie ich. Komisch ist, dass der Abschied in Sankt Petersburg viel leichter fiel. Liegt das vielleicht daran, dass ich unserem Ziel näher gekommen bin? Dass Markus nun dazugehört, um zu testen, ob es trägt? Was auch immer es ist?

»Was suchen wir hier eigentlich noch?«, frage ich mich leise. Und: Wenn wir überhaupt noch was suchen, können wir es in Peking finden?

Ich will nach Hause!

Irkutsk fällt mir ein: Im Falle akuter Traurigkeit helfen zwei Dinge: Musik und Tanzen. Also stelle ich die Lautsprecher meines Laptops auf volle Lautstärke und spiele unsere Lieblingsstücke. Funktioniert nur zum Teil.

Als gegen 13 Uhr der Anruf kommt, dass Markus den Flieger erwischt, greife ich zu Plan B: Shoppen! Ich setze Levi auf meine Hüfte und betrete den Replica Market. Wie verletzte Tiger ziehen wir unruhige Kreise in dem vierstöckigen übervollen Gebäude, bis eine junge Chinesin uns überzeugt, an ihrem Taschenstand stehen zu bleiben. Sie hat gute Argumente: Sie spricht perfekt Deutsch. Und sie versteht es, Levi um den Finger zu wickeln.

»Oh, du bist ja ein süßer kleiner Mann«, säuselt sie, und Levis Augen leuchten. Mensch, Levi, die will doch nur dein Geld! Beziehungsweise meins. Aber Levi ist Feuer und Flamme.

»Wie alt bist du denn?«, fragt sie akzentfrei. Sie hat Deutsch an einer Sprachenschule in Peking gelernt und interessiert sich für fremde Länder, beantwortet sie meine bewundernden Fragen. Levi zupft unterdessen an zwei der drei Taschen herum, die sie ihm vor die Nase hält. Wenn es nach ihm ginge, würden wir beide nehmen. Leider gefällt mir außer der Verkäuferin wirklich gar nichts an diesem Stand, und so verabschieden wir uns freundlich und schlendern weiter.

Als ich Levis Mütze zurechtzupfe – die Klimaanlagen sind heute besonders kalt eingestellt –, höre ich ein in perfektem Französisch geführtes Verkaufsgespräch. Und die Stimme kommt mir bekannt vor. Ungläubig drehe ich mich um und sehe unsere Verkäuferin, wie sie schelmisch lächelnd mit einem französischen Paar verhandelt. Jetzt bin auch ich von dieser jungen Frau restlos begeistert. Nicht nur, weil mir in Peking bisher wenig Menschen begegnet sind, die annähernd so gut Englisch sprechen wie diese Frau Deutsch und Französisch. Und Englisch spricht sie sicher auch, da bin ich mir sicher. Aber darüber hinaus arbeitet sie hier in diesem Markt. Und isst sicher nicht auf unserer Hotelterrasse zu Mittag. Gar nichts an dieser Frau deutet auf eine hilfreiche Herkunft hin.

Eine junge selbstbewusste Selfmadefrau. Sie macht ihr Ding. Und lässt sich von kleinen Niederlagen nicht entmutigen. Wow.

Meine emotionale Phase muss die Verkäuferin des Standes, vor dem mir diese Gedanken durch den Kopf sausen, bemerkt haben. Mit herzlich getarnter Brutalität manövriert sie uns in ihr Produktparadies aus gefälschten Pradas, Chanels und Chloés. Da ich mich immer noch wie ein angeschossenes Reh fühle, verpasse ich die letzte Möglichkeit zum Absprung. Halbherzig begutachte ich einige Taschen. Eine gefiele mir im Original tatsächlich, und das bemerkt die gerissene Verkäuferin. Was ich zahlen wolle, fragt sie auf Zeichensprachlerisch.

»Nichts«, antworte ich. »Ich will die Tasche nicht.«

Als Antwort tippt sie einen Preis in den Taschenrechner: 1280 Yuan, umgerechnet etwa 100 Euro. Ich lache. Und will gehen. Sie hält mich fest. Ich stutze. Sie hält mich wirklich physisch fest. Diese 150 Zentimeter kleine Person versperrt mir den Weg und hält mir fast drohend den Taschenrechner unter die Nase. Ich soll was eintippen. Will ich aber nicht. Ich will gehen. Sie lässt nicht locker. Ich bin perplex, und sie schimpfjammert die Verkäuferinnen der Nebenstände zusammen. Lachend tippe ich, ohne nachzudenken, 300 Yuan ein. Sie schimpft und hüpft wie Rumpelstilzchen. Ich will gehen, sie hält Levi fest. Ich habe keine Lust, die Situation eskalieren zu lassen. Körperliche Gewalt anwenden will ich schon gar nicht. Also versuche ich erneut, zu signalisieren, dass ich wirklich kein Interesse an der Tasche habe, weil wir bald weiterreisen und da zu viele Taschen einfach nicht praktisch sind. Daraufhin packt die Dame die Tasche ein und will die 300 Yuan. Als Verkaufsargument krallen sich ihre beiden Hände um meinen rechten Unterarm. Ich zahle, ihr Griff löst sich, und Levi und ich dürfen passieren.

Wir setzen uns vor das Wasserspiel zwischen Niketown, Porsche Showroom und Apple Store und beobachten, wie chinesische Kinder versuchen, durch die Fontänen hindurchzulaufen, ohne nass zu werden. Beziehungsweise versuchen, möglichst nass zu werden und dabei ihren Eltern die gegenteilige Intention zu suggerieren. Dumm stellen, damit die Eltern nicht schimpfen. Levi lacht und scheint zufrieden. Ich kaufe noch ein Oberteil in einem regulären Geschäft. Statt 2000 Yuan wird mir das Kleidungsstück ohne Verhandlungsversuch meinerseits für 800 angeboten. Verstehe einer die Verkaufsstrategien der Chinesen! Danach essen wir in einer der Nudelbuden gegenüber dem Hotel und fallen wenig später wie betäubt ins Bett.

Um 24 Uhr klingelt das Telefon.

»Ich bin gelandet«, höre ich Markus' Stimme.

»Warst du wirklich heute Mittag noch hier?«, frage ich in die Dunkelheit.

Auf der Flucht gestoppt

»Fahrt ins *Commune by the Great Wall*«, schlägt Frederic vor. Seine Augen leuchten dazu. »Da fahre ich mit meiner Familie hin, wenn uns die Stadt oder etwas anderes zu viel wird.« Frederic hatte sich zu uns an den Tisch gesetzt und mit den Worten »Ich habe eine Tochter im selben Alter« vorgestellt. Frederic ist Schwede und Unternehmensberater. Seit einigen Jahren lebt er in Peking. Er ist mit einer Chinesin verheiratet und hat eine blonde Tochter mit asiatischen Gesichtszügen. Zum Verlieben. Die Tochter. Dass Frederic so wichtig für unsere Familienmission wird, ahne ich nicht im Entferntesten, als er breit grinsend fragt, ob er mir ein paar Sehenswürdigkeiten in Peking empfehlen kann.

»Nein, es geht uns nicht um die nächste Sehenswürdigkeit in Peking«, hatte ich kurz zuvor mein Hantieren zwischen Reiseführer, iPhone und Levi im Auge behalten erklärt. »Es geht um das Gegenteil. Wir müssen weg aus Peking. Schnell. Möglichst heute noch.« Ich gebe Frederic einen kurzen Überblick über unsere Reise und unsere Mission.

Ich erfahre, dass er in einem Compound für Expatriates lebt. Mit Chauffeur, Putzfrau und Mauer drum herum. Die Eltern seiner Frau leben mit vier weiteren Familienmitgliedern auf 15 Quadratmetern. Das sei guter chinesischer Durchschnitt in Peking. Er erzählt, dass er natürlich weiß, dass die Heirat mit einem Europäer für Chinesinnen Wohlstand bedeute – aber auch bei chinesischen Eheschließungen würden die Frauen vor der Hochzeit schnurren wie die Kätzchen und danach die Krallen ausfahren wie ein Tiger. Viele weibliche Expatriates, die mit ihren Männern nach China kämen, würden keine Arbeitserlaubnis bekommen und sich so um Haus und Kinder und das soziale Leben kümmern. Die Chinesinnen hingegen würden in den Städten zu 90 Prozent arbeiten. Seit Mao den Frauen den halben Himmel versprach, ist Vereinbarkeit zwischen Familie und Beruf ein permanentes Thema in China. Aktuell sei eine weitere Diskussion im Gange: der Egoismus, insbesondere der Frauen. Frauen sollen wieder mehr auch an andere denken, sei die Botschaft.

»Wozu führt das? Beziehungsweise was ist der Hintergrund dieser Diskussion?«, frage ich.

»Es führt dazu, dass Frauen sich entscheiden. Zwischen Arbeit oder Familienleben. Und den möglichen Mischformen. In den stark planwirtschaftlich geprägten Zeiten hat man halt gemacht, was von einem erwartet wurde. Halber Himmel? Okay, dann arbeite ich voll dafür und kümmere mich selbstverständlich zusätzlich um die Familie. Jetzt entscheiden sich mehr und mehr Frauen dafür, halbtags zu arbeiten oder sich längere Zeit ausschließlich um das Kind zu kümmern.« Hintergrund sei ein demografisches und ein soziales Problem Chinas: Aufgrund der Einkindpolitik gebe es zu viele Männer. Und die Männer, die es gebe, seien oft von ihren Müttern verhätschelt und verweichlicht worden und hätten keine hinreichenden sozialen Fähigkeiten. Was in den Firmen der wachsenden Wirtschaftsmacht China mehr und mehr zu Problemen führe. Die Politik überlege sich gerade zur Zweikinderpolitik überzugehen. Und der lange propagierte Egoismus, insbesondere der Frauen, stehe dem erwarteten Erfolg im Wege.

Nach unserem Gespräch über die Lebensumstände in Peking fragt Frederic, was ich zu Hause so mache. »Reiseveranstalter, Buchhandel und Agentur für Innovation?«, wiederholt er fasziniert. »Dann habe ich noch eine Idee! Bleib doch heute noch in Peking, dann bringt dich morgen mein Fahrer ins *Commune*!« Seine Augen lachen verschwörerisch.

»Worum geht's?«, frage ich mit einem Kribbeln im Bauch. Der Tag scheint besser zu verlaufen als gedacht.

Frederic meint, dass die Menschen und Organisationen in Europa oder Amerika wesentlich langsamer, bequemer und schwerfälliger denken und arbeiten als hier in China. Er schwärmt geradezu von der Flexibilität der Chinesen und der chinesischen Organisationsfähigkeit. Natürlich mische die Politik als unberechenbarer Faktor mit und verlangsame manchmal willkürlich Entwicklungen. Aber unterm Strich sei die Arbeitsweise hier enorm. »Das Einzige, was fehlt«, sagt er und schaut dazu betrübt, »ist Kreativität. Chinesische Kreativität basiert auf zwei Eckpfeilern: Industriespionage und dem Einkauf westlicher Experten. Die Karrierechancen für kreative Westler in China sind derzeit undenkbar groß.«

Ob er mich anwerben will?

»Ich habe ein multikulturelles Team für einen meiner Kunden zusammengestellt – Westler und Chinesen. Ziel ist es, die interkulturellen Unterschiede im Denken und Handeln kreativ zu nutzen. Ich will die Kreativität *inhouse* aufbauen und nicht extern einkaufen müssen. Ich denke, dass eine kontinuierliche Vermischung von chinesischer Flexibilität und Prozesskompetenz mit westlicher Kreativität sehr erfolgreich sein kann!«

»Klappt das schon?«, frage ich.

»Bisher nicht so gut!«, sagt Frederic und lacht. »Statt die chinesischen Mitarbeiter zu inspirieren, orientieren sich die europäischen Mitarbeiter mehr und mehr an den chinesischen Arbeitsgepflogenheiten.« Er denkt kurz nach, fixiert mich dann und sagt: »Komm doch bitte in zwei Stunden zu einem Meeting des Teams und berichte von deiner Reise. Von deiner Idee, dass der Bruch mit dem Gewohnten durch das Reisen und die Begegnungen mit anderskulturellen Menschen neue Gedanken oft erst möglich machen. Dass das Eintauchen in anderskulturelle Verhaltensweisen nicht nur für die Reise relevant ist, sondern dein Leben zu Hause verändert. Dass das Wissen um eine unterschiedliche Sicht auf dasselbe Objekt dabei helfen kann, eingefahrene Denkmuster loszulassen. Raum für neue Ideen jenseits von Variationen des schon Bekannten schafft. Die Relativität der eigenen Perspektive, des eigenen Wissens. So in die Richtung. Am besten anhand von Beispielen. Wenn mein Team einen Menschen sieht, der so konsequent wie du – sogar mit Baby – diese Philosophie lebt, vielleicht bewegt sich dann was?«

»Wie viele Frauen sind in deinem Team?«, frage ich.

»Keine, wieso?«

»Eine Bedingung!«, sage ich.

»Du machst es? Super!«

»Ich bringe Levi mit, und wenn er Betreuung braucht, hilfst du mir!«

»Abgemacht. In zwei Stunden steht mein Fahrer vor dem Hotel!«

Auf der einen Seite ist es ein Hotel, auf der anderen Seite eine Kunstausstellung, weiß das Internet. Denn auf dem Gelände des *Commune by the Great Wall* stehen Werke von zwölf zeitgenössischen chinesischen Architekten. Die Villen mit Namen Kofferhaus, Flughafen, Die Zwillinge oder Waldhaus wurden 2002 bei der Biennale in Venedig ausgestellt und preisgekrönt. Heute kann man sie einfach nur anschauen oder gleich darin übernachten. Vom Hotel führt ein Privatweg zur Chinesischen Mauer.

Kunst zum Darinleben, denke ich. Klingt perfekt. Mein telefonischer Buchungsversuch scheitert an fehlenden Englischkenntnissen auf der anderen Seite der Leitung beziehungsweise an den nicht vorhandenen Kenntnissen des Chinesischen auf meiner. Also überlasse ich das den freundlichen Mitarbeitern des *Opposite House* und halte zehn Minuten später einen Ausdruck der Bestätigungs-E-Mail in meiner Hand. Dann hüpfe ich vor Levis Mittagsschlaf noch auf ein paar Minuten in den Replica Market, um mir ein adäquates Businessoutfit zusammenzustellen: Für 50 Dollar gibt es ein Kleid von Prada und hohe Schuhe von Miu Miu. Die passende Tasche habe ich glücklicherweise ja gestern schon erstanden.

»Ich mache diese Reise, weil ich auf der Suche bin«, beginne ich. »Auf der Suche nach einer Idee.«

Meine chinesischen Zuhörer sitzen steif mit den Händen auf dem Tisch und für mich nicht lesbarem Gesichtsausdruck vor mir, während die zu den westlichen Ohren gehörenden Körper sich extrem lässig nach hinten lehnen und einen Hauch zu süffisant lächeln. Diesen Typus kenne ich. Junge Berater, die meinen, sie wüssten schon alles. Von diesem Gefühl bin ich gerade meilenweit entfernt. Neben Frederic, Levi und mir sind noch 25 weitere Menschen im Raum.

»So mache ich es immer«, fahre ich fort. »Ich bin beispielsweise nach Bhutan gereist, um mich mit einer neuen Geschäftsidee auseinanderzusetzen.«

»Hatte die Geschäftsidee was mit Bhutan zu tun?«, fragt einer der Chinesen.

»Natürlich nicht!«, gebe ich zurück.

Der Chinese schaut enttäuscht.

In den kommenden dreißig Minuten berichte ich von unserer Mission. Ich erzähle von Juri und von der Kraft, die Reisen unseren Träumen geben kann. Ich erwecke Alicer in Peking zum Leben und spreche über die Relativität des eigenen Wissens. Ich skizziere meine Versuche, mir vorzustellen, wie Levi wohl unsere Reise erlebt, und die befreiende Wirkung für den eigenen Kopf, wenn man Glaubenssätze loslässt und wie ein Kind in die Welt zu blicken versucht. Ohne gedankliche Barrieren. Aber mit ganz viel Neugier und einem ausgeprägten Bauchgefühl. Egal, ob es sich um das private oder berufliche Leben handle.

Der Großteil der westlichen Zuhörerschaft blickt neugierig auf die chinesischen Kollegen. Zwischen fünf westlichen Zuhörern, zwei Chinesen, Frederic und mir kommt eine Diskussion in Gang, die über eine Stunde dauert. Dann sitze ich Frederic im firmeneigenen Restaurant gegenüber.

»Die zwei Chinesen, die mitdiskutiert haben, haben in Amerika studiert«, sagt Frederic. »Mit öffentlichen Diskussionen tun Chinesen sich schwer. Das Denken ist hier stark hierarchisch geprägt.«

»Ich kann schon verstehen, dass es vordergründig einfacher ist, im Strom mitzuschwimmen. Insbesondere wenn der Strom so gewaltig ist wie in China«, gebe ich zurück. »Meine Erfahrung ist, dass der Mensch sich immer erst einmal selbst optimiert, bevor er an die Firma denkt. Ich halte es für wichtig, die Ziele der Mitarbeiter zu verstehen und sie mit deinen Zielen für die Firma zu verknüpfen.« Wir unterhalten uns bis weit in die Abenddämmerung hinein, essen mit Levi zu Abend und verabschieden uns wie zwei Menschen, die irgendetwas Subversives in Gang gesetzt haben.

Im Hotelzimmer laufe ich hin und her und komme einfach nicht zur Ruhe. Levi schläft. Und ich merke, dass ich nervös war. Nervös vor meinem Vortrag. Der ja eigentlich schon vorbei ist. De facto. Nicht in meinem Kopf. Immer und immer wieder sehe ich den Raum, die Menschen, mich, Levi, wie er neugierig zwischen der Menge herumkrabbelt und von Frederic bespaßt wird. Die Fahrt in das Firmengebäude war nicht so lang. Der Turm beeindruckend hoch, das Ambiente gediegen. Ich habe keine wirkliche Ahnung, wen ich da eigentlich vor mir hatte. Ob ich wohl was bewegen konnte?

Irgendwann stehe ich mit Zahnbürste vor dem Spiegel und sehe zwei Augen. Und wie sie leuchten.

Die meisten meiner nachmittäglichen Zuhörer halten mich bestimmt für eine Spinnerin. Für eine Verrückte, die mit ihrem Baby durch die Gegend reist, um ihren Gedanken nachzuhängen. Und die jetzt auch noch versucht, ihren komischen Lebensstil als Kreativitätstechnik an einen Konzern zu verkaufen.

Und mir hat das richtig Spaß gemacht. Ich habe mich sehr wohl gefühlt in meiner Rolle heute Nachmittag. Mal abgesehen von den falschen Miu Mius, denn die drücken gewaltig.

Mir war klar, dass ich anders denke und lebe als mein Publikum. Und dass Andersartigkeit bei den meisten Menschen zunächst Ablehnung hervorruft. Dass ich vermutlich keine Standing Ovations bekommen würde. Und dass viel erreicht ist, wenn ich nur ein paar der Zuhörer zum Nachdenken bringe. Aber ich habe es probiert. Ich habe mit Leidenschaft über meine Überzeugung gesprochen.

Ich kontrolliere die Temperatur auf der Stirn meines Sohnes. Alles ist gut.

Noch im Bett denke ich an Frederic und seine Kreativitätsmission: Wie sollen aus Kindern, die im Kindergarten, in der Schule und von ihren Eltern gut organisiert und kontrolliert werden, auf Knopfdruck ab einem gewissen Alter kreative, unabhängige Persönlichkeiten werden? In China erwartet das vielleicht niemand, aber in Europa? In Deutschland? Wo die Kreativität, die Innovationsfähigkeit der Menschen als der einzige international relevante Wettbewerbsfaktor gehandelt wird. Durch nichts anderes können wir uns vom Rest der Welt unterscheiden. Vor dem Rest der Welt bestehen.

Auf unserer Reise fordert Levi jeden Tag meine Kreativität. Und meine Bereitschaft, einmal gefasste Pläne ganz schnell wieder zu vergessen. Kein Tag endet so wie ge-

plant. Meistens mache ich gar keine Pläne mehr und genieße, was auf uns zukommt.

Müssten nicht alle Bewohner eines Landes, dessen
Stärke die Innovationskraft und Kreativität der Menschen
sein soll, mehr so leben? Müssten nicht all diese Menschen einen Bogen um Routine machen? Müssten nicht
all diese Menschen viel mehr leben wie Kinder, wenn sie
ihrer Natur folgen dürfen: alles hinterfragen, vieles ausprobieren, auch das, was Dreck macht? Und Lärm. Nichts
für gegeben nehmen? Pläne über Bord werfen, weil das
Ungeplante am Straßenrand, kurz bevor man ins Auto
verladen werden soll, viel spannender scheint? Und müssten Politik, Unternehmen und Mitmenschen nicht ein
derartiges Verhalten unterstützen? Und müssten Kinder
in einem derartigen Land nicht wertgeschätzt werden?
Und die Menschen, die Kinder bekommen?

Zeigen die kinder- und familienfeindlichen Tendenzen
in Deutschland, beispielsweise die Arbeitszeitmodelle, die
mit einem Familienleben nicht vereinbar sind, Unter-
nehmenskulturen, in denen Kinder als Karrierekiller gelten, oder Kitas, die um neun Uhr die Tür verschließen
und Kindern den Zugang verwehren, die beim Frühstück
gerne mal zehn Minuten länger die Konsistenz des Müslis
untersuchen – zeigen sie denn nicht, dass wir es nicht ernst
meinen mit unserer einzigen internationalen Chance?

Zerstören wir nicht mit dem Anspruch, unser Leben
mit Kindern perfekt organisieren zu wollen und zu müssen, unsere Zukunftschancen? Die unseres Landes? Ent-
larven wir mit dem Ausspruch, Kind und Karriere irgendwie unter einen Hut bekommen zu müssen, nicht eine
gesellschaftliche Unfähigkeit, kreativ und innovativ zu leben? Oder eine Angst davor, frei zu sein? Eine Angst vor
der Planabweichung? Wer auch immer diese Pläne für
mich gefasst hat.

Und warum wird die Kindererziehung in Deutschland eigentlich so einseitig in die organisierte Richtung ideologisiert? Warum haben gerade bei uns klassische Familienklischees so eine starke Beharrungstendenz?

Und wenn dem so ist, wie kann es mir, uns, trotzdem gelingen, in unserer Familie, der kleinsten politischen Einheit, andere Glaubenssätze zu leben?

Und: Gibt es eigentlich Eltern, Menschen, die das auch so sehen? Die sich bevormundet fühlen von überkommenen Unternehmensstrukturen und einem altmodischen familienpolitischen System? Von Kindergärten und Schulen, deren Konzept hundert Jahre alt ist und den heutigen Anforderungen an ein glückliches Leben nicht gerecht werden kann. Es sind nicht die Kinder, die Stress bedeuten, die dazu zwingen, ein lieb gewonnenes Leben aufzugeben, sondern die Rahmenbedingungen, in denen ich mit Kindern leben muss. Muss?

Die Umstände sind doch immer gestaltbar?

Ich muss nur die Kraft und Stärke aufbringen, mir meinen individuellen Lebensstil mit Kind zu überlegen. Die Eckpfeiler zu definieren. Und dann konsequent an die Umsetzung gehen.

Commune

Um acht Uhr morgens schließt Frederics Fahrer die Autotür hinter uns. Der Dunst in Peking ist mittlerweile unerträglich. Levi hustet sich morgens wach, und ich würde gerne mal wieder die Sonne sehen. Gegen zehn Uhr fahren wir durch einen hügeligen Märchenwald. Ich öffne das Fenster. Die Luft ist klar, die Sonne glitzert verschwörerisch durch im Wind rauschende Blätter. Zwischen dem mächtigen Grün blitzen als schüchternes Empfangskomitee mal rote, mal bambusbraune und mal weiße Gebäude auf. Auf den ersten Blick genau das, was ich brauche.

Als ich mit dem schwarz gekleideten Chinesen in dem mir zugedachten Zimmer ankomme, ist es mit der Euphorie vorbei. Wir stehen in einem schlicht-spartanisch grau gekachelten Zimmer mit scharfkantig abgebrochenem Badmobiliar. Das Ganze befindet sich in einem rechteckigen Wohnblock, in dem neben einigen wenigen Zimmern vor allem Seminarräume angesiedelt sind. Zur Begrüßung winken uns leer getrunkene Kaffeetassen, zerfledderte Kanapees und angebissenes Obst in der Eingangshalle entgegen: typische Tagungsatmosphäre. So ziemlich das Letzte, wonach ich mich gerade sehne.

Da der schwarz gekleidete Herr meine Worte zwar nicht versteht, aber merkt, dass ich nicht vorhabe, mich hier niederzulassen, laufen wir zurück zur Rezeption, um die Optionen zu klären.

Es gibt kaum welche. Die Bambushäuser, das architektonische Highlight, sind alle wegen Renovierungsarbeiten geschlossen. Gleiches gilt für fast alle der roten vogelhausähnlichen Cantilever-Häuser. Bis auf zwei. In einem wohnen die ausschließlich männlichen Teilnehmer eines Firmenevents. In dem anderen vier chinesische Familien. In beiden Häusern sei jeweils noch ein Zimmer frei. Ansonsten gebe es noch ein Zimmer in einem Forest House. Das liegt neben dem Kindergarten, der leider erst in ein paar Tagen öffnet. In dem Haus wäre ich komplett allein. Mit Levi.

Hmmmmm.

Das Prinzip ist also Housesharing. In jedem Haus gibt es zwischen vier und zehn Zimmer mit separatem Bad. Wohnzimmer, Küche und Terrassen werden geteilt.

Klingt eigentlich ganz spannend, denke ich, während ich in meinem Hinterkopf die Vor- und Nachteile von dauerbetrunkenen, aber sicher fröhlichen Geschäftsleuten gegen vier Familien mit drei Teenagerkindern abwäge. Leider ohne eindeutiges Ergebnis.

Also Zeit gewinnen. Ich sage dem Rezeptionisten, dass ich gerne die beiden Zimmer sehen würde, und er antwortet erwartungsgemäß, dass die Zimmer und Häuser sich stark ähneln. Ich stelle mich doof, und so machen wir unseren zweiten Spaziergang durch zauberhaften Märchenwald und vorbei an preisgekrönter chinesischer Architektur.

Vor einem der roten Betonvogelhäuser bleiben wir stehen. Sofort fühle ich mich wie in einen James-Bond-Film der späten Sechziger- oder frühen Siebzigerjahre hineinversetzt: riesiger offener Wohnbereich mit meterhohem Luftraum, über dem Nichts schwebenden Dachterrassen, komplett verglaste Fronten eingeklemmt zwischen Betonboden- und decken. Eingerichtet in gedeckten Pastelltönen im *eco-bohemian chic*. Jeden Moment könnte Sean Connery um die Ecke geschlendert kommen und um einen Wodka Martini bitten. Statt Oliven liegen Verpackungen von Nudelfertiggerichten und ziemlich viele Paar Schuhe herum. Witzig, dass das moderne chinesische Architektur aus dem Jahre 2002 ist. Ich hätte etwas Hightech-Futuristischeres erwartet. Asiatisch wirkt hier in meinen Augen gar nichts. Auch nicht auf eine irgendwie verfremdete Art. Natur und Wohnraum verschmelzen zu einer beeindruckenden Gemütlichkeit. In Südfrankreich oder im bergigen Hinterland von Los Angeles würde ich diese Architektursiedlung eher verorten. Zumindest den Teil, den ich bisher sehen konnte.

Ich entscheide mich für James Bond gepaart mit chinesischem Familienleben.

Beim ersten Mal konnte ich noch vorbeigehen. Mit ver-
langsamtem Schritt und verrenktem Hals. Beim zweiten
Mal verführt es mich. Als ich zum zweiten Mal auf dieses Luftschloss aus goldschimmerndem Bambus zulaufe,
kann ich einfach nicht anders: Ich steige mit Levi in der
Babytrage über den verriegelten Bambuszaun des wegen
Renovierungsarbeiten geschlossenen Hauses und setze
mich auf die mit weißen Kieseln gefasste Terrasse. Böden,
Decken, Wände, alles ist aus mal enger, mal weiter voneinander entfernt aufgereihten Bambusstämmen. Levi ist
begeistert und testet, durch welche Zwischenräume er
seinen kleinen Körper hindurchquetschen kann und
wo er stecken bleibt. Die Möbel im Inneren sind mit weißen Tüchern verdeckt. Ich hole ein Babyglas, Wasser und
einen Apfel aus meinem Rucksack, bereite uns auf dem
Glasterrassentisch ein kleines Picknick und fühle mich
wie auf einem anderen Planeten. Das Schattenspiel aus
Wolken, Blättern und Bambus entspannt und unterhält.
Immer mal wieder laufen Hotelangestellte vorbei, tu-
scheln und zeigen mit ausgestrecktem Arm in unsere
Richtung, aber niemand spricht uns an oder macht
sonstige Anstalten, uns aus dieser temporär geschlossenen
Architekturausstellung hinauszuwerfen. Also lehne ich
mich zurück, genieße das Funkeln des Lichtes in meinem
Gesicht und das ruhige Atmen meines mittagsschlafen-
den Sohnes.

Es ist schon dunkel, als Levi und ich zurück zu unserem
James-Bond-Haus kommen. In meinen Händen trage ich
zwei große braune Papiertüten voller dampfender Köstlichkeiten aus dem chinesischen Restaurant des *Commune*.

»*Take away not possible*«, hatte mir der Kellner des Restaurants bedauernd mitgeteilt. Meine freundlich vorgetragene Erklärung, dass Levi zu müde sei, um im Restaurant zu essen, und ich leider hungrig, konterte er mit einem Achselzucken. Ich erinnerte mich an die Tütennudeln in unserer James-Bond-Küche und dass ich wohl besser das Kleingedruckte auf der Homepage des *Commune* gelesen hätte: *Housesharing* und *Selfcatering*. Mit dem Vorsatz, mich bei meinen chinesischen Mitbewohnern zum Abendessen einzuladen, trottete ich mit Levi gen Ausgang des schicken Restaurants.

»*Miss Julia*«, hörte ich eine zarte, aber bestimmte Stimme hinter mir. Eine junge Kellnerin fragte besorgt, warum wir nicht zu Abend essen wollten. »*What do you want for dinner?*«, fragte sie.

Da Dumplings das Einzige waren, an das ich mich erinnern konnte, sagte ich: »*Dumplings!*«

»*Which ones?*«

»*I try all of them!*« In meiner Erinnerung gab es drei verschiedene Arten von gefüllten Dumplings auf der Karte.

Diese Erinnerung war falsch. Wenig später stand die Kellnerin mit den zwei schweren warm duftenden Tüten vor mir und wünschte uns einen schönen Abend. Irgendwie sind es immer die Frauen, die uns helfen. Überall auf der Welt scheint es Frauen zu geben, die nur darauf warten, reisenden Frauen zur Seite zu stehen. Reisenden Frauen mit Baby. Und in dem Moment beschloss ich, auch zu einer derartigen Frau zu werden: Natürlich helfe ich generell, aber ich werde speziell nach reisenden Frauen in meinen bekannten Bahnen Ausschau halten. Ich muss an die etwas dickliche Dame im Blümchenkleid und mit armenischen Gesichtszügen denken, die kurz vor meiner Abreise verloren mit zwei kleinen Mädchen an einer Straßenecke im Münchner Glockenbachviertel stand. Sie kam auf mich zu und hielt mir einen Zettel unter die Nase. Mein erster Impuls war: Die will betteln und benutzt ihre Kinder dafür. Schnell weg. Doch dann blieb ich stehen. Schaute auf den Zettel. Die Dame erklärte in einem Vielsprachengemisch, dass ich bitte die Telefonnummer auf dem Zettel anrufen sollte. Was ich tat. Es meldete sich eine junge Frau, die auf die Dame wartete. Die junge Frau sagte mir die Adresse, und ich begleitete die Dame im Blümchenkleid und Kopftuch bis vor die Haustür und spielte dabei mit den Zwillingsmädchen. Die Dame bedankte sich immer und immer wieder. Ich schämte mich für meinen ersten Impuls und war glücklich. Helfen ist so einfach. Man muss nur offen sein, seiner eigenen Erwartung nicht zu trauen.

Als ich mit Levi in der Babytrage und den zwei prall gefüllten Essenstüten im Wohnbereich ankomme, verstummt der chinesische Singsang schlagartig.

»*Nihau!*«, schmettere ich das einzige chinesische Wort, das ich kenne, freundlich in die Runde. Die daraufhin auf mich einbrechende chinesische Wortwelle kontere ich mit breitem Grinsen und einem Fingerzeig auf meine Zimmertür.

»*What do you do here?*«, fragt mich ein elfjähriger Junge.

»*I live here. The hotel gave me a room in your house!*«

Der Junge übersetzt, und ich ernte ein mehrstimmiges »Ahhhh!«, begleitet von für mich nicht lesbaren Gesichtsausdrücken.

»*I have a lot of dumplings from the restaurant I would like to share with you all!*«, sage ich zu dem kleinen Chinesen, gehe in die Küche und fülle die Dumplings in Schüsseln.

Der Junge übersetzt, ich nehme mit Levi an der großen Tafel Platz. Unser Teller wird mit Reis und Gemüse und Dumplings vollgeladen. Die drei Kinder sprechen das beste Englisch, mit den Eltern kann ich mich verständigen. Das dreizehnjährige Mädchen spielt mit Levi, und der neunjährige Junge erzählt, dass er gerade einen Mathematikwettbewerb gewonnen habe. Die Dreizehnjährige lässt uns wissen, dass sie derzeit für einen Musikwettbewerb übt – Geige. Die Familien stammen aus einem Vorort von Peking. Frauen und Männer arbeiten, pendeln jeden Tag ins Zentrum. Die Kinder werden bis abends in der Schule betreut. Sie machen zum ersten Mal im *Commune by the Wall* Urlaub. Für fünf Tage. Letztes Jahr waren sie in Lijiang in Yunnan. Ich erzähle, dass ich in der Provinz Yunnan die Tigersprungschlucht durchwandert habe, und von meiner Mission.

»Ich kann dich gut verstehen«, sagt die eine Frau. »Mir wird manchmal auch alles zu viel. Job, Kind, Mann. Dann überlege ich, Hausfrau zu werden. Aber die Ausbildung unseres Sohnes kostet viel Geld. Die Wohnung und die beiden Autos auch. Auf dem Land ist es einfacher.«

»Wieso?«, frage ich.

»Weil man da nicht so viele Dinge braucht!«

»Wie meinst du das?«

»Da hat niemand so viel. Dann braucht man das selbst auch nicht.«

Die Männer ziehen sich zum Whiskytrinken auf die Dachterrasse zurück, und ich räume mit den drei Frauen zusammen auf.

»Wo ist dein Mann?«, fragt die eine.

»Zu Hause, ich wollte die Reise mit Levi allein machen!«

»Auf chinesische Männer ist auch kein Verlass!«, lachen die drei Frauen und zwinkern mir verschwörerisch zu. Ich genieße den subversiven Moment und gebe mir keine Mühe, das Missverständnis aufzuklären.

»Als Mutter ist klar, was du den ganzen Tag machst: Du lebst für dein Kind!«, sagt die eine und schaut verträumt auf ihre Tochter.

»Wir leben alle für unsere Kinder, die sollen es besser haben!«, sagt die andere.

»Aber euch geht es doch auch gut?«, frage ich.

»Ja, aber unsere Kinder sollen im Ausland studieren, die Welt sehen, mehr Geld verdienen!«

»Wofür geben die Chinesen ihr Geld dann aus?«

»Damit sie ein gutes Leben haben. Und sich um ihre Eltern kümmern können, wenn wir alt sind. Jedes Kind hat zwei Eltern zu versorgen, da ein Paar in China meistens nur ein Kind bekommt.«

»Zwei Kinder wären mir zu anstrengend!«, sagt die eine und lacht.

»Wärst du gerne mehr mit deinem Kind zusammen?«, frage ich.

»Ja, aber dann können wir uns die Ausbildung nicht leisten. Und die Ausbildung ist wichtiger als ich! Und außerdem hat mein Kind wenig Zeit neben Schule, Sport, Musik und dem Forscherklub.«

Abends im Bett höre ich die Männer diskutieren und lachen. Ich denke darüber nach, dass ich mich zwischen den zahlreichen Facetten meines Lebens nicht entscheiden kann und will. Ich möchte mal viel Zeit mit Levi haben und mich mal mehr um meine Themen kümmern. Mal unterwegs sein und mal nicht. Serielles Nomadentum. Ein experimentelles Leben in Projekten. Ein Projektleben. Mein Leben als Projekt. Und Levi als Teil davon. Und so verantwortungslos das vielleicht in manch Routine suchenden Ohren klingt: Levi zeigt mir auf dieser Reise, dass es ihm guttut, unser Leben als Projekt zu begreifen. Ein kleiner Nomade zu sein mit einem starken Nest als Anker. Sein Nest bin ich. Und seine Kuscheldecke. Wo ich oder die Decke sind, ist ihm bisher egal, denke ich. Und für mich?

Für mich ist Markus mein Anker. Und unser sich ent-
wickelndes und permanent veränderndes Leben als Familie. Und unser Zuhause in München. Und ich selbst.
Überall, wo es mir gelingt loszulassen. So wie heute. Auf
der Terrasse des Bambushauses.

In stressigen Reisesituationen hilft es schon, an unser
kuscheliges Zuhause zu denken. Ich habe bei der Gestal-
tung des Hauses versucht, Teile der Welt darin abzubilden
und mich so zur seriellen Sesshaftigkeit zu überlisten.
Außerdem ist das Haus ein Lebensprojekt: nie fertig. Immer verändert sich was. Ich mag es, wenn die Dinge nicht
fertig sind. Ich glaube daran, dass die Räume und Landschaften, die mich umgeben, mein Denken und Fühlen
beeinflussen. Deswegen muss ich reisen. Stillstand ist für
mich das Schlimmste. Warum hatte ich dann nur einen
Moment daran geglaubt, dass sich das mit Levi ändern
sollte? Müsste? Warum hatte ich einen Moment lang
befürchtet, für Levi sesshaft werden zu müssen? Ein ge-
regelteres Leben als bisher aufnehmen zu müssen? Niemand kann das von mir verlangen. Und die Reise zeigt
mir jeden Tag mehr, dass Levi das schon gar nicht von mir
verlangt. Im Gegenteil.

Zum Glück leben wir in einer Gesellschaft, in der die
soziale und politische Kontrolle des Lebens bei Weitem
nicht so ausgeprägt ist wie in China. Und weitere Kon-
trollinstanzen gibt es zum Glück nicht. Oder? Zum Glück
leben wir in einem Land, in dem jeder seinen eigenen
Lebensstil zelebrieren kann.

Leben wir doch?

»Was kann ich hier unternehmen?«, frage ich die Rezeptionistin in der Hoffnung auf spannende Erkundungswanderungen in die Umgebung.

»Tennis spielen?«, antwortet diese.

Gut, dafür ist Levi noch ein bisschen zu langsam auf den Beinen. Meine chinesischen Mitbewohner sind heute Morgen zu einer Mountainbiketour aufgebrochen. Ohne Levi würde ich mich in die Sonne legen, ein Buch lesen und eine Massage buchen. Aber die letzten Tage unserer ersten großen Reise möchte ich mit Levi verbringen.

»Wo beginnt der Pfad zum unrenovierten Teil der Großen Mauer?«, starte ich einen weiteren Versuch.

»Das ist viel zu gefährlich mit Baby!« Mit Entsetzen im Gesicht schüttelt die nette Dame ihren Kopf, wie es nur Asiatinnen können.

»Warum?«, frage ich.

Die Dame schüttelt erneut ihren Kopf.

Spannend. Ohne Anregungen im Gepäck und mit dem Plan, heute unbedingt noch zum unrenovierten Teil der Mauer aufzusteigen, setzen Levi und ich uns auf eine nicht wegen Renovierung gesperrte Terrasse. Nach den Abenteuern der letzten Wochen und Monate tun ein bisschen Nichtstun, Sackenlassen, In-mich-Hineinspüren und Teetrinken sicher gut. Zum Glück bietet die Terrasse genug Abenteuer für den nie müden Levi: Er erkrabbelt sich in aller Gemütlichkeit die verschiedenen Blumenbeete. Es duftet nach Lavendel mit einer Prise Zitronengras.

Als Levi gefährlich nah an eine Treppe herankrabbelt und ich gerade dabei bin aufzustehen, geht eine Tür auf. Eine junge Chinesin läuft zu Levi, hebt ihn auf ihren Arm und begleitet ihn fortan auf seiner Tour durch den chinesischen Garten mit südfranzösischer Note. Entspannt lehne ich mich zurück, schließe die Augen und genieße den kühlen Wind. Es ist wirklich erstaunlich, dass, egal wo ich mit Levi auftauche, sich immer jemand findet, der Lust hat, sich um ihn zu kümmern. Und dass Levi meistens auch Lust darauf hat. Olga, Sergei, Natascha, Nadia, Alicer, Bonita, Frederic und jetzt Stella: die Kellnerin, die mich gestern Abend vor dem Verhungern bewahrt hat. Oder zumindest vor dem Schnorren.

Warum ist das in München nicht auch so? Also: Natürlich spielen meine Freunde mit Levi. Aber Fremde? Oder lasse ich das einfach nicht zu?

»Wie viele Kinder hast du?«, fragt Stella, als sie nach einer halben Stunde die Gartenführung beendet.

»Bisher eines!«, antworte ich.

Stella nickt verständnisvoll. »In China haben viele Paare auch nur ein Kind«, sagt sie. Und fügt hinzu: »Einige Menschen hätten gerne mehrere!«

»Wie viele Kinder möchtest du, Stella?«, frage ich.

»Eins, zwei oder keines!«, antwortet sie kichernd.

Stella bringt uns Tee und sagt dann: »In China leben die Menschen sehr für ihre Kinder. Und ich möchte doch so gerne reisen! Außerdem sind chinesische Männer sehr verwöhnt. Von ihren Müttern. Die Männer erwarten dann von ihren Frauen, dass das so weitergeht!«

Ich nicke verständnisvoll. »Der Mann muss schon zu den eigenen Vorstellungen vom Leben passen. Sonst wird es schwierig«, versuche ich die junge Frau in ihren Vorstellungen vom Leben zu bestärken.

»Ist es schwierig, mit Kind zu reisen?«, fragt Stella und schaut mir erwartungsvoll in die Augen. Obwohl Stella Chinesin ist und viel jünger als ich: In diesem Punkt kann ich, denke ich, trotz aller kultureller und sonstiger Unterschiede nachfühlen, wie es in ihr aussieht. Ansonsten ist es in China sicher schon Herausforderung genug, ein individuelles selbstbestimmtes Leben zu führen. Aber mit Kind? Denn eines habe ich durch unsere Reise mit der Transsibirischen Eisenbahn erfahren: Als freigeistige Mutter mit individuellen Lebensvorstellungen muss man extrastark sein.

So oder so, zum Glück weiß ich durch meine Reise mit der Transsibirischen Eisenbahn auch: Der einzige Mensch, der mich einschränken kann, bin ich selbst.

»Eigentlich nicht!«, antworte ich, als Stellas immer noch erwartungsfroh auf mich geheftete Augen mich an ihre Frage nach dem Reisen mit Kind erinnern. »Man muss einfach aufbrechen. Der Rest findet sich irgendwie. Die größte Hürde ist der eigene Kopf!«

»Ahhh!«, antwortet Stella und bleibt noch lange bei uns sitzen.

Als ich einige Zeit später schwitzend und keuchend mit Levi in der Babytrage nach einem steilen und zum Teil ausgesetzten Aufstieg auf einem imposant-bröckeligen Teilstück der Chinesischen Mauer stehe und den Blick schweifen lasse über die Unendlichkeit aus grauem Stein und blassgrünen Hügeln, bringt ein Glücksbote diese Gedanken: Vor Levis Geburt hatte ich Angst, dass ich für Levi mein Leben aufgeben müsste. Dass die Verantwortung für Levi mich vom Reisen, vom Verwirklichen meiner Träume abhalten würde. Und nun stehe ich hier. Mit meinem elf Monate alten Sohn. Auf der Chinesischen Mauer. Hinter uns liegen zwei Monate gemeinsamen abenteuerlichen Reisens. Bereichernde und berührende Begegnungen, die ich so ohne Levi nicht gehabt hätte. Und vieles mehr.

Levi zwingt mir nichts auf. Im Gegenteil: Levi hat mich

dazu gebracht, noch mehr so zu leben, wie es mir – und offensichtlich auch ihm – guttut. Ich muss und darf mich nicht aufgeben. Der kleine Kerl verdient eine zufriedene und starke Mutter. Er braucht Anregungen und fordert meine Echtheit. Er merkt, wenn irgendetwas in meinem Verhalten nicht stimmig ist oder ich mich nicht wohlfühle. Seit Levi kann ich mir noch weniger etwas vormachen.

Irgendwie ist es genau anders als erwartet: Die letzten Monate fühlen sich an, als hätte ich mehr mein Leben gelebt als jemals zuvor.

Ob ich und wir es schaffen, dieses Gefühl unserer ersten gemeinsamen Reise mit nach Hause zu nehmen? Kann es gelingen, den transsibirischen Rhythmus auch in München zu leben?

Levi sitzt auf meinem Schoß, seine Haare wehen im Wind, er wirkt in Gedanken versunken.

»Heute begründen wir eine Familientradition!«, sage ich in die Stille aus Wind und Gelassenheit. »Wir machen jedes Jahr eine Reise zusammen. Eine Reise mit Mission! Zumindest solange du mit mir reisen möchtest!«

Nach einem gemütlichen Abendessen mit meinen Mitbewohnern liege ich in der Dunkelheit neben dem schlafenden Levi und muss laut loslachen: Kurz hatte ich in die Zukunft geblickt: ein Mann um die fünfzig, der eine greise Frau im Rollstuhl mit leuchtenden Augen durch unwegsames Gelände an irgendeinem wunderbaren Ende der Welt rumpelt.

Einige Tage schlendern wir ziellos zwischen Bambushäusern, unserem James-Bond-Haus und der Chinesischen Mauer umher oder hängen in der Sonne herum. Vorzugsweise auf den Terrassen der geschlossenen Bambushäuser. Mehr ist nicht mehr nötig. »Mission erfüllt!«, schießt es mir immer mal wieder durch den Kopf. Worin genau dieser Erfolg besteht, kann ich noch nicht sagen. Aber fühlen kann ich es. Und so sehe ich unserer Abreise mit Gelassenheit entgegen. Und genieße die letzten Tage in der Hoffnung und dem Wissen, dieses besondere Gefühl mit Levi, unser Reisegefühl, ganz fest in mir zu verankern.

Bis es so weit ist: Einen Tag vor unserer Abreise nach München eröffnet der hoteleigene Kindergarten.

Bevor Levi seine erste Spielsession mit chinesischen Kindern erleben darf, stärken wir uns beim Frühstück im Ballsaal des Hotels. Das gemütliche Restaurant mit Terrasse bleibt heute geschlossen. Irgendein chinesischer Feiertag treibt die Pekinger in ein verlängertes Wochenende aufs Land. Das bisher vor sich hin schnarchende Hotel ist auf einmal wuselig voll. Bestimmt hundert runde und mit weißem Stoff bodenlang bespannte Tische mit jeweils zehn ebenso dekorierten Stühlen mit großer weißer Schleife lassen mich zuerst vermuten, dass ich auf einer Hochzeitsfeier gelandet bin. Aber der Kellner weist uns den einzigen noch freien Tisch zu. Mitten im Raum. Voller Chinesen. Wir sind die einzigen Langnasen. Und die Einzigen, die leger in wanderfähiger Bekleidung zum Frühstück erschienen sind.

Cool. Und skurril.

Wie jeden Morgen verwandelt Levi den gesamten Boden um seinen Babystuhl herum binnen weniger Augenblicke in ein Schlachtfeld. Und sein Gesicht und seine Bekleidung auch. Aber es ist auch wirklich schwierig, Obstsalat mit Chopsticks aufzuspießen. Wenn es trotzdem gelingt, hält er mir stolz seine Obstangel unter die Nase. Und spätestens dann fällt die Beute auf den Boden. Meistens.

Und wir beide lachen.

Und mit uns die Frauen an den uns einkreisenden Tischen. Immer mal wieder steht eine der Damen auf, kneift Levi in die Wange und sagt irgendetwas auf Chinesisch. Ich sage breit lachend abwechselnd »Levi« und zeige »Elf Monate« mit meinen Händen, in der Hoffnung, dass nach seinem Namen oder seinem Alter gefragt wird. Und irgendwann merke ich, dass an den meisten Tischen auch chinesische Kinder in Babystühlen sitzen. Ordentlich gekleidet. Mit sauberen Gesichtern. Und relativ unbeweglich. Die meisten von ihnen sind unglaublich dick. Und selbst die Kinder, die wesentlich größer als Levi sind, werden von ihren Müttern wie Säuglinge herumgetragen. Der Versuch des Jungen am Nebentisch, mit den Händen nach einem Stück Obst zu greifen, wird mit zischenden Lauten kommentiert, woraufhin das Corpus Delicti mit verschrecktem Gesicht wieder auf dem Teller platziert wird. Ansätze, mit den Chopsticks einen Beat zu trommeln, werden mit dem Entreißen der Sticks geahndet. Und so verfallen die kleinen Musiker schnell wieder in eine Art Babystarre. Kleinkinderziehung scheint eine ernste Angelegenheit zu sein in China. Die Spannung steigt: Was erwartet uns wohl in dem chinesischen Kindergarten? Und wie kommt Levi damit zurecht?

In Gedanken versunken, lächle ich dem netten Kellner zu, der jetzt schon zum dritten Mal den Boden um uns herum fegt.

Freundlich winkend verabschieden wir uns von unseren Nachbartischen und wandern durch kühle Sonne und
frische Bergluft Richtung Highlight des heutigen Tages.
Ein drei Meter hoher Betonklotz mit der Aufschrift *Commune of the Children* heißt uns willkommen.

Levi krabbelt mehrmals um den Betonklotz herum,
zieht sich daran hoch und wirft sich für meine Kamera in
Pose. Danach nähert er sich der Grenze aus Stein- und
Grasfläche und wiederholt ein mir mittlerweile nur allzu
bekanntes Ritual: Vorsichtig hebt er seine Hand, lässt sie
fast bis auf die Grasspitzen herabsinken und sucht meinen
Blick. Ich nicke ermutigend, und er zieht die Hand weg.
Das wiederholt er 48 318-mal, bis er sich ein Herz fasst,
die Grasspitzen streichelt und dann loskrabbelt. Über die
gesamte Wiese. Laut juchzend.

Den Charakterzug kenne ich mittlerweile. Beim ersten Mal beäugt er alles Neue erst einmal kritisch-neu-
gierig und lehnt es schließlich ab. Um sich kurz darauf
wieder anzunähern und zuzugreifen. Erst vorsichtig. Und
dann stürmisch. So ist er bei allem: beim Essen, beim
Spielen, bei Menschen. Durch unsere transsibirische Reise
habe ich zahlreiche seiner Charaktereigenschaften und
Eigenarten intensiv kennengelernt. Oft war ich erstaunt,
wie viel ein kleiner Mensch schon auf die Welt mit-
bringt. Aus sich heraus. Jetzt sitzt er beispielsweise auf
dem Rasen, lässt sich die Sonne in sein Gesicht scheinen
und macht erkennbar nichts, außer nachzudenken oder
nachzufühlen. Und ich frage mich zum wiederholten
Male, was in diesem kleinen Kerl vorgeht. Denn er
macht das öfter: einfach nur dasitzen. In Gedanken versunken. Dann ist er mir auf eine Art fremd. Oder anders: Mir ist dann klar, dass Levi ein Eigenleben hat, zu
dem ich keinen Zugang habe. Das mich nichts angeht.
Obwohl er erst elf Monate alt ist. Ob dieser Bereich

wohl eher zu- oder abnimmt mit Levis fortschreitendem Alter?

Natürlich habe ich derartige Momente auch in München mit Levi erlebt. Aber in der Intensität unseres gemeinsamen Reisens werden mir die abgrenzenden Erlebnisse, die er offensichtlich genauso braucht wie ich, sehr bewusst.

Bevor es zu sentimental wird, stürmen wir das Innere der Kinderkommune. Im Erdgeschoss finden wir die Miniaturausgabe einer perfekt ausgestatteten Profiküche, aus der es nach frisch gebackenen Keksen duftet. Und die üblichen Wasch-, Toiletten- und Schlafräume in Zwergengröße. Selbst gemalte Kinderbilder hängen an den Wänden, Musikinstrumente liegen in Kisten unter Sitzbänken mit bunten Kissen. Zahlreiche kleine Malstaffeleien und Tische mit angespitzten Buntstiften und Knetmasse warten auf die kleinen Künstler. Alles so, wie ich es aus den schon vor Levis Geburt besichtigten Kitas in München kenne. Und ein bisschen besser. Heller, großzügiger, perfekter.

Nachdem Levi ein paar Schokoladenkekse verspeist und sich an den Musikinstrumenten ausprobiert hat, steigen wir hoch in den zweiten Stock. Dort gibt es eine Babyecke, hatte uns eine der zwei Betreuerinnen empfohlen, die außer Keksebacken nicht viel zu tun haben. Neben uns ist nur noch ein elfjähriges Mädchen da. Und die zeigt bisher kein Interesse an meinem Sohn.

Oben laufen wir auf eine Kinderteeecke zu: Tisch, kleine Hocker, Kindergeschirr, bunte chinesische Lampen. Alles perfekte Miniaturausgaben der Erwachsenenversionen. Und alles zum Gebrauch mit richtigem Tee gedacht. Daneben befindet sich eine Tischecke auf pinkem Teppich und mit rosafarbenen Kissen. In den die Sitzecke rahmenden Regalen hat jemand Kuchen, Besteck, Teller, Küchengeräte drapiert – alle aus Holz, mit Pink: pinke Griffe, pinke Kirschen. Einige Meter davon entfernt gibt es eine ähnliche Ecke auf blauem Teppich. In den Regalen warten Autos, Züge und Pistolen auf die Phantasie der kleinen Gäste. Ich setze den ungeduldig zappelnden Levi auf den Boden. Der krabbelt zielstrebig zur pinken Ecke und versinkt für die nächsten zwanzig Minuten in einem Kuchenbackspiel.

Derart nach Geschlechterrollen getrennte Bereiche sind mir in den Münchner Kitas nicht aufgefallen. Ob hier Mädchen und Jungs getrennt voneinander spielen? Oder ob sie sich vermischen und nur unterschiedliche Räume für unterschiedliche Spiele angelegt wurden? Stolpere nur ich über dieses Klischee? Wurde es bewusst inszeniert? Oder anders: Schreckt eine pinke Küchenecke einen männlichen Nachwuchskoch nicht eher ab? Und eine blaue Werkzeugecke eine ambitionierte Nachwuchshandwerkerin?

Die Babyecke ähnelt einer abschließbaren Miniaturturnhalle voller Plastikphantasiegestalten: weiche Matten auf dem kompletten Boden, Knallfarben, große Kulleraugen, irgendwie spacig für meine europäischen Augen. Pinke noppige Bälle von der doppelten Größe eines Fußballes kann Levi mühelos durch die Gegend werfen, da sie nichts wiegen. Es gibt nichts, woran Levi sich stoßen oder verletzen könnte. Und abhauen kann er auch nicht.

Irgendwann schlendern wir weiter und landen im Videoraum: zwei riesige Plasmafernseher an der Wand, die jedem Technikfreak Tränen des Neides in die Augen treiben würden, ordentlich aufgereihte Stuhlreihen davor, ein Regal voller CDs und DVDs dahinter. Mehrere Fernbedienungen. »13 Tugenden zum Mitsingen und Auswendiglernen« steht auf einer CD, auf Englisch und Chinesisch.

In der Verkleide-dich-Ecke hängt eine Weltkarte an der Wand, und mein tagesschaugeprägtes Bild von der Welt gerät ins Wanken: China ist in der Mitte angeordnet, mit zwei kleinen Schlappohren rechts und links – rechtes Ohr: Nord- und Südamerika, linkes Ohr: Europa mit Afrika. Ich brauche eine Weile, um mich orientieren zu können. Dann muss ich grinsen und mache ein Foto von dieser anderen Perspektive auf unseren Planeten. Genau darum geht es mir.

Unter der Weltkarte der anderen Art sind kindlich gemalte Paare in traditioneller Bekleidung abgebildet: Chinesen mit Reishut und roten Seidengewändern. Holländer mit gelbem Haar, Holzschuhen und blau-weiß gestreifter Bekleidung. Amerikanische Cowboys und -girls. Mittelalterlich anmutende Italiener. Peruaner mit Panflöte, wie sie auch in unseren Einkaufsstraßen sitzen und musizieren. Keine Deutschen. Leider. An der Wand daneben eine Kleiderstange mit den passenden Kostümen. Levi greift sich den chinesischen Hut und fängt an, ihn auf Bissfestigkeit zu untersuchen.

Nach seinen interkulturellen Spielerfahrungen mit sibirischen und mongolischen Kindern hätte ich Levi zu gerne mit chinesischen Kindern spielen sehen. Ob bei allen kulturellen Unterschieden zwischen den Erwachsenenwelten die Baby- und Kleinkinderwelt eine Brücke zwischen den Nationen schlagen kann? Und wenn ja, ab welchem Alter fangen die Unterschiede an zu greifen? Oder: Wann beginnt die Offenheit abzunehmen? Wann fangen Gewohnheiten an, unser Denken und Fühlen zu prägen? Ab wann beginnen unsere Routinen uns Angst zu machen vor den Routinen anderer? Wann fängt es an, dass man sich nicht als Mensch, sondern als Vertreter einer Gesellschaft begegnet? Und warum ist es zu Hause oft schwieriger als auf Reisen, aus diesem Wahrnehmungsgefängnis auszubrechen?

Kaum haben wir das perfekte, aber ausgestorbene Kinderparadies verlassen, fallen Levi die Augen zu. Und so kuschle ich mich auf unserer Terrasse neben ihn und blinzle in die Sonne.

Die Tage hier im *Commune by the Great Wall* haben wir im Wesentlichen mit Nichtstun ausgefüllt. Wir sind einige Male zur Mauer aufgestiegen, fast täglich in eines der Bambushäuser eingebrochen, haben auf diversen Sonnenterrassen gechillt. Mit unseren Mitbewohnern geschnackt. Keine Touren. Kein Programm. Aber offen für die zufälligen Begegnungen und Möglichkeiten des Tages. Und so fühle ich mich angenehm bereichert. Ausgelastet von diesem wunderbaren Nichts, das Levi in mein Leben, in mein Reisen gebracht hat. Unser Reisen.

Vordergründig reise ich mit Levi langsamer, unternehme weniger als ohne ihn. Bei genauerem Hinfühlen merke ich, dass es mehr ist. Levi ist wie ein Blick in den Spiegel, der nur das zeigt, was wir gerade brauchen. Das, was in dem Moment wirklich wichtig ist. Der die Antwort auf die Fragen: »Was machen wir heute? Was brauchen wir heute? Wollen wir das wirklich?« schon weiß, bevor sie ausgesprochen sind. Und das entspannt ungemein. Langsam machen, nicht zu viel machen, auch mal vordergründig gar nichts machen, außer gemeinsam die Steine vor der Terrasse des Bambushauses zu begutachten, tut ungemein gut. Fühlt sich intensiver an als viele meiner randvollen Tage vor Levi.

Vor Levis Geburt und auch die ersten Wochen danach hatte ich damit gerechnet, dass mein Leben noch stressiger und hektischer wird, als es davor schon war. Denn: Zu meinem und Markus' auch ohne Levi randvollen Terminkalendern kam ja nun Levi hinzu. Und ihm wollten wir beide uns ausgiebig widmen. Außerdem vermittelte auch der Blick in die Medien und auf die Straßen Münchens, in die gehetzten und übermüdeten Gesichter vieler Eltern den Eindruck, dass wir unser junges Familienglück nur mit ganz viel Organisation, gesunder Ernährung und Verzicht auf Paarzeit überstehen würden. Und so war es zu Beginn.

Und nun ist alles anders als erwartet: Selten war ich entspannter, als seit ich mit Levi die Transsibirische Eisenbahn bestiegen habe. Die intensive Zeit zusammen, losgelöst von unserem Leben in München, hat mir gezeigt, dass levifreundliches Reisen auch juliafreundlicher ist als mein üblicher Reisestil. Dass levigerechtes Leben auch mir besser tut als mein seit Jahren lieb gewonnener Lebensrhythmus. Und was unterwegs stimmt, ist zu Hause sicher auch nicht verkehrt.

Heißt das nicht, dass ein kinderfreundlicher Lebensstil der Schlüssel zu einem menschenfreundlichen Leben sein kann? Zu einem Leben mit weniger Burn-out, weniger Herzinfarkten, weniger sozialer Kälte und vereinsamten Menschen?

Mein Leben vor Levi kommt mir vor wie Peking: zu schnell, zu bunt, zu laut.

Mein langsames Reisen mit Levi führt hoffentlich zu einem entschleunigten Leben zu Hause: Seit ich mit Levi im Flow bin, seit ich unseren experimentellen Rhythmus verinnerlicht und lieben gelernt habe, bin ich auch im Flow mit meinem restlichen Leben. Zumindest gedanklich. Sicher mit den Aspekten, die mitgereist sind.

Die einfachen Dinge sind oft gar nicht so leicht umzusetzen. Vielleicht weil man sie gern belächelt, weil man gewohnt ist, dass heutzutage alles komplex und kompliziert ist? Es fühlt sich auf jeden Fall so an, als könne ich das auf unserer transsibirischen Reise gefundene Lebensgefühl mitnehmen. Diesen Rhythmus. Diese Daseinsform.

Reisen ist doch das Beste, was ich mit meinem Leben machen kann, denke ich zufrieden, und habe den Eindruck, dass es Levi genauso gut geht wie mir.

Aufbruch in eine neue Welt für uns drei

Wir werden den Flieger nach München verpassen. Seit einer Stunde quälen wir uns auf der verstopften fünften Ringstraße um Peking, mittlerweile kurz vor der Auffahrt zum Airport Highway. Eine gute Stunde vor dem planmäßigen Abflug.

Aber das macht mich nicht nervös. Im Gegenteil, der Gedanke an ein Wiedersehen mit dem *Opposite House* lässt ein Kribbeln in meiner Magengegend entstehen. Ich liebe es, wenn ich morgens nicht weiß, wo ich abends sein werde.

Dem Taxifahrer hingegen steht der Schweiß auf der Stirn. Er tänzelt mit seinem Auto zwischen allen vier Spuren hin und her, um bloß nicht stehen bleiben zu müssen. Wie alle anderen auch überholt er rechts und links, egal wie dicht der Verkehr ist. Er fährt nah auf, schießt auf die Nebenspur, ohne zu blinken. Oder setzt den Blinker, wenn das Manöver fast beendet ist. Ich überprüfe den korrekten Sitz des Gurtes um den Maxi-Cosi, in dem Levi zufrieden vor sich hin schnarcht.

Erstaunlich, dass ich auf den Straßen rund um Peking nicht mehr Unfälle gesehen habe, schießt es mir durch den Kopf, als wir uns an meinem ersten chinesischen Auffahrunfall auf der Nebenspur vorbeischlängeln. Die beiden Frauen der beteiligten Paare stehen sich wie Kampfhennen gegenüber, die eine schreit wild, die andere kann nur durch beherztes Zupacken ihres Mannes davon abgehalten werden, handgreiflich zu werden. So viel zu dem Stereotyp der chinesischen Gelassenheit.

Kurze Zeit später steigen wir am Flughafen aus. Der Fahrer holt uns im Laufschritt einen Gepäckwagen, und mit Levi im Kinderwagen schlendere ich los Richtung Check-in. Soll das Schicksal entscheiden.

Am Check-in-Schalter stehen keine Passagiere mehr, aber die blau-gelben Mitarbeiterinnen sind noch da. Auf unserem Weg zur Sicherheitskontrolle kaufe ich Levi ein chinesisches Bilderbuch. Pass- und Sicherheitskontrolle passieren wir ohne längere Pausen an den verwaisten Kinder- und Versehrtenschaltern. An manchen Flughäfen, wie in München, gibt es derartige Schalter leider gar nicht. Oder es drängen sich, wie in Los Angeles, auch hier kinderlose unversehrte Personen. Die Kontrolle der als Babynahrung mitgeführten Flüssigkeiten wirft uns zeitlich nicht allzu weit zurück, und so kommen wir entspannt an unserem Gate an, bevor das Einsteigen überhaupt begonnen hat.

Das Schicksal hat entschieden: München, wir kommen!

Als wir wenig später auf unserem Fensterplatz im deutschen Flugzeug sitzen, entgleisen einigen der Anzugträger die ernsten Gesichtszüge. Ich lache darüber hinweg, habe ich doch vor Levi ähnlich gedacht: Oh Gott, ein Baby, das war es mit meiner Ruhe. Meinem Schlaf. Stolz stelle ich fest: Es ist mir egal, was die anderen denken.

Vor der Reise fiel es mir mit Levi schwer, mich von den Stimmungen, den negativen Erwartungen unseres Umfeldes hinsichtlich Kindern abzukoppeln. Und jetzt: nichts. Keine Nervosität. Kein Bestreben, alles extragut und betont gelassen zu machen, um die Menschen neben uns zu beruhigen. Kein Satz der Art »Normalerweise ist mein Sohn auf Reisen unkompliziert«. Nur ein kleines bisschen Mitleid mit meinen blassgrauen Mitreisenden: Wenn die wüssten, was sie dadurch, dass sie nach Ruhe suchen, alles verpassen!

Neben uns nimmt ein fröhlicher Italiener Platz. Er hat selbst drei Kinder und nimmt sofort Kontakt zu meinem zunehmend begeisterten Sohn auf.

Wir tauschen uns über die Skurrilitäten aus, die wir als Reisende mit Kindern mit unseren Mitmenschen schon erlebt haben, und einigen uns darauf, dass es durchaus verständlich ist, dass manche Eltern es vorziehen, nicht zu verreisen. Sich der Ungeduld und dem Unverständnis ihrer Mitreisenden nicht auszusetzen. Zu Hause ist vieles vordergründig bequemer, weil bekannt.

Zu Hause ist es aber auch einfacher, es sich bequem zu machen. Und vielleicht reisen manche Menschen deswegen nicht so gerne. Zu Hause fehlt oft der kleine Schubs, der nötig ist, um ins Gespräch zu kommen, eine Einladung anzunehmen, einfach etwas anders zu machen, als andere oder man selbst von sich erwarten.

Als Levi irgendwann einschläft und auch dem Italiener neben uns die Augen zufallen, beschließe ich: Neugier, Gelassenheit, Spaß am Ungeplanten und Offenheit anderen Menschen gegenüber gehören nicht nur ins Reisegepäck, sondern auch in die Handtasche für Zuhause. Ich möchte überall und vor allem auch in München so leben wie auf Reisen!

Den passenden Sohn dafür habe ich. Das hat mir unsere Reise gezeigt. Den Mann auch. Und auch unsere vier Wände zu Hause nähren und fordern täglich meine reisende Seele. Jetzt liegt es ganz allein an mir. Habe ich den Mut und die Stärke für mein Leben zu Hause? Für unser Leben!

Kurz bevor ich einschlafe, kommt mir ein beruhigender Gedanke: Spätestens in einem Jahr brechen Levi und ich wieder auf. Zu unserer zweiten Familienmission. Was soll uns da schon passieren!

Einige Stunden später stehe ich mit Levi in der Babytrage in der Schlange vor dem Geldautomaten in der Gepäckausgabehalle des Münchner Flughafens. Neben uns die nicht mehr ganz so volle, aber von der Reise sehr staubige Reisetasche, der mit Levis Babybrei verzierte Seesack, der Kinderwagen und der geliebte Rucksack mit der gelben Blume. Meine Trekkingkluft zeigt deutliche Gebrauchsspuren, und auch Levis T-Shirt ist nicht mehr ganz frisch.

»Sie sehen so aus, als seien Sie am Ende der Welt gewesen. Mit Baby!« Ich drehe mich um und blicke in mich herausfordernd und neugierig zugleich musternde Augen. Sie gehören einer Dame um die sechzig in gut gebügelten Trekkinghosen und beiger Safaribluse. Sie zwickt Levi in die Wange und versucht, ein paar Müslikörner vom Flugzeugfrühstück von seiner Hose zu wischen.

»Wir sind von Sankt Petersburg durch Sibirien und die Mongolei bis nach Peking gereist!«, gebe ich freudestrahlend zurück.

»Wow. Und das geht?«

»Genau das wollte ich herausfinden: ob das geht. Weil viele ja behaupten, es ginge nicht. Überhaupt sind ja viele Gerüchte im Umlauf, was mit Baby alles so nicht gehen soll.«

»Ja, mit Kindern wird alles anders. Meine Kinder sind zum Glück aus dem Haus. Jetzt reisen mein Mann und ich wieder. Wenn die Kinder klein sind, brauchen sie halt die Routinen zu Hause. Ein gut organisiertes Leben! Babys fühlen sich daheim mit der Mama einfach am wohlsten.« Fragend schaut sie mich an.

»Warum glauben Sie das?«, antworte ich.

»Das sagen doch alle!« Nachdenklich betrachtet die Dame mich und Levi.

»Ich verstehe, dass sie das sagen«, gebe ich zurück. »Ich habe das auch geglaubt. Dass ein glückliches Leben mit Baby eine Frage der Organisation sei. Dass Babys vor allem die Mutter bräuchten und keine Fremdbetreuung. Dass Reisen mit Baby anstrengend seien und ich das meinem Baby nicht zumuten dürfe. Dass ich mein Leben dem Leben meines Babys unterordnen müsse. Dass der Alltag mit Baby anstrengend genug sei und ich deswegen besser die Ansprüche an mein Leben reduzieren solle. Und noch einiges mehr.«

»Und was ist dann passiert?«, fragt die Dame neugierig.

»Ich fing an mich zu fragen: Warum glaube ich all das? Und mir fiel nichts ein. Daraufhin habe ich es getestet. Auf dieser Reise, von der wir gerade zurückkommen. Und wissen Sie was?«

»Was?« Gebannt wartet die Dame auf meine Worte.

»Es stimmt nicht!«

Ihr wollt wissen, wie es weitergeht? Ob Julia und Levi auch in München ihr Leben finden? Ihr wollt Fragen an die Autorin stellen? Eure Meinung äußern? Erfahrungen teilen? Auf Julias Website findet ihr Hintergrundinformationen zur Reise, Reisetipps zur Transsibirischen Eisenbahn und weiteren abenteuerlichen Destinationen, Hilfreiches zum Reisen und (Über-)Leben mit Baby oder Kleinkind und mehr: Grüble nicht, reise!

Nachwort

Drei Jahre sind seit unserer transsibirischen Reise vergangen. Ich sitze im Flieger nach Berlin und lasse meine Gedanken schweifen. Viel ist geschehen in dieser Zeit. Unser Leben hat sich seit der 15 000 Kilometer langen Fahrt von München bis nach Peking – quer durch Sibirien und die Mongolei – komplett verändert. Manches ist unvorstellbar weit weg, und manches kommt mir vor wie gestern. Und manches wie beides zusammen.

Levi ist mittlerweile vier Jahre alt. Er geht in den Kindergarten und hat eine ganze Clique von Freunden. »Du musst jetzt gehen, Mama«, sagt er schnell, wenn ich ihm morgens vor der Tür zu seiner Gruppe einen Kuss gebe. Fröhlich lachend verschwindet er dann in einem Zimmer voller Gekicher, Geraufe und Geschrei.

Für Jari, unseren zweiten Sohn, geht heute die vierte Woche in einer Kita los. Seit einigen Tagen schafft er es sogar, ohne mich oder Markus dort zu bleiben. Mein großer Kleiner. Bald wird er seinen ersten Geburtstag feiern.

Die Reise mit der Transsibirischen Eisenbahn und alles, was danach kam – das Buch, die Lesungen und Interviews –, haben mich in vielfältiger Weise positiv überrascht. Die Resonanz auf »Mut für Zwei« war und ist immer noch enorm. Berührt haben mich vor allem die Gespräche bei Lesungen und die zahlreichen E-Mails, die ich erhalten habe. Es gab mehr Feedback, als ich es für möglich gehalten hätte. Dieser Zuspruch hat mir eine Extraportion Kraft gegeben, an den Ideen und Inspirationen unseres Mutter-Kind-Abenteuers festzuhalten.

Diese Erfahrung hat auch unser Leben zu Hause geprägt, und sie hat meine Sicht komplett verändert, wie wir mit Kindern umgehen sollten. Letztlich hat sie mich in meiner Vermutung bestärkt, dass Kinder hierzulande viel zu wenig ernst genommen werden. Diese und weitere kleine Erkenntnisse nicht als Reiseerlebnisse im Schrank der Erinnerungen einzuschließen und melancholisch zu belächeln – dabei helfen mir das Buch und die fast täglich eintreffenden E-Mails von Lesern. Die transsibirische Reise ist jeden Tag bei uns.

Das Buch habe ich ursprünglich für meine Familie geschrieben. Vor allem für Levi. Für unsere Idee von einer Familie. Dass ich damit so viele Menschen erreiche, denen es geht wie mir damals, hat mich umgehauen. Offensichtlich gibt es viele Mütter, die nicht in das klassische Rollenmodell verfallen und ebenfalls aus dem Klischee ausbrechen wollen. Menschen, die sich mit meiner Geschichte nicht als Außenseiter vorkommen. Die sich gestärkt fühlen, und sei es nur durch ein Buch. Diesen Menschen Mut zu machen und Inspiration zu sein, an ihrem Weg, an ihrer Idee von Familie festzuhalten, hat mich ungemein beflügelt und stolz gemacht.

Es gab und gibt aber auch ganz andere Themen, die Leser aus meinem Buch herausziehen: Da war die Frau um die fünfzig, die mir von ihrem Traum erzählte, einmal im Leben mit der Transsibirischen Eisenbahn zu fahren. Sie berichtete mir von ihrer Angst, alleine aufzubrechen. »Aber wenn Sie das sogar mit einem Baby geschafft haben, dann schaffe ich das auch!« Und ihre Augen strahlten dazu.

Der Klassiker war und ist natürlich die hochschwangere junge Frau, die keine Idee hatte, was sie die kommenden Monate mit ihrem Baby alleine zu Hause den ganzen Tag anstellen sollte. »Jetzt weiß ich es!«, sagte sie und erzählte

mir fröhlich von einer mehrmonatigen Reise nach Süd-
england, die sie bereits geplant hatte. Schon immer hatte
sie das machen wollen.

Überhaupt nicht gerechnet habe ich damit, dass ältere
Männer mein Buch für ihre Töchter kaufen, die gerade
Mutter geworden waren: »Ich wünsche meiner Tochter
ein anderes Leben, als wir und vor allem meine Frau es
damals mit Kind führen mussten!«, sagten sie zu mir.
»Heute hat man doch so viele Möglichkeiten, auch mit
Kind! Ich hoffe, Ihr Buch vermittelt dies.«

Bei diesen Gesprächen ist mir aufgefallen, dass junge
Mütter sogar noch mehr an ihren Träumen und Sehn-
süchten festhalten als früher ohne Kind. Dass sie weniger
bereit sind, ihre Zeit mit Dingen zu verschwenden, zu
denen sie nicht hundertprozentig stehen. Was beweist,
dass mit einem Baby das Leben, wie es immer wieder
heißt, lange noch nicht »vorbei« ist. Eher umgekehrt: Mit
einem Baby kann das Leben auch erst losgehen. Und
zwar nicht, weil Kinder der alleinige Sinn und Zweck des
Lebens sind. Sondern eher, weil sie einem zeigen, wie
wichtig es ist, die Dinge zu tun, auf die man wirklich Lust
hat.

Herausgefunden habe ich durch meine Reise mit Levi
auch, dass es ihn nicht gibt: den einen richtigen Weg,
Mutter zu sein. Familie zu leben. Es gibt so viele Wege,
wie es Familien gibt. Toleranz und Gelassenheit sind
wichtig. Und Mut, nicht ins Klischee zu verfallen. Auch
wenn einige beharrliche Stimmen das Gegenteil behaupten und einem weismachen wollen, dass nur der traditio-
nelle Weg der richtige sei.

Es stimmt nicht!

Was allerdings stimmt, ist, dass es weiten Teilen unserer
Gesellschaft genau daran fehlt: an Toleranz, dies zu akzeptieren und Freiräume zu lassen.

Vor einigen Tagen wurde ich von einer Journalistin gefragt, was ich den Menschen entgegne, die meinten, Reisen mit kleinen Kindern dienten nur der Selbstverwirklichung der Mutter. Dies sei nicht ihre Meinung, wehrte sie sofort entschuldigend ab. Ein Professor des Tropeninstituts, den sie für dasselbe Special interviewt habe, habe ihr diesen Gedanken mit auf den Weg gegeben.

»Selbstverwirklichung der Frau und Muttersein sind für mich überhaupt kein Widerspruch«, antwortete ich der Journalistin. »Dass dies jedoch allgemein so gesehen wird, ist eine der Ursachen, warum es in Deutschland so wenig Kinder gibt«, fahre ich fort. »Und warum sie laut Umfrage nicht so glücklich sind wie beispielsweise Kinder in den Niederlanden.« Schweigen bei meinem Gegenüber. »Ich habe während der Reise mit Levi für mich herausgefunden, dass ich wegen meines Sohnes auf nichts, was mir wichtig ist, verzichten muss. Auch nicht auf abenteuerliche Fernreisen! Wir waren mittlerweile noch oft unterwegs, und ich hatte nie den Eindruck, dass dies meinem Sohn in irgendeiner Form schadet. Im Gegenteil. Glückliche Mutter, glückliches Kind!«, schließe ich feierlich.

Woran sich mein Sohn denn noch von der Reise mit der Transsibirischen Eisenbahn erinnere, fragte die Journalistin nun etwas schärfer.

»Das kann ich nicht mit Bestimmtheit sagen«, antwortete ich. »Für mich ist Reisen kein Sammeln von Sehenswürdigkeiten, an die man sich erinnern muss. Reisen ist emotional, vieles lernt man dabei unbewusst. Levi geht beispielsweise ebenso gerne auf imaginäre Reisen. Er fragt mich, wie es in unterschiedlichen Städten und Ländern sei. Ihn interessiert, wie die Menschen dort aussehen und leben. Er entwickelt seine eigenen Ideen dazu und fragt, wann wir da endlich mal hinfliegen. Und wenn er hört, dass wir zum Flughafen fahren, stößt er einen Jubelschrei aus. Mein Sohn hat keine Angst vor Menschen, die nicht so aussehen wie er oder eine andere Sprache sprechen. Und ich denke, dass das viel wert ist in der heutigen Zeit. Insbesondere in einem Land, das sich für tolerant hält.«

Ob ich anderen Müttern derart abenteuerliche Fernreisen mit Baby oder Kleinkind empfehlen würde, fragte mich die Journalistin weiter.

»Es gibt Reisende«, antwortete ich. »Menschen, die einfach unterwegs sein müssen, die eine fremde Welt sehen wollen, um glücklich zu sein. Und denen empfehle ich natürlich, sich auch als Mutter nicht davon abhalten zu lassen. Das Gerede, von wegen dann könne man erst einmal nicht mehr wegfahren, und wenn, dann nur nach Südtirol oder an die Ostsee, weil das sonst dem Kind schade, ist einfach Quatsch. Ich hatte unterwegs nie den Eindruck, dass mein Sohn in irgendeiner Form verunsichert war. Im Gegenteil: Unsere gemeinsame Reise hat seine Neugier genährt und ihn wachsen lassen.

Darüber hinaus denke ich, dass Reisen für jeden Menschen zu einem erfüllten Leben einfach dazugehört. Nur in Deutschland zu bleiben beschränkt. Das Leben. Das Denken. Das Fühlen. Das Erleben der eigenen Person. Des Partners. Und der Kinder. Die globalisierte Welt nicht nur im Fernsehen zu sehen, sondern mit eigenen Augen, andere Kulturen mit Körper und Seele zu erfahren, das ist etwas, was Eltern und Kinder weiterbringt. Und einander näher. Denn auf Reisen lösen sich die engen Rollen auf, die Erwartungen an die vermeintlich perfekte Mutter und das vermeintlich ideale Kind sind nicht mehr da. Auf Reisen ist die Chance auf eine echte Begegnung unendlich größer. Und je eindrücklicher die Reise, desto größer die Wahrscheinlichkeit, dass die gemeinsame Erfahrung auch den Alltag zu Hause überleben und prägen wird. Ich bin der festen Überzeugung, dass der deutsche Stubenhocker auf Sicht ein Auslaufmodell ist.

Die Menschen, die glauben, Kinder seien eine Frage der Organisation, Kinder bräuchten die Sicherheit von schemenhaft sich wiederholenden Abläufen, am besten in ein und derselben Umgebung; Menschen, die letztendlich ihre Kinder optimal abwickeln statt freiheitlich begleiten, für die sind abenteuerliche Reisen natürlich ein Graus. Für die anderen sind Reisen eine gute Schule, Lockerheit und Toleranz auch für den Alltag zu Hause zu üben. Und sich immer wieder offen und neugierig zu begegnen.«

»Und wie läuft es jetzt mit dem zweiten Kind?«, fragt die Journalistin beiläufig zum Schluss.

»Super!«, sage ich.

Das stimmt auch.

Irgendwie.

Aber. Es gibt auch ein Aber.

Während unser erstes Kind uns zur Auseinandersetzung mit den Werten und Glaubenssätzen unserer Gesellschaft im Hinblick auf Familie und Kinder geführt hat, führt das Zu-viert-sein zu einem Erdbeben innerhalb unserer Familie.

Und das liegt nicht an unserem zweiten Sohn. Sondern daran, wie schwer es in Deutschland ist, eine qualitativ hochwertige Betreuungseinrichtung für unsere Kinder zu finden, die unsere Grundphilosophie vom Leben teilt.

Wir führen diesbezüglich lange und intensive Diskussionen. Untereinander und mit den Vertretern der entsprechenden Einrichtungen. Und zwei Söhne beanspruchen nun mal mehr Zeit als einer. Schöne Zeit. Das bedeutet jedoch auch, dass für andere Dinge, insbesondere für uns als Paar, die verfügbare Zeit schrumpft. Manchmal auf null. Daraus resultiert Frust, der sich manchmal dann im Streit um Zahnpastatuben entlädt.

Das klingt vielleicht lustig.

Ist es aber nicht.

Und daher plane ich gerade wieder eine Reise. Eine große Reise.

Denn wenn unser Familienglück und eine Grundsatzentscheidung über Betreuung und Bildung meiner Söhne zur Diskussion stehen, dann muss eine ganz besondere Reise her.

Eine Weltreise.

Aber das verrate ich der Journalistin nicht. Davon erzähle ich später.

Julia Malchow, im Oktober 2014

Starke Frauen erobern die Welt

Armin Strohmeyr

Abenteuer reisender Frauen

15 Porträts

Piper Taschenbuch, 304 Seiten
€ 11,00 [D], € 11,40 [A]*
ISBN 978-3-492-27431-9

Sie kämpften gegen Vorurteile und bereisten die Kontinente, getrieben von Mut und Freiheitsdrang: Abenteurerinnen aus fünf Jahrhunderten. Kompromisslos durchkreuzten sie die Pläne ihrer Männer und Familien und zogen in die Welt. So wurden aus braven Gattinnen, Müttern oder Nonnen Hochstaplerinnen, Weltreisende und Soldatinnen – mit Lebensgeschichten von Lou Andreas-Salomé, Mary Read, Agatha Christie, Annemarie Schwarzenbach und vielen anderen.

PIPER

Leseproben, E-Books und mehr unter www.piper.de